A Era dos
DIREITOS

O GEN | Grupo Editorial Nacional – maior plataforma editorial brasileira no segmento científico, técnico e profissional – publica conteúdos nas áreas de ciências humanas, exatas, jurídicas, da saúde e sociais aplicadas, além de prover serviços direcionados à educação continuada e à preparação para concursos.

As editoras que integram o GEN, das mais respeitadas no mercado editorial, construíram catálogos inigualáveis, com obras decisivas para a formação acadêmica e o aperfeiçoamento de várias gerações de profissionais e estudantes, tendo se tornado sinônimo de qualidade e seriedade.

A missão do GEN e dos núcleos de conteúdo que o compõem é prover a melhor informação científica e distribuí-la de maneira flexível e conveniente, a preços justos, gerando benefícios e servindo a autores, docentes, livreiros, funcionários, colaboradores e acionistas.

Nosso comportamento ético incondicional e nossa responsabilidade social e ambiental são reforçados pela natureza educacional de nossa atividade e dão sustentabilidade ao crescimento contínuo e à rentabilidade do grupo.

A Era dos DIREITOS

Norberto Bobbio

Tradução
Carlos Nelson Coutinho

- O autor deste livro e a editora empenharam seus melhores esforços para assegurar que as informações e os procedimentos apresentados no texto estejam em acordo com os padrões aceitos à época da publicação, *e todos os dados foram atualizados pelos autores até a data do fechamento do livro.* Entretanto, tendo em conta a evolução das ciências, as atualizações legislativas, as mudanças regulamentares governamentais e o constante fluxo de novas informações sobre os temas que constam do livro, recomendamos enfaticamente que os leitores consultem sempre outras fontes fidedignas, de modo a se certificarem de que as informações contidas no texto estão corretas e de que não houve alterações nas recomendações ou na legislação regulamentadora.

- O autor e a editora se empenharam para citar adequadamente e dar o devido crédito a todos os detentores de direitos autorais de qualquer material utilizado neste livro, dispondo-se a possíveis acertos posteriores caso, inadvertida e involuntariamente, a identificação de algum deles tenha sido omitida.

- **Atendimento ao cliente: (11) 5080-0751 | faleconosco@grupogen.com.br**

- Do original
  L'età dei Diritti
  Tradução autorizada do idioma italiano da edição publicada Giulio Einaudi Editore

- Direitos exclusivos para a língua portuguesa
  Copyright © 1992 (Elsevier Editora Ltda), © 2022 (30ª impressão) by
  GEN | GRUPO EDITORIAL NACIONAL S.A.
  Publicado pelo selo Editora Atlas
  Travessa do Ouvidor, 11
  Rio de Janeiro – RJ – 20040-040
  www.grupogen.com.br

- Reservados todos os direitos. É proibida a duplicação ou reprodução deste volume, no todo ou em parte, em quaisquer formas ou por quaisquer meios (eletrônico, mecânico, gravação, fotocópia, distribuição pela Internet ou outros), sem permissão, por escrito, da Editora Atlas Ltda.

- Copidesque: Roberto Cortes de Lacerda

- Editoração eletrônica: DTPhoenix Editorial

- Revisão gráfica: Mariflor Brenlla Rial Rocha | Edna Rocha

- Ficha catalográfica

M246p

Bobbio, Norberto, 1909-
  A era dos direitos / Norberto Bobbio; tradução de Carlos Nelson Coutinho; apresentação de Celso Lafer. – 2. ed. [30ª Reimp.]. – Rio de Janeiro: GEN | Grupo Editorial Nacional. Publicado pelo selo Editora Atlas, 2022.

  Tradução de: L'età dei Diritti
  ISBN 85-352-1561-8

  1. Direitos humanos — Discursos, conferências etc.. I. Título.

04-1016

CDD: 618.928917
CDU: 615.851.1-053.2

Apresentação

Celso Lafer

A *Era dos Direitos* tem, como todos os livros de Bobbio, a inconfundível marca do seu modo de pensar e expor: o rigor analítico, a inexcedível clareza; a capacidade de contextualização histórica, o sábio uso da "lição dos clássicos"; o discernimento do relevante. Tem, ademais, uma característica própria que o singulariza no conjunto de sua obra. É o livro da convergência dos temas recorrentes de Bobbio nos diversos campos de estudo a que se dedicou e, por isso mesmo, um livro explicitador da coerência que permeia sua trajetória de pensador. Com efeito, em *A Era dos Direitos*, estão harmoniosamente presentes o grande teórico do Direito, da Política e das Relações Internacionais, não faltando também o intelectual militante que se dedicou à relação entre política e cultura.

— I —

É na Introdução de *A Era dos Direitos* que Bobbio afirma "Direitos do homem, democracia e paz são três momentos necessários do mesmo movimento histórico: sem direitos do homem reconhecidos e protegidos não há democracia; sem democracia não existem as condições mínimas para a solução pacífica dos conflitos".

Na sua obra, a interligação dos três temas é o modo pelo qual Bobbio foi tecendo conceitualmente a interação entre o "interno" dos estados e o "externo" da vida internacional. Esta tessitura articula continuidades e contiguidades que Bobbio realça apontando como a democracia e os direitos humanos, no âmbito das sociedades nacionais, criam condições para a possibilidade de paz no plano mundial. Subjacente a esta interligação está o pressuposto, recorrentemente reiterado na sua obra, de que Direito e Poder são as duas faces de uma mesma moeda, pois a comum exigência da eficácia se complementa com o evidente paralelismo existente entre os requisitos da norma jurídica — justiça e validade — e os do poder — legitimidade e legalidade.

É por esta razão que os nexos entre democracia, direitos humanos e paz são, como aponta Bobbio no *De Senectute*, ao fazer um balanço de sua obra, a meta ideal de uma teoria geral do direito e da política que não logrou escrever de maneira sistemática, mas que, observo eu, nos legou através do conjunto dos seus escritos. Além dos próprios livros de ensaios que Bobbio organizou, disso são comprovações *A Teoria Geral da Política*, superiormente estruturada por Michelangelo Bovero (traduzido por Daniela Versiani, com revisão técnica de Claudia Perrone-Moisés, Rio de Janeiro, Campus, 2000) e também outros livros de ensaios selecionados por estudiosos de sua obra, como Alfonso Ruiz Miguel, Mario Telò e Ricardo Guastini que apontam a interconexão dos seus temas recorrentes. É, também, neste balanço, em *De Senectute*, que Bobbio, ao tratar da relação entre política e cultura e da importância do diálogo, reitera o que disse no prefácio de 1963 ao seu *Italia Civile*, afirmando detestar os fanáticos. Explica, neste prefácio a *Italia Civile* — que recolhe ensaios sobre os intelectuais que não traíram os valores dialógicos da cultura — que "aprendeu a respeitar as ideias dos Outros, de parar diante do segredo de toda consciência, de compreender antes de discutir, de discutir antes de condenar". Daí a relevância, no contexto da sua obra, do ensaio "As razões da tolerância" que integra *A Era dos Direitos* (cf. Norberto Bobbio, *O Tempo da Memória — De Senectute e outros escritos autobiográficos*, 6ª ed., Rio de Janeiro, Campus, 1997, pp. 163-164, pp. 172-173; Norberto Bobbio, *Italia Civile*, 2ª ed., Firenze, Passigli Edit., 1986, pp. 11-12).

Bobbio, no trato dos seus temas recorrentes, operava pelo método das aproximações sucessivas. Assim, no seu percurso, foi multidisciplinarmente desvendando, como apontou Luigi Ferrajoli, os nexos entre democracia e direito; direito e razão, razão e paz e paz e direitos humanos (cf. Luigi Ferrajoli, Diritto e comportamenti, in *Bobbio, ad uso di amici e nemici*, a cura della redazione di Reset e di Corrado Ocone, Venezia, Marsilia Edit., 2003, pp. 179-183). São estes nexos que têm, em *A Era dos Direitos*, um dos seus pontos altos, os que desejo, em primeiro lugar, aflorar nesta apresentação.

Pode haver direito sem democracia mas não há democracia sem direito pois esta exige normas definidoras dos modos de aquisição e exercício do poder. Daí a defesa que faz Bobbio das "regras do jogo" em *O Futuro da Democracia* (9ª ed., tradução de Marco Aurélio Nogueira, São Paulo, Paz e Terra, 2004). Nas suas palavras: "a democracia pode ser definida como o sistema de regras que permitem a instauração e o desenvolvimento de uma convivência pacífica" (Norberto Bobbio, *O Tempo da Memória*, cit. p. 156).

Se a democracia requer a construção jurídica das "regras do jogo" e o direito é, assim, um meio indispensável para modelar e garantir o "como" da qualidade das instituições democráticas, a razão é um instrumento necessário para elaborar e interpretar o Direito. É um instrumento necessário porque o Direito não é um dado da natureza pois a noção de "natureza" é tão equívoca que não nos oferece um critério para diferenciar o jurídico do não jurídico. Daí a crítica de Bobbio ao jusnaturalismo que, não possuindo o atributo da eficácia, não garante nem a paz nem a segurança (cf. *Giusnaturalismo e positivismo giuridico*, 2ª ed., Milano, Ed. di Comunità, 1972, pp. 177-178). O Direito, para Bobbio, é uma construção, um artefato humano fruto da política que produz o Direito Positivo. Requer a razão para pensar, projetar e ir transformando este artefato em função das necessidades da convivência coletiva.

O papel da razão é tanto o de apontar, no labirinto da convivência coletiva, quais são os caminhos bloqueados que não levam a nada, quanto o de indicar quais são as saídas possíveis (cf. Norberto Bobbio *O problema da guerra e as vias da paz*, tradução de Alvaro Lorencini, S.Paulo, UNESP, 2003, pp. 50-51). Por isso, lastreado num racionalismo crítico, opta pela democracia como um regime que conta cabeças e não corta cabeças. Por isso dedicou-se a buscar os caminhos da paz diante do onipresente risco do holocausto nuclear. Nesta busca, não falta a Bobbio o realismo de um olhar hobbesiano e a consciência de que a guerra é o produto da inclinação natural ao conflito. A paz é um ditame kantiano da razão, da capacidade humana de medir e superar as consequências dos fatos que resultam da "social insociabilidade humana".

Como construir a paz com a colaboração da razão? Para Bobbio, mediante o nexo entre a paz e os direitos humanos que instauram a perspectiva dos governados e da cidadania como princípio da governança democrática. É promovendo e garantindo os direitos humanos — o direito à vida; os direitos às liberdades fundamentais; os direitos sociais que asseguram a sobrevivência — que se enfrentam as tensões que levam à guerra e ao terrorismo. Este é o caminho para o único salto qualitativo na História que Bobbio identifica como sendo o da passagem do reino da violência para o da não violência (cf. Norberto Bobbio, *As Ideologias e o Poder em Crise*, tradução de João Ferreira, Brasília, Ed. da Univ. de Brasília, São Paulo, Edit. Polis, 1988, p 111). Na construção deste caminho estão presentes, na reflexão de Bobbio, tanto o valor da igualdade, que é uma dimensão do seu pacifismo social, quanto o da liberdade, que permeia a sua concepção da governança democrática. Esta requer não apenas a distribuição *ex parte populi* do poder — herança conceitual da democracia dos antigos — mas também a limitação do poder —, herança conceitual da democracia dos modernos, que se baseia na dignidade ontológica da pessoa humana. Esta pressupõe, arendtianamente, o "direito a ter direitos" humanos como meio indispensável para conter o onipresente risco do abuso do exercício do poder (cf. Norberto Bobbio, *Teoria Geral da Política*, cit. pp. 371-386). Este risco — que é o do *tyrannus quoad exercitium* — também tem como um dos elementos de sua contenção a transparência do poder, base do direito à informação que permite a participação consciente da cidadania na vida democrática. Daí, para Bobbio, inspirado por Kant de *O Projeto de Paz Perpétua*, um dos problemas para a paz num sistema internacional heterogêneo, no qual a existência de estados não democráticos induz aos *arcana imperii*, constituindo, assim, um obstáculo externo à democracia interna e à paz (Norberto Bobbio, *O futuro da democracia*, cit. pp. 187-207).

Lembra, no entanto, Bobbio, também à maneira de Kant, que o progresso da convivência coletiva mediante os nexos anteriormente mencionados não é necessário. É apenas possível. Como disse tantas vezes e reitera na conclusão de sua autobiografia (Norberto Bobbio, *Autobiografia*, organização de Alberto Papuzzi, tradução de Daniela Versiani, Rio de Janeiro, Campus, 1998, p.251), são ambíguas as lições da História humana entre a alternativa salvação ou perdição. Na vigília pela salvação, diz Bobbio, a luz da razão é a única de que dispomos para iluminar as trevas dos caminhos bloqueados. (Norberto Bobbio — Pietro Polito, Il mestieri de vivere, il mestieri de insegnare, il mestieri di scrivere, *Nuova Antologia*, fasc. 2211, luglio-settembre 1999, p. 47). É por esse motivo que, como filósofo militante, no uso público da razão, dialogou criticamente com as experiências políticas e intelectuais do nosso tempo, almejando a mediação cultural. A mediação cultural exprime a política de cultura que ele contrapõe à politização ideológica da cultura. A política de cultura requer o espaço da tolerância que permite "a inquietação da pesquisa, o aguilhão da dúvida, a vontade do diálogo, o espírito crítico, a medida no julgar, o escrúpulo filológico e o sentido da complexidade das coisas" (Norberto Bobbio, *Política e Cultura*, Torino, Einaudi, 1977, p. 281). São estes atributos, que permeiam A *Era dos Direitos*, que passo a comentar.

— II —

A primeira parte de A *Era dos Direitos* é constituída por quatro ensaios. Neles Bobbio explicita como os direitos humanos não são um dado da natureza ao modo do jusnaturalismo. São um construído jurídico historicamente voltado para o aprimoramento político da convivência coletiva. É uma quimera buscar um único e absoluto fundamento para os direitos humanos como aspira, de forma recorrente, o moralismo jurídico de corte jusnaturalista. Isto não quer dizer, realça Bobbio, que não existem várias e válidas fundamentações dos direitos humanos. Estas adquiriram o lastro de um consenso abrangente com a Declaração Universal de 1948. Este lastro, observo eu, se viu reforçado e adensado pela Conferência de Viena da ONU, de 1993, sobre os direitos humanos, que consagrou sua universalidade, indivisibilidade, interdependência e inter-relacionamento. A Conferência de Viena, que é posterior à publicação do livro de Bobbio, reuniu delegações de 171 estados e teve 813 organizações não governamentais acreditadas como observadoras. Exprime, assim, a existência axiológica de um *consensus omnium gentium* sobre a relevância dos direitos humanos para a convivência coletiva. É por conta deste consenso axiológico que Bobbio, com sua costumeira objetividade, aponta que nos dias de hoje o cerne da problemática dos direitos humanos não reside na sua fundamentação mas no desafio da sua tutela.

Na análise da tutela dos direitos humanos no âmbito mundial, Bobbio, sempre atento à relação Direito e Poder, diferencia a *vis directiva* da influência da *vis coactiva* do poder para apontar que no plano internacional são três as vertentes voltadas para o problema prático da proteção dos direitos humanos: a promoção e o controle nos quais incide a *vis directiva* e a garantia que requer a *vis coactiva*. A promoção busca irradiar, para consolidá-los, o valor dos direitos humanos. É uma expressão do poder ideológico que se exerce "sobre as mentes pela produção de ideias, de símbolos, de visões do mundo de ensinamentos práticos mediante o uso da palavra", para recorrer ao que Bobbio diz em seu livro *Os Intelectuais e o Poder* (tradução de Marco Aurélio Nogueira, São Paulo, Ed. UNESP, 1997, p. 11). O controle se faz mediante relatórios que monitoram o cumprimento, pelos estados, dos compromissos assumidos em matéria de direitos humanos, em tratados internacionais de que são partes contratantes. O monitoramento é um modo de assegurar a transparência democrática do exercício do poder — um grande tema de Bobbio — e desta maneira aferir, pela visibilidade, a qualidade do governo (cf. *O Futuro da Democracia*, cit. pp. 97-120). A garantia é a possibilidade de uma tutela jurisdicional internacional, que reforce, pela possibilidade de a ela se recorrer, a efetividade da tutela jurisdicional nacional. É o que ocorre na Europa, graças à Convenção Europeia de Direitos Humanos e é o que vem ocorrendo na América Latina, com a plena aplicação do Pacto de São José. Merece, igualmente, menção, a criação do Tribunal Penal Internacional que, com a entrada em vigor do Estatuto de Roma, estabeleceu uma jurisdição para os crimes internacionais violadores dos direitos humanos.

No trato das dificuldades de compatibilizar os direitos civis e políticos, frutos da herança liberal, e os direitos econômico-sociais, frutos da herança socialista, Bobbio realça o problema maior do desenvolvimento global da civilização humana. Neste contexto chama a atenção para o paradoxo do excesso de poderio que criou as condições para a guerra de extermínio nuclear, e o excesso de impotência que condena grandes massas humanas à fome.

Este paradoxo não impediu que Bobbio afirmasse que a nossa era é a era dos direitos. Baseia-se ele no que Kant qualifica como sinais ou indícios reveladores de um processo, para identificar na positivação dos direitos humanos e no fato da sua temática ocupar parte preeminente da atenção e do debate internacional um sinal premonitório do progresso moral da humanidade. Este sinal é fruto de uma revolução coperniciana nas relações governantes-governados, pois com a institucionalização do estado democrático de direito, passou-se dos deveres dos súditos para os direitos dos cidadãos. Nesta passagem teve um grande papel o contratualismo — um dos grandes temas da reflexão de Bobbio —, pois postulou que o poder não vem de cima para baixo — do poder irrestível do soberano, ou do poder ainda mais irrestível de Deus. Vem de baixo para cima, do consenso dos governados e da vontade dos indivíduos que constroem o artefato da convivência coletiva (cf. *O Futuro da Democracia*, cit. pp. 143-164).

Em diálogo com Gregorio Peces-Barba, Bobbio aponta e distingue, em matéria de direitos humanos etapas na construção do estado democrático de direito. Estas etapas institucionalizam a perspectiva dos governados que passam a ter direitos e não apenas deveres. A primeira etapa é a da *positivação*, ou seja, a da conversão do valor da pessoa humana e do reconhecimento em Direito Positivo, da legitimidade da perspectiva *ex parte populi*. São as Declarações de Direitos. A segunda etapa, intimamente ligada à primeira, é a *generalização*, ou seja, o princípio da igualdade e o seu corolário lógico, o da não discriminação. A terceira é a *internacionalização*, proveniente do reconhecimento, que se inaugura de maneira abrangente com a Declaração Universal de 1948 que, num mundo interdependente a tutela dos direitos humanos, requer o apoio da comunidade internacional e normas de Direito Internacional Público. Finalmente, a *especificação* assinala um aprofundamento da tutela, que deixa de levar em conta apenas os destinatários genéricos — o ser humano, o cidadão — e passa a cuidar do ser em situação — o idoso, a mulher, a criança, o deficiente. A Constituição de 1988 contém nos seus dispositivos todas essas etapas e exprime o impulso à especificação, para o qual Bobbio chama a nossa atenção com o rigor e o caráter heurístico dos seus *distinguos*.

Como um "iluminista pessimista", para recorrer a uma formulação de Alfonso Ruiz Miguel (cf. Alfonso Ruiz Miguel, *Política, Historia y Derecho en* Norberto Bobbio, México, Fontamara, 2000, pp. 171-174), Bobbio sabe que a consolidação destas etapas não é necessária. É apenas possível, mas a dúvida não impede a confiança no esforço de levar adiante a busca constante da proteção dos direitos humanos. Esta busca também faz sentido para Bobbio "socialista liberal" e reformista que, ao examinar os Direitos do Homem e Sociedade, identifica nos direitos humanos um meio apto a induzir a mudança social. Esta visão de teoria política e de intelectual militante insere-se coerentemente naquilo que, no campo jurídico, ele discutiu como a função promocional do Direito, ou seja, um direito que, no mundo contemporâneo, não se circunscreve ao comandar, ao proibir e ao permitir condutas, mas que transita pelo estimular e pelo desestimular comportamentos (cf. Norberto Bobbio, *Dalla struttura alla funzione — Nuovi studi di teoria del diritto*, Milano, Ed. Comunità, 1977).

— III —

A segunda parte do livro é integrada por três ensaios que discutem e analisam a Revolução Francesa como um evento inaugural da era dos direitos. Tem como objeto o alcance da etapa da positivação e, em especial, o significado da Declaração de 1789. São um paradigma da contextualização histórica dos conceitos e uma indicação clara das características e da dimensão de Bobbio como um historiador conceitualista, que dele faz um *scholar* analítico com sensibilidade histórica (cf. Alfonso Ruiz Miguel, *Política, Historia y Derecho en Norberto Bobbio*, cit. pp. 180-183).

Nestes estudos Bobbio sublinha a originalidade da Declaração de Direitos de 1789 pois ela, em contraposição aos conhecidos e tradicionais códigos jurídicos e morais como os Dez Mandamentos ou a Lei das Doze Tábuas, estabeleceu direitos e não obrigações para os indivíduos. Diferencia-se, neste sentido, das cartas de direitos que a precederam, desde a Magna Carta, nas quais os direitos ou as liberdades não eram reconhecidos antes do poder do soberano, pois eram ou por ele concedidos ou concertados num pacto com os súditos. Ela é mais radical do que as declarações norte-americanas que a antecedem, que relacionaram os direitos do indivíduo ao bem comum do todo. Evidentemente há uma relação de continuidade entre a Revolução Americana e a Francesa e o seu elo conceitual, como mostra Bobbio, é dado por Thomas Paine, que participou ativamente da Revolução Norte-Americana e defendeu a Declaração Francesa em argumentada polêmica com o conservador inglês Edmund Burke.

A Revolução Francesa e o ineditismo da Declaração de 1789 se viram cercados de um entusiasmo de maior irradiação política que a Revolução Americana. Foram um modelo ideal para todos os que combateram pela própria emancipação. Para isso contribuiu a *libertas* antecedendo a *potestas*, que fez a relação política ser considerada não mais *ex parte principis* mas sim *ex parte civium*, ou seja, como a expressão, numa democracia, da soberania dos cidadãos.

Esta inversão de perspectiva provém de uma concepção da sociedade e do direito, da qual o contratualismo é uma expressão. Contrapõe-se à concepção organicista segundo a qual, na linha de Aristóteles, retomada por Hegel, a sociedade é anterior e superior às suas partes constitutivas. Foi por esta razão que a Declaração se viu submetida a duas críticas opostas. A primeira foi a dos reacionários e conservadores que, no seu anti--individualismo afirmavam a supremacia do todo e a consideravam excessivamente abstrata posto que desvinculada da História. A segunda foi a de esquerda em geral que, começando por Marx, nela viam apenas a excessiva ligação com os interesses de uma classe particular, a burguesia — uma *libertas minor*, portanto destituída dos atributos da classe universal, o proletariado que, na sociedade comunista do futuro asseguraria a *libertas maior*.

As consequências destas duas críticas foram funestas. Neste sentido cabe recordar, com ênfase, as experiências políticas do século XX. Estas comprovaram, tanto na sua radicalidade de Direita quanto de Esquerda como este tipo de crítica contribuiu para conduzir aos regimes autoritários e totalitários — exemplo por excelência dos caminhos bloqueados que a razão permite apontar na discussão e análise da convivência coletiva.

Bobbio, que foi um profundo conhecedor de Kant e que se dedicou a analisar em profundidade a contribuição deste para a análise do Estado, do Direito e das Relações Internacionais, a ele recorre, como já foi dito, para apontar como a Revolução Francesa foi um sinal, um indício, do possível progresso do gênero humano para o melhor. Em O *Conflito das Faculdades* — segunda parte — num dos seus parágrafos, Kant trata da Revolução Francesa e Bobbio realça que o ponto central da tese kantiana é a disposição moral que se manifesta na afirmação do direito que tem um povo de se dar uma Constituição. Esta só pode ser republicana, a única capaz de evitar, por princípio, a guerra, que Kant atribui ao arbítrio, capricho ou interesses privados dos príncipes. Uma Constituição republicana teria como nota própria estar em harmonia com os direitos naturais dos indivíduos singulares, de modo tal que aqueles que obedecem às leis devem também se reunir para legislar.

O grande tema da teoria das relações internacionais, da interação entre uma ordem republicana democrática no plano interno e a paz no plano internacional em *A Era dos Direitos*, está aflorada mas não aprofundada. Bobbio dele tratou, *inter alia*, em *O Futuro da Democracia* e no denso prefácio de 1985 à edição italiana de *Per la Pace Perpetua*, organizada por Nicolao Merker (Roma, Edit. Riuniti, 1985, pp. vii-xxi). O que ele discute com cuidado nesta segunda parte é o direito cosmopolita como uma das mais inovadoras contribuições de Kant ao internacionalismo, que antecipa conceitualmente a etapa da internacionalização dos direitos humanos.

Com efeito Kant, no *Projeto de Paz Perpétua*, discute os dois tradicionais níveis do jurídico: o *jus civitatis* do direito interno e o *jus gentium* do direito internacional público que rege as relações dos estados entre si mas a eles agrega o *jus cosmopoliticum* — o direito cosmopolita. Este diz respeito aos homens e aos estados em suas relações exteriores e sua interdependência como cidadãos de um Estado Universal da humanidade. Kant fundamenta o direito cosmopolita no direito à hospitalidade universal e aponta que uma das suas características será a de uma época da história em que a violação do direito ocorrida num ponto da terra venha a ser sentida em todos os outros. Em matéria de direitos humanos isto é o novo, representado pela etapa da internacionalização, analisado por Bobbio na primeira parte de *A Era dos Direitos* que tem, assim, em Kant, o seu grande antecedente conceitual.

— IV —

A terceira parte do livro é composta de quatro ensaios. Dois tratam da pena de morte, um da resistência à opressão na atualidade e o último das razões da tolerância. O que dá a unidade desta terceira parte é a relação direito/poder, ou seja, um desdobramento do tema das duas faces da mesma moeda sobre o que Bobbio diz: "Nos lugares onde o direito é impotente, a sociedade corre o risco de precipitar-se na anarquia; onde o poder não é controlado, corre o risco oposto, do despotismo" (Norberto Bobbio, *O Tempo da Memória*, cit. p. 169).

O tema aparece no discurso da pena de morte, pois este é um homicídio legal e, neste sentido, a marca do poder do Estado, pois como disse Canetti, citado por Bobbio, a expressão máxima do poder é o direito de vida ou de morte. Ele desponta no ensaio sobre a resistência à opressão, em função de novos tipos de opressão, para os quais as soluções constitucionais e as regras do jogo democrático de contenção do abuso de poder não dão conta. Ele aflora na discussão da razão da tolerância porque nas democracias modernas, laicas e pluralistas, o poder ideológico não está concentrado mas disperso na sociedade.

Nos dois ensaios sobre a pena de morte Bobbio lembra que, tradicionalmente, ela era vista como a rainha das penas pois atenderia simultaneamente às necessidades de vingança, de justiça e de segurança do corpo coletivo. Exprime uma concepção orgânica da sociedade, que afirma que o todo está acima das partes, o que permite justificar a extirpação, do corpo social, de um membro corrompido. É, por excelência, o endosso da concepção da pena exercendo uma função retributiva. Ao *malum passionis* do crime deve corresponder o *malum actionis* da pena.

O revisionismo crítico em relação à aceitabilidade da pena de morte, que vem levando à sua deslegitimação crescente, está ligado ao contratualismo e a uma concepção individualista da sociedade e do Estado, que tornou a sua rejeição possível. A primeira grande expressão desta revisão se deve a Beccaria no seu famoso livro de 1764. O ponto de partida de Beccaria é a sua concepção da pena. Esta, para ele, não é retributiva mas utilitária-intimidatória e daí o seu questionamento da força intimidatória da pena de morte. Para Beccaria, não é importante que a pena seja cruel; é preciso que ela seja certa, para que não haja impunidade. Neste sentido a pena de morte não é nem útil nem necessária.

Bobbio explora nestes dois ensaios os vários argumentos contra a pena de morte, além dos suscitados por Beccaria, desde a irreversibilidade dos erros judiciários às diversas concepções de pena. Também argumenta que o Estado não pode justificar a exceção do direito à vida pelo estado de necessidade ou pela legítima defesa, pois tem à sua disposição outros tipos de penas e, portanto, não é obrigado a matar para infligir a pena.

Em síntese, o argumento conclusivo de Bobbio para afirmar a sua repugnância em relação à pena de morte são o mandamento de não matar e a sua convicção de que a sua abolição será um sinal de progresso moral. Registra, no entanto, com o seu sentido da complexidade das coisas, que a crítica aos abolicionistas provém do argumento que eles se colocam do ângulo dos criminosos e não do sofrimento das vítimas e que a atitude da opinião pública diante da pena de morte varia de acordo com a situação de maior ou menor tranquilidade social. Em síntese, neste sentido, o problema surge quando o direito é impotente e a sociedade corre o risco de precipitar-se na anarquia.

Situação oposta é a que Bobbio analisa no ensaio sobre a resistência à opressão, que exprime uma perspectiva *ex parte populi*, proveniente de uma avaliação de poder exercido despoticamente. O ensaio de Bobbio data de 1971, época da explosão dos movimentos de contestação. E em texto da mesma época dos ensaios de Hannah Arendt sobre a desobediência civil e a violência, reunidos em *Crises da República* (tradução de José Volkmann, São Paulo, Perspectiva, 1973), com a qual tem afinidades, pois para ela o poder provém da ação conjunta que, no caso, originar-se-ia, na linha de Bobbio, do vigor de iniciativas *ex parte populi*.

Bobbio, com a sua vocação para as distinções, diferencia a resistência, que se contrapõe à obediência e é um ato prático, da contestação, que se opõe à aceitação, e é um discurso crítico deslegitimador da ordem. Reconhece, no entanto, a dificuldade, numa situação concreta, de identificar onde termina a contestação e onde começa a resistência. Bobbio aponta que a resistência é hoje concebida como fenômeno coletivo; está mais voltada contra uma determinada forma de sociedade e suas opressões do que contra uma determinada forma de governo, cabendo distinguir a resistência que admite o uso da violência, da desobediência civil, ao modo de Thoreau e Gandhi, a qual é uma forma de resistência que não se vale da violência. Realço como Bobbio combina, neste ensaio, teoria política, teoria jurídica e teoria das relações internacionais, para mostrar como a resistência nasce *ex parte populi* fora dos quadros institucionais vigentes em contraste com o poder de veto, autorizado pelo ordenamento jurídico, que está na cúpula e não na base do poder e do qual a melhor expressão é o poder *ex parte principis* do veto dos cinco países, tidos como grandes potências, do Conselho de Segurança da ONU.

No ensaio sobre as razões da tolerância, mostra Bobbio como o tema surgiu com a desconcentração do poder ideológico, pois a tolerância em relação a distintas crenças e opiniões colocou o problema do como se lidar com a compatibilidade de verdades contrapostas. E com a clareza de sempre, explana as boas razões em prol da tolerância. Ela pode ser argumentada como cálculo político, baseado na reciprocidade que enseja a convivência pacífica pelo compromisso da não imposição de uma única verdade. Pode ser justificada como método de persuadir, que confia na razão e na razoabilidade do Outro. Pode ser sustentada pelo respeito moral pelo Outro, o que a torna eticamente devida. Pode ser apreciada com base na natureza epistemológica da verdade concebida como não sendo una, mas múltipla, comportando assim várias faces.

Em síntese, para Bobbio, a tolerância que é parte das "regras do jogo" da democracia assegura a liberdade religiosa e de manifestação de opinião e pensamento, como um dos fundamentais direitos humanos. Este direito é uma exigência que deriva da tomada de consciência da irredutibilidade das opiniões e da necessidade de se encontrar um *modus vivendi* que permita a todos externar as suas visões. Como ele diz: "Ou a tolerância, ou a perseguição: *"tertium non datur"*. É por esta razão que a tolerância é a condição da possibilidade da política da cultura.

Neste ensaio, Bobbio aponta que, se historicamente o tema da tolerância era a compatibilidade teórica e prática de verdades contrapostas, o tema hoje é o da convivência com o *diferente*, em especial minorias étnicas, linguísticas e nacionais, mas também homossexuais, deficientes, loucos. Aí o problema é o de mostrar como a intolerância em relação ao "diverso" e ao "diferente" deriva do preconceito. A este grande tema do mundo contemporâneo Bobbio se dedicou em vários ensaios luminosos recolhidos em O *Elogio da Serenidade — e outros escritos morais* (tradução de Marco Aurélio Nogueira, S. Paulo, Edit. UNESP, 2002), em especial os contidos na Parte II — A Natureza do Preconceito e Racismo Hoje.

— V —

A segunda edição italiana de *L'età dei diritti* incorporou ao livro um novo ensaio, de 1991, intitulado "Os direitos humanos, hoje". Ele também está incorporado à nova edição brasileira de *A Era dos Direitos*. Neste ensaio, Bobbio, pelo método de aproximações sucessivas que o caracteriza, retoma os temas recorrentes do livro. Permito-me apontar, para ir concluindo esta apresentação, dois pontos.

O primeiro diz respeito aos desafios que a inovação tecnológica e o progresso científico estão colocando para a tutela dos direitos humanos. Neste contexto se põe a discussão sobre o direito ao meio ambiente, no qual não há cisão entre o "interno" e o "externo" e no âmbito do qual, dadas as características da economia contemporânea, se insere a problemática do desenvolvimento sustentável, como condição de sua tutela. Foi disso que tratou a Conferência da ONU sobre meio ambiente e desenvolvimento, realizada no Rio de Janeiro em 1992. Bobbio também indica os sérios perigos para o direito à intimidade e à privacidade, que derivam dos meios técnicos de que dispõem os poderes públicos e privados para armazenar dados referentes à vida dos seres humanos e, deste modo, controlar de forma invisível os comportamentos. Finalmente, faz também referência ao tema da integridade do patrimônio genético dos seres humanos, que vai muito além do direito à integridade física. Neste sentido, aponta para os dilemas que hoje caracterizam a bioética.

Neste ensaio, também à sua maneira, Bobbio opera através de uma dicotomia: "os sinais do tempo", como indícios kantianos do possível progresso moral da humanidade e o "espírito do tempo", como o espírito do mundo hegeliano. O "espírito do tempo" serve para interpretar o presente. Aponta para a catástrofe atômica, a catástrofe ecológica e a catástrofe moral. Os "sinais do tempo", à maneira de Kant, permitem um olhar temerário, indiscreto, incerto, mas dotado de confiança em relação ao futuro. Na lenta e esquiva aproximação aos ideais, diz Kant, são necessários conceitos justos, grande experiência e boa vontade. Estes são atributos por excelência de Bobbio. Eles permeiam o seu percurso, a sua obra e este grande livro, que dele é uma notável e admirável expressão.

São Paulo, outubro de 2004

SUMÁRIO

Introdução 1

Nota 13

PRIMEIRA PARTE

Sobre os fundamentos dos direitos do homem 15

Presente e futuro dos direitos do homem 25

A era dos direitos 46

Direitos do homem e sociedade 62

SEGUNDA PARTE

A Revolução Francesa e os direitos do homem 79

A herança da Grande Revolução 103

Kant e a Revolução Francesa 120

TERCEIRA PARTE

A resistência à opressão, hoje 131

Contra a pena de morte 147

O debate atual sobre a pena de morte 164

As razões da tolerância 186

QUARTA PARTE

Os direitos do homem hoje 201

INTRODUÇÃO

POR SUGESTÃO E COM A AJUDA de Luigi Bonanate e Michelangelo Bovero, recolho neste volume os artigos principais, ou que considero principais, que escrevi ao longo de muitos anos sobre o tema dos direitos do homem. O problema é estreitamente ligado aos da democracia e da paz, aos quais dediquei a maior parte de meus escritos políticos. O reconhecimento e a proteção dos direitos do homem estão na base das Constituições democráticas modernas. A paz, por sua vez, é o pressuposto necessário para o reconhecimento e a efetiva proteção dos direitos do homem em cada Estado e no sistema internacional. Ao mesmo tempo, o processo de democratização do sistema internacional, que é o caminho obrigatório para a busca do ideal da "paz perpétua", no sentido kantiano da expressão, não pode avançar sem uma gradativa ampliação do reconhecimento e da proteção dos direitos do homem, acima de cada Estado. Direitos do homem, democracia e paz são três momentos necessários do mesmo movimento histórico: sem direitos do homem reconhecidos e protegidos, não há democracia; sem democracia, não existem as condições mínimas para a solução pacífica dos conflitos. Em outras palavras, a democracia é a sociedade dos cidadãos, e os súditos se tornam cidadãos quando lhes são reconhecidos alguns direitos fundamentais; haverá paz estável, uma paz que não tenha a guerra como alternativa, somente quando existirem cidadãos não mais apenas deste ou daquele Estado, mas do mundo.

Meu primeiro escrito sobre o assunto remonta a 1951: nasceu de uma aula sobre a Declaração Universal dos Direitos do Homem, ministrada em

4 de maio, em Turim, a convite da Scuola di applicazione d'arma.[1] Relendo-a agora, após tantos anos, percebo que nela estão contidas, ainda que somente mencionadas, algumas teses das quais não mais me afastei:

1. os direitos naturais são direitos históricos;
2. nascem no início da era moderna, juntamente com a concepção individualista da sociedade;
3. tornam-se um dos principais indicadores do progresso histórico.

O primeiro ensaio da coletânea é uma das duas comunicações de abertura (a outra fora confiada a Perelman) do Simpósio sobre os Fundamentos dos Direitos do Homem, que teve lugar em L'Aquila, em setembro de 1964, promovido pelo Instituto Internacional de Filosofia, sob a presidência de Guido Calogero; confirmo e aprofundo nele a tese da historicidade, com base na qual contesto não apenas a legitimidade, mas também a eficácia prática da busca do fundamento absoluto. Segue-se, com o título "Presente e futuro nos direitos do homem", a conferência que pronunciei em Turim, em dezembro de 1967, por ocasião do Simpósio Nacional sobre os Direitos do Homem, promovido pela Sociedade Italiana para a Organização Internacional, por ocasião do vigésimo aniversário da Declaração Universal; nela esboço, em suas grandes linhas, as várias fases da história dos direitos do homem, desde sua proclamação até sua transformação em direito positivo, desde sua transformação em direito positivo no interior de cada Estado até a que tem lugar no sistema internacional, por enquanto apenas no início; e, retomando o tema da historicidade desses direitos, retiro uma nova confirmação dessa sua contínua expansão. O terceiro escrito, que dá título à coletânea em seu conjunto, "A era dos direitos", é — com diferente título — o discurso que pronunciei na Universidade de Madri, em setembro de 1987, a convite do professor Gregorio Peces-Barba Martínez, diretor do Instituto de Derechos Humanos de Madri. Abordo nele o tema, já aflorado nos escritos anteriores, do significado histórico — ou melhor, filosófico-histórico – da inversão, característica da formação do Estado moderno, ocorrida na relação entre Estado e cidadãos: passou-se da prioridade dos deveres dos súditos à prioridade dos direitos do cidadão, emergindo um modo diferente de encarar a relação política, não mais predominantemente do ângulo do soberano, e sim daquele do cidadão, em correspondência com a afirmação da teoria individualista da sociedade em contraposição à concepção organicista tradicional. Ponho particularmente em evidência, pela primeira vez, como ocorreu a ampliação do âmbito dos direitos do homem na passagem do homem abstrato ao homem concreto, através de um processo de gradativa diferenciação ou especificação dos carecimentos e dos interesses, dos quais se solicita o reconhecimento e a proteção. Uma ulterior (e, por enquanto, conclusiva) reformulação dos temas da historicidade e da especificação dos direitos do homem é apresentada no ensaio "Direitos do homem e sociedade", que escrevi para ser a comunicação de abertura do Congresso Internacional de Sociologia do Direito, realizado em Bolonha no final de maio de 1988; esse texto constitui o último capítulo da primeira parte desta coletânea, dedicada à discussão de problemas gerais de teoria e de história dos direitos do homem. Há algumas páginas dessa parte dedicadas ao debate — teórico por excelência, tortuosíssimo — acerca do conceito de direito aplicado aos direitos do homem. Voltarei daqui a pouco a esse tema.

Na segunda parte, recolhi três discursos sobre os direitos do homem e a Revolução Francesa: o primeiro foi pronunciado em 14 de dezembro de 1988, em Roma: por ocasião da inauguração da nova Biblioteca da Câmara de Deputados, a convite do seu presidente, a deputada Nilde Jotti; o segundo, em setembro de 1989, na Fundação Giorgio Cini de Veneza, inaugurando um curso sobre a Revolução Francesa; o terceiro, como abertura da cerimônia em que me foi conferida a *laurea ad honorem* na Universidade de Bolonha, em 6 de abril de 1989. Esse último discurso, partindo das obras de filosofia do direito e da história de Kant, termina dando ênfase particular à teoria kantiana do direito cosmopolita, que pode ser considerada como a conclusão da argumentação até aqui desenvolvida sobre o tema dos direitos do homem e, ao mesmo tempo, como o ponto de partida para novas reflexões.[2]

A terceira parte compreende estudos sobre temas particulares, que se relacionam mais ou menos diretamente com o tema principal: "A resistência à opressão, hoje" foi lido como comunicação ao seminário de estudos sobre "Autonomia e Direito de Resistência", realizado em Sassari, em maio de 1971, promovido pelo professor Pierangelo Catalano; os dois escritos sobre a pena de morte foram compostos, o primeiro para a IV Assembléia Nacional de *Amnesty International,* realizado em Rimini, em abril de 1981, o segundo para o seminário internacional "A pena de morte no mundo", ocorrido em Bolonha, em outubro de 1982; finalmente, o ensaio sobre a tolerância foi lido no simpósio "A intolerância: iguais e diversos na história", realizado em Bolonha, em dezembro de 1985.[3]

Nesses escritos, são discutidos problemas tanto históricos como teóricos. No plano histórico, sustento que a afirmação dos direitos do homem deriva de uma radical inversão de perspectiva, característica da formação do Estado moderno, na representação da relação política, ou seja, na relação Estado/cidadão ou soberano/súditos: relação que é encarada, cada vez mais, do ponto de vista dos direitos dos cidadãos não mais súditos, e não do ponto de vista dos direitos do soberano, em correspondência com a visão individualista da sociedade,[4] segundo a qual, para compreender a sociedade, é preciso partir de baixo, ou seja, dos indivíduos que a compõem, em oposição à concepção orgânica tradicional, segundo a qual a sociedade como um todo vem antes dos indivíduos. A inversão de perspectiva, que a partir de então se torna irreversível, é provocada, no início da era moderna, principalmente pelas guerras de religião, através das quais se vai afirmando o direito de resistência à opressão, o qual pressupõe um direito ainda mais substancial e originário, o direito do indivíduo a não ser oprimido, ou seja, a gozar de algumas liberdades fundamentais: fundamentais porque naturais, e naturais porque cabem ao homem enquanto tal e não dependem do beneplácito do soberano (entre as quais, em primeiro lugar, a liberdade religiosa). Essa inversão é estreitamente ligada à afirmação do que chamei de modelo jusnaturalista, contraposto ao seu eterno adversário, que sempre renasce e jamais foi definitivamente derrotado, o modelo aristotélico.[5] O caminho contínuo, ainda que várias vezes interrompido, da concepção individualista da sociedade procede lentamente, indo do reconhecimento dos direitos do cidadão de cada Estado até o reconhecimento dos direitos do cidadão do mundo, cujo primeiro anúncio foi a *Declaração universal dos direitos do homem;* a partir do direito interno de cada Estado, através do direito entre os outros Estados, até o direito

cosmopolita, para usar uma expressão kantiana, que ainda não teve o acolhimento que merece na teoria do direito. "A Declaração favoreceu —
assim escreve um autorizado internacionalista num recente escrito sobre
os direitos do homem — a emergência, embora débil, tênue e obstaculizada,
do indivíduo, no interior de um espaço antes reservado exclusivamente
aos Estados soberanos. Ela pôs em movimento um processo irreversível,
com o qual todos deveriam se alegrar."[6]

Do ponto de vista teórico, sempre defendi — e continuo a defender,
fortalecido por novos argumentos — que os direitos do homem, por mais
fundamentais que sejam, são direitos históricos, ou seja, nascidos em certas circunstâncias, caracterizadas por lutas em defesa de novas liberdades
contra velhos poderes, e nascidos de modo gradual, não todos de uma vez
e nem de uma vez por todas.[7] O problema — sobre o qual, ao que parece,
os filósofos são convocados a dar seu parecer — do fundamento, até mesmo do fundamento absoluto, irresistível, inquestionável, dos direitos do
homem é um problema mal formulado:[8] a liberdade religiosa é um efeito
das guerras de religião; as liberdades civis, da luta dos parlamentos contra
os soberanos absolutos; a liberdade política e as liberdades sociais, do nascimento, crescimento e amadurecimento do movimento dos trabalhado-
res assalariados, dos camponeses com pouca ou nenhuma terra, dos pobres
que exigem dos poderes públicos não só o reconhecimento da liberdade
pessoal e das liberdades negativas, mas também a proteção do trabalho
contra o desemprego, os primeiros rudimentos de instrução contra o anal-
fabetismo, depois a assistência para a invalidez e a velhice, todas elas
carecimentos que os ricos proprietários podiam satisfazer por si mesmos.
Ao lado dos direitos sociais, que foram chamados de direitos de segunda
geração, emergiram hoje os chamados direitos de terceira geração, que
constituem uma categoria, para dizer a verdade, ainda excessivamente
heterogênea e vaga, o que nos impede de compreender do que efetivamente se trata.[9] O mais importante deles é o reivindicado pelos movimentos ecológicos: o direito de viver num ambiente não poluído. Mas já se
apresentam novas exigências que só poderiam chamar-se de direitos de
quarta geração, referentes aos efeitos cada vez mais traumáticos da pesquisa biológica, que permitirá manipulações do patrimônio genético de cada

indivíduo.[10] Quais são os limites dessa possível (e cada vez mais certa no futuro) manipulação? Mais uma prova, se isso ainda fosse necessário, de que os direitos não nascem todos de uma vez. Nascem quando devem ou podem nascer. Nascem quando o aumento do poder do homem sobre o homem — que acompanha inevitavelmente o progresso técnico, isto é, o progresso da capacidade do homem de dominar a natureza e os outros homens — ou cria novas ameaças à liberdade do indivíduo, ou permite novos remédios para as suas indigências: ameaças que são enfrentadas através de demandas de limitações do poder; remédios que são providenciados através da exigência de que o mesmo poder intervenha de modo protetor. Às primeiras, correspondem os direitos de liberdade, ou um não agir do Estado; aos segundos, os direitos sociais, ou uma ação positiva do Estado. Embora as exigências de direitos possam estar dispostas cronologicamente em diversas fases ou gerações, suas espécies são sempre — com relação aos poderes constituídos — apenas duas: ou impedir os malefícios de tais poderes ou obter seus benefícios. Nos direitos de terceira e de quarta geração, podem existir direitos tanto de uma quanto de outra espécie.

Em um dos ensaios, "Direitos do homem e sociedade", destaco particularmente a proliferação, obstaculizada por alguns, das exigências de novos reconhecimentos e de novas proteções na passagem da consideração do homem abstrato para aquela do homem em suas diversas fases de vida e em seus diversos estágios. Os direitos de terceira geração, como o de viver num ambiente não poluído, não poderiam ter sido sequer imaginados quando foram propostos os de segunda geração, do mesmo modo como estes últimos (por exemplo, o direito à instrução ou à assistência) não eram sequer concebíveis quando foram promulgadas as primeiras Declarações setecentistas. Essas exigências nascem somente quando nascem determinados carecimentos. Novos carecimentos nascem em função da mudança das condições sociais e quando o desenvolvimento técnico permite satisfazê-los. Falar de direitos naturais ou fundamentais, inalienáveis ou invioláveis, é usar fórmulas de uma linguagem persuasiva, que podem ter uma função prática num documento político, a de dar maior força à exigência, mas não têm nenhum valor teórico, sendo portanto completamente irrelevantes numa discussão de teoria do direito.

No que se refere ao significado da palavra "direito" na expressão "direitos do homem", o debate é permanente e confuso.[11] Contribuiu, para aumentar a confusão, o encontro cada vez mais frequente entre juristas de tradição e cultura continental e juristas de tradição anglo-saxônica, que usam frequentemente palavras diversas para dizer a mesma coisa e, por vezes, acreditam dizer coisas diversas usando as mesmas palavras. A distinção clássica na linguagem dos juristas da Europa continental é entre "direitos naturais" e "direitos positivos". Da Inglaterra e dos Estados Unidos — por influência, creio, sobretudo de Dworkin —, chega-nos a distinção entre *moral rights* e *legal rights*, que é intraduzível e, o que é pior, numa tradição onde direito e moral são duas esferas bem diferenciadas da vida prática, incompreensível: em italiano, a expressão "direitos legais" ou "jurídicos" soa redundante, enquanto a expressão "direitos morais" soa contraditória. Não tenho dúvidas de que um jurista francês teria a mesma relutância em falar de *droits moraux* e um alemão, de *moralische Rechte*. E então? Devemos renunciar a nos entender? O único modo para nos entender é reconhecer a comparabilidade entre as duas distinções, em função da qual "direitos morais" enquanto algo contraposto a "direitos legais" ocupa o mesmo espaço ocupado por "direitos naturais" enquanto algo contraposto a "direitos positivos". Trata-se, em ambos os casos, de uma contraposição entre dois diversos sistemas normativos, onde o que muda é o critério de distinção. Na distinção entre *moral rights* e *legal rights*, o critério é o fundamento; na distinção entre "direitos naturais" e "direitos positivos", é a origem. Mas, em todos os quatro casos, a palavra "direito", no sentido de direito subjetivo (uma precisão supérflua em inglês, porque *right* tem somente o sentido de direito subjetivo) faz referência a um sistema normativo, seja ele chamado de moral ou natural, jurídico ou positivo. Assim como não é concebível um direito natural fora do sistema das leis naturais, também não há outro modo de conceber o significado de *moral rights* a não ser referindo-os a um conjunto ou sistema de leis que costumam ser chamadas de morais, ainda que nunca fique claro qual é o seu estatuto (do mesmo modo como, de resto, nunca ficou claro qual é o estatuto das leis naturais).

Estou de acordo com os que consideram o "direito" como uma figura deôntica, que tem um sentido preciso somente na linguagem normativa.

Não há direito sem obrigação; e não há nem direito nem obrigação sem uma norma de conduta. A não usual expressão "direitos morais" torna-se menos estranha quando é relacionada com a usadíssima expressão "obrigações morais". A velha objeção segundo a qual não podem ocorrer direitos sem as obrigações correspondentes, mas podem ocorrer obrigações sem direitos, deriva da confusão entre dois sistemas normativos diversos. Decerto, não se pode pretender que a uma obrigação moral corresponda um direito legal, já que a uma obrigação moral pode corresponder apenas um direito moral. O costumeiro exemplo de que a obrigação moral de dar esmolas não faz nascer o direito de pedi-las é impróprio, porque esse exemplo mostra apenas que de uma obrigação moral não nasce uma obrigação jurídica. Mas pode-se dizer o mesmo do direito moral? Que sentido pode ter a expressão "direito moral" se não a de direito que corresponde a uma obrigação moral? O que, para os juristas é, um *ius imperfectum* pode ser um *ius perfectum* do ponto de vista moral. Sei muito bem que uma tradição milenar nos habituou a um uso restrito do termo *ius*, limitado a um sistema normativo que tem força de obrigatoriedade maior do que todos os demais sistemas, morais ou sociais; mas, quando se introduz a noção de "direito moral", introduz-se também, necessariamente, a correspondente "obrigação moral". Ter direito moral em face de alguém significa que há um outro indivíduo que tem obrigação moral para comigo. Não se quer dizer, com isso, que a linguagem moral deva se servir das duas figuras deônticas do direito e da obrigação, que são mais adequadas à linguagem jurídica; mas, no momento mesmo em que nos servimos delas, a afirmação de um direito implica a afirmação de um dever e vice-versa. Se a afirmação do direito precede temporalmente a do dever ou se ocorre o contrário, eis um puro evento histórico, ou seja, uma questão de fato: para dar um exemplo, um tema bastante discutido hoje é o de nossas obrigações, de nós contemporâneos, em face das futuras gerações. Mas o mesmo tema pode ser considerado do ponto de vista dos direitos das futuras gerações em relação a nós. É absolutamente indiferente, com relação à substância do problema, que comecemos pelas obrigações de uns ou pelos direitos dos outros. Os pósteros têm direitos em relação a nós porque temos obrigações em relação a eles ou vice-versa? Basta colocar a questão nesses termos para compreendermos que a lógica da linguagem mostra a absoluta inconsistência do problema.

Apesar das inúmeras tentativas de análise definitória, a linguagem dos direitos permanece bastante ambígua, pouco rigorosa e frequentemente usada de modo retórico. Nada impede que se use o mesmo termo para indicar direitos apenas proclamados numa declaração, até mesmo solene, e direitos efetivamente protegidos num ordenamento jurídico inspirado nos princípios do constitucionalismo, onde haja juízes imparciais e várias formas de poder executivo das decisões dos juízes. Mas entre uns e outros há uma bela diferença! Já a maior parte dos direitos sociais, os chamados direitos de segunda geração, que são exibidos brilhantemente em todas as declarações nacionais e internacionais, permaneceu no papel. O que dizer dos direitos de terceira e de quarta geração? A única coisa que até agora se pode dizer é que são expressão de aspirações ideais, às quais o nome de "direitos" serve unicamente para atribuir um título de nobreza. Proclamar o direito dos indivíduos, não importa em que parte do mundo se encontrem (os direitos do homem são por si mesmos universais), de viver num mundo não poluído não significa mais do que expressar a aspiração a obter uma futura legislação que imponha limites ao uso de substâncias poluentes. Mas uma coisa é proclamar esse direito, outra é desfrutá-lo efetivamente, A linguagem dos direitos tem indubitavelmente uma grande função prática, que é emprestar uma força particular às reivindicações dos movimentos que demandam para si e para os outros a satisfação de novos carecimentos materiais e morais; mas ela se torna enganadora se obscurecer ou ocultar a diferença entre o direito reivindicado e o direito reconhecido e protegido. Não se poderia explicar a contradição entre a literatura que faz a apologia da era dos direitos[12] e aquela que denuncia a massa dos "sem-direitos".[13] Mas os direitos de que fala a primeira são somente os proclamados nas instituições internacionais e nos congressos, enquanto os direitos de que fala a segunda são aqueles que a esmagadora maioria da humanidade não possui de fato (ainda que sejam solene e repetidamente proclamados).[14]

NORBERTO BOBBIO
Turim, outubro de 1990

NOTAS

1. "La dichiarazione universale dei diritti dell'uomo", in Vários autores, *La Dichiarazione universale dei diritti dell'uomo*, Turim, Arri Grafiche Plinio Castello, 1951, pp. 53-70. Já me havia ocupado do problema, embora marginalmente, no "Prefácio" à tradução italiana de Georges Gurvitch, *La Dichiarazione dei diritti sociali*, Milão, Edizioni di Comunità, 1949, pp. 13-27.

2. Cf. também minha "Introdução" a I. Kant, *Per la pace perpetua*, ed. de N. Merker, Roma, Editori Riuniti, 1985, pp. VII-XXI.

3. Outros escritos meus sobre os direitos do homem estão inseridos no livro *Il Terzo assente. Saggi e discorsi sulla guerra e la pace*, ed. de Pietro Polito, Milão, Edizioni Sonda, 1989. Não estão incluídos, nem nesse volume nem na presente coletânea, os seguintes textos: "Il preambolo della Convezione europea dei diritti dell'uomo" in *Rivista di diritto internazionalle*, LVII (1973), pp. 437-455; "Vi sono diritti fondamentali?", in *Rivista di filosofia*, LXXI (1980), nº 18, pp. 460-464; "Diritti dell'uomo e diritti del cittadino nel secolo XIX in Europa", in Vários autores, *Grundrechte im 19. Jahrhundert*, Frankfurt-do-Meno, Peter Lang, 1982, pp. 11-15; "Dalla priorità dei doveri alla priorità dei diritti", in *Mondoperaio*, XLI (1988), nº 3, pp. 57-60.

4. Sobre esse tema, há uma imensa literatura. Mas gostaria de citar aqui, pois é menos conhecido, o livro de Celso Lafer, *A reconstrução dos direitos humanos. Um diálogo com o pensamento de Hannah Arendt*, São Paulo, Companhia das Letras, 1988, que contém algumas páginas notáveis sobre o individualismo e sua história, também com referência ao pensamento de H. Arendt.

5. Refiro-me, em particular, ao meu ensaio sobre "O modelo jusnaturalista", in N. Bobbio-M. Bovero, *Società e stato nella filosofia politica moderna*, Milão, Il Saggiatore, 1979, pp. 17-109 [ed. brasileira: *Sociedade e Estado na filosofia política moderna*, São Paulo, Brasiliense, 1986, pp. 13-100].

6. A. Cassese, *I diritti umani nel mondo contemporaneo*, Bari, Laterza, 1988, p. 143.

7. Que os direitos do homem sejam direitos históricos, surgidos na idade moderna a partir das lutas contra o Estado absoluto, é uma das teses centrais do ensaio — historicamente bem documentado — de G. Peces-Barba Martínez, "Sobre el puesto de la Historia en el concepto de los derechos fundamentales", in *Anuario de derechos humanos*, publicado pelo Instituto de Derechos Humanos da Universidade Complutense de Madri, vol. IV, 1986-1987, pp. 219-258. Para a história dos direitos do homem do ponto de vista de seu reconhecimento — que é, de resto, o único ponto de vista pertinente —, remeto ao ensaio de G. Pugliese, "Appunti per una storia della protezione dei diritti dell'uomo", in *Riv. trim. dir. e proc. civ.*, XLIII (1989), nº 3, pp. 619-659.

8. Sobre o tema, também com freqüentes referências à minha posição, cf. o recente volume que recolhe o debate ocorrido em Madri, em 19 e 20 de abril de 1988, publicado com o título *El fundamento de los derechos humanos*, ed. de G. Peces-Barba Martínez, Madri, Editorial Debate, 1989. Do mesmo autor, nesse volume, cf. "Sobre el fundamento de los derechos humanos. Un problema de moral y derecho", pp. 265-277, que contém a expressão mais recente das reflexões que o autor vem desenvolvendo há anos sobre o problema dos direitos do homem, a começar pelo livro *Derechos fundamentales*, 1976, várias vezes reeditado.

9. A figura dos direitos de terceira geração foi introduzida na literatura cada vez mais ampla sobre os "novos direitos". No artigo "Sobre la evolución contemporánea de la teoría de los

derechos del hombre", Jean Rivera inclui entre esses direitos os direitos de solidariedade, o direito ao desenvolvimento, à paz internacional, a um ambiente protegido, à comunicação. Depois dessa enumeração, é natural que o autor pergunte se é ainda possível falar de direitos em sentido próprio ou se não se trata de simples aspirações e desejos ("Corrientes y problemas en filosofía del derecho", in *Anales de La cátedra Francisco Suárez*, 1985, n° 25, p. 193). No livro já citado, Celso Lafer fala dos direitos de terceira geração como se tratando sobretudo de direitos cujo sujeito não são os indivíduos mas os grupos humanos, como a família, o povo, a nação e a própria humanidade (p. 131). Sobre o direito à paz, cf. as reflexões de A. Ruiz Miguel, "Tenemos derecho a la paz?", in *Anuario de derechos humanos*, publicado pelo Instituto de Derechos Humanos de Madri, ed. de G. Peces-Barba Martínez, n° 3, 1984-1985, pp. 387-434. O autor voltou depois ao tema no livro *La justicia de Ia guerra y de la paz*, Madri, Centro de Estudios Constitucionales, 1988, pp. 271 e ss. Ainda sobre os direitos de terceira geração, cf. A. E. Pérez, "Concepto y concepción de los derechos humanos", in *Cuadernos de filosofía de derecho*, 1987, n° 4, pp. 56 e ss.; o autor inclui entre esses direitos o direito à paz, os do consumidor, à qualidade de vida, à liberdade de informação, ligando o surgimento dos mesmos ao desenvolvimento de novas tecnologias.

10. Sobre esse tema, já existe uma literatura significativa, particularmente anglo-saxônica, da qual dá notícia Bartha Maria Knoppers, "l'integrità del patrimonio genetico: diritto soggettivo o diritto dell'umanità?", in *Politica dei diritto*, XXXI, n° 2, junho de 1990, pp. 341-361.

11. Para essa parte, extraí muitas idéias do debate sobre "El concepto de derechos humanos", in *Cuadernos de filosofía del derecho*, n° 4, 1987, pp. 23-84, com várias intervenções que tomam como base a comunicação de Francisco la Porta, e também com as conclusões de Eugenio Bulygin, "Sobre el status ontológico de los derechos humanos", pp. 79-84, com as quais estou substancialmente de acordo. No debate, foi amplamente discutido se o conceito de direito deve ser entendido como conceito normativo ou não, bem como se é aceitável a expressão "direitos morais" e, eventualmente, que sentido se lhe possa dar. Para a crítica do conceito de "direito moral" e outras considerações com as quais concordo, cf. R. Vernengo, "Dos ensayos sobre problemas de fundamentación de los derechos humanos", in *Cuadernos de Investigaciones del Instituto de Investigaciones Jurídicas y Sociales Ambrogio L. Gioia*, Facultad de Derecho y Ciencias Sociales, Buenos Aires, 1986, particularmente o primeiro ensaio, "Fundamentaciones morales de los derechos humanos", pp. 4-29. Anteriormente, já havia tratado do assunto G. Peces-Barba Martínez no ensaio, já citado, "Sobre el puesto de Ia Historia en el concepto de los derechos fundamentales", p. 222. Também na Itália, travou-se recentemente um debate sobre esses temas: refiro-me, em particular, a F. Fagiani, "Etica e teoria dei diritti", e a L. Gianformaggio, "Rapporto fra etica e diritto", in Vários autores, *Teorie etiche contemporanee*, Turim, Bollati-Boringhieri, 1990, pp. 86-107 e 149-161. Um tratamento mais geral está no livro de F. Viola, *Diritti dell'uomo diritto naturale etica contemporanea*, Turim, Giappichelli, 1989.

12. Sobre a importância do reconhecimento dos direitos humanos na atual fase da humanidade, interveio com competência, num de seus últimos escritos, Norbert Elias, "Pianeta dei diritti", in *Rinascita*, I, n° 17, junho de 1990.

13. Na mesma revista, L. Bertozzi, "Uomioni senza diritti", in *Rinascita*, I, n° 27, agosto de 1990, pp. 72-74, que relata as denúncias de violações dos direitos humanos no mundo feitas por *Amnesty International* em seu último relatório anual. Para uma documentação italiana, cf. G. Ricordy, *Senzadiritti. Storie dell'altra Italia*, Milão, Feltrinelli, 1990.

■ ■ ■

Dos escritos publicados neste volume, "Sobre o fundamento dos direitos do homem", apresentado como comunicação no simpósio realizado em L'Aquila entre 14 e 19 de setembro de 1964, foi publicado com o título "L'illusion du fondement absolu" no volume *Le fondement des droits de l'homme*, em tradução italiana, in *Rivista internazionale di filosofia dei diritto*, XLII (1965), pp. 302-309, e no volume *Il problema della guerra e le vie della pace*, Bolonha, Il Mulino, 1979, pp. 119-130. "Presente e futuro dos direitos do homem" foi publicado em *La comunità internazionale*, XXIII (1968), pp. 3-18; depois, no volume *Il problema della guerra e le vie della pace*, cit., pp. 131-157, traduzido em castelhano com o título "Presente y porvenir de los derechos humanos", in *Anuario de derechos humanos*, Instituto de Derechos Humanos, Universidade Complutense de Madri, 1982, pp. 7-28. "A era dos direitos", discurso pronunciado em Madri no mês de setembro de 1987, foi publicado em N. Bobbio, *Il Terzo assente. Saggi e discorsi sulla pace e sulfa guerra*, Turim, Sonda, 1989, pp. 112-125, e com o título "Derechos del hombre y filosofía de la historia", in *Anuario de derechos humanos*, cit., nº 5, 1988-1989, pp. 27-39. "Direitos do homem e sociedade" apareceu em *Sociologia del diritto*, XXVI (1989), pp. 15-27. "A Revolução Francesa e os direitos de homem" foi publicado, como opúsculo independente, pela Câmara dos Depurados, Roma, 1988, e depois, com o título "La dichiarazione dei diritti dell'uomo", in *Nuova Antologia*, nº 2.169, janeiro-março de 1989, pp. 290-309. "A herança da Grande Revolução" foi também publicado em *Nuova Antologia*, nº 2.172, outubro-dezembro de 1989, pp. 87-100. A mesma revista publicou também "Kant e a Revolução Francesa", nº 2.175, julho-setembro de 1990, pp. 53-60. "A resistência à opressão, hoje" foi extraído de *Studi sassaresi. III. Autonomia e diritto di resistenza*, Milão, Giuffrè, 1973, pp. 15-31. "Contra a pena de morte" foi publicado, sob o patrocínio de *Amnesty International*, seção italiana, Bolonha, Tipostampa bolognese, 1981, como opúsculo independente, enquanto "O debate atual sobre a pena de morte" foi incluído no volume *La pena di morte nel mondo*, que recolhe as atas do Seminário Internacional de Bolonha, 28-30 de outubro de 1983, Casale Monferrato, Marietti, 1983, pp. 15-32. "As razões da tolerância" apareceu no volume *L'intolleranza: uguali e diversi nella storia*, org. por C. Boni, que recolhe as atas do Simpósio Internacional de Bolonha, 12-14 de dezembro de 1986, Bolonha, Il Mulino, 1986, pp. 243-257.

NOTA

DOS ESCRITOS PUBLICADOS NESTE VOLUME, *Sobre os fundamentos dos direitos do homem*, apresentado como relatório no simpósio realizado em L'Aquila entre 14 e 19 de setembro de 1964, foi publicado com o título *L'illusion du fondament absolu* no volume *Le fondament des droits de l'homme*, La Nuova Italia, Florença, 1966, pp. 3-9; reimpresso em tradução italiana na "Rivista internazionale di filosofia del diritto", XLII (1965), pp. 302-9, e no volume *Il problema della guerra e le vie della pace*, Il Mulino, Bolonha 1979, pp. 119-130. *Presente e avvenire dei diritti dell'uomo* foi publicado em "La comunità internazionale", XXIII (1968), pp. 3-18; e depois no volume *Il problema della guerra e le vie della pace*, pp. 131-157, traduzido para o castelhano com o título *Presente y porvenir de los derechos humanos*, em "Anuario de derechos humanos", Instituto de derechos humanos, Universidad Complutense de Madrid, 1982, pp. 7-28. A *Era dos Direitos*, discurso pronunciado em Madri em setembro de 1987, publicado em N. Bobbio, *Il Terzo Assente. Saggi e discorsi sulla pace e sulla guerra*, Edizioni Sonda, Turim 1989, pp. 112-25 e com o título *Derechos del hombre y filosofía de la historia*, em "Anuario de derechos humanos" cit., 1988-89, n. 5, pp. 27-39. *Diritti dell'uomo e società* foi publicado em "Sociologia del Diritto", XXVI (1989), pp. 15-27. *La Rivoluzione Francese e i diritti dell'uomo* foi publicado como opúsculo separado pela Câmara dos Deputados, Roma 1988, e posteriormente com o título *La dichiarazione dei diritti dell'uomo*, em "Nuova Antologia", n. 2169, janeiro-março 1989, pp. 290-309. *L'eredità della grande Rivoluzione* também foi publicado em "Nova Antologia", n. 2172, outubro-dezembro 1989, pp. 87-100. Assim como *Kant e la Rivo-*

luzione Francese, n. 2175, julho-setembro 1990, pp. 53-60. *La resistenza all'oppressione, oggi*, foi tirado de *Studi sassaresi. III. Autonomia e diritto di resistenza*, Giuffrè, Milão 1973, pp. 15-31. *Contro la pena di morte* foi publicado sob a organização da Amnesty International, seção italiana, Tipostampa bolognese, Bolonha, 1981, como opúsculo separado, enquanto *Il dibattito attuale sulla pena di morte* faz parte do volume *La pena di morte nel mondo*, que reúne as atas do Simpósio Internacional de Bolonha, 28-30 de outubro de 1982, Marietti, Casale Monferrato 1983, pp. 15-32. *Le ragioni della tolleranza* foi publicado no volume *L'intolleranza: uguali e diversi nella storia*, organizado por C. Boni, que reúne as atas do Simpósio Internacional de Bolonha, 12-14 de dezembro de 1986, Il Mulino, Bolonha, 1986, pp. 243-257. *Os Direitos do Homem Hoje* é o texto do discurso de encerramento anual da Accademia dei Lincei (14 de junho de 1991), publicado em *Atti dell'Accademia Nazionale dei Lincei*, a. CCCLXXXVIII, vol. IX, fasc. 2, 1991, pp. 55-64.

PRIMEIRA PARTE

SOBRE OS FUNDAMENTOS DOS DIREITOS DO HOMEM

1. Neste ensaio, proponho-me a discutir três temas:

a) qual é o sentido do problema que nos pusemos acerca do fundamento absoluto dos direitos do homem;

b) se um fundamento absoluto é possível;

c) se, caso seja possível, é também desejável.

2. O problema do fundamento de um direito apresenta-se diferentemente conforme se trate de buscar o fundamento de um *direito que se tem* ou de um *direito que se gostaria de ter*. No primeiro caso, investigo no ordenamento jurídico positivo, do qual faço parte como titular de direitos e de deveres, se há uma norma válida que o reconheça e qual é essa norma; no segundo caso, tentarei buscar boas razões para defender a legitimidade do direito em questão e para convencer o maior número possível de pessoas (sobretudo as que detêm o poder direto ou indireto de produzir normas válidas naquele ordenamento) a reconhecê-la.

Não há dúvida de que, quando, num seminário de filósofos e não de juristas (como é o nosso), colocamos o problema do fundamento dos direitos do homem, pretendemos enfrentar um problema do segundo tipo, ou seja, não um problema de direito positivo, mas de direito racional ou crítico (ou, se se quiser, de direito natural, no sentido restrito, que é para mim o único aceitável, da palavra). Partimos do pressuposto de que os direitos humanos são coisas desejáveis, isto é, fins que merecem ser perseguidos, e de que, apesar de sua desejabilidade, não foram ainda todos eles (por toda a parte e em igual medida) reconhecidos; e estamos convencidos de que lhes encontrar um fundamento, ou seja, aduzir motivos para justificar a escolha que fizemos e que gostaríamos fosse feita também pelos outros, é um meio adequado para obter para eles um mais amplo reconhecimento.

3. Da finalidade visada pela busca do fundamento, nasce a ilusão do fundamento absoluto, ou seja, a ilusão de que — de tanto acumular e elaborar razões e argumentos — terminaremos por encontrar a razão e o argumento irresistível, ao qual ninguém poderá recusar a própria adesão. O fundamento absoluto é o fundamento irresistível no mundo de nossas ideias, do mesmo modo como o poder absoluto é o poder irresistível (que se pense em Hobbes) no mundo de nossas ações. Diante do fundamento irresistível, a mente se dobra necessariamente, tal como o faz a vontade diante do poder irresistível. O fundamento último não pode mais ser questionado, assim como o poder último deve ser obedecido sem questionamentos. Quem resiste ao primeiro se põe fora da comunidade das pessoas racionais, assim como quem se rebela contra o segundo se põe fora da comunidade das pessoas justas ou boas.

Essa ilusão foi comum durante séculos aos jusnaturalistas, que supunham ter colocado certos direitos (mas nem sempre os mesmos) acima da possibilidade de qualquer refutação, derivando-os diretamente da natureza do homem. Mas a natureza do homem revelou-se muito frágil como fundamento absoluto de direitos irresistíveis. Não é o caso de repetir as infinitas críticas dirigidas à doutrina dos direitos naturais, nem demonstrar mais uma vez o caráter capcioso dos argumentos empregados para provar o seu valor absoluto. Bastará recordar que muitos direitos, até mesmo os mais diversos entre si, até mesmo os menos fundamentais — fundamentais somente na opinião de quem os defendia —, foram subordinados à generosa e complacente natureza do homem. Para dar um exemplo: ardeu por muito tempo entre os jusnaturalistas a disputa acerca de qual das três soluções possíveis quanto à sucessão dos bens (o retorno à comunidade, a transmissão familiar de pai para filho ou a livre disposição pelo proprietário) era a mais natural e, portanto, devia ser preferida num sistema que aceitava como justo tudo o que se fundava na natureza. Podiam disputar por muito tempo: com efeito, todas as três soluções são perfeitamente compatíveis com a natureza do homem, conforme se considere este último como membro de uma comunidade (da qual, em última instância, sua vida depende), como pai de família (voltado por instinto natural para a continuação da espécie) ou como pessoa livre e autônoma (única responsável pelas próprias ações e pelos próprios bens).

Kant havia racionalmente reduzido os direitos irresistíveis (que ele chamava de "inatos") a apenas um: a liberdade. Mas o que é a liberdade?

4. Essa ilusão já não é possível hoje; toda busca do fundamento absoluto é, por sua vez, infundada. Contra essa ilusão, levanto quatro dificuldades (e passo assim ao segundo tema).

A primeira deriva da consideração de que "direitos do homem" é uma expressão muito vaga. Já tentamos alguma vez defini-los? E, se tentamos, qual foi o resultado? A maioria das definições são tautológicas: "Direitos do homem são os que cabem ao homem enquanto homem." Ou nos dizem algo apenas sobre o estatuto desejado ou proposto para esses direitos, e não sobre o seu conteúdo: "Direitos do homem são aqueles que pertencem, ou deveriam pertencer, a todos os homens, ou dos quais nenhum homem pode ser despojado." Finalmente, quando se acrescenta alguma referência ao conteúdo, não se pode deixar de introduzir termos avaliativos: "Direitos do homem são aqueles cujo reconhecimento é condição necessária para o aperfeiçoamento da pessoa humana, ou para o desenvolvimento da civilização, etc., etc." E aqui nasce uma nova dificuldade: os termos avaliativos são interpretados de modo diverso conforme a ideologia assumida pelo intérprete; com efeito, é objeto de muitas polêmicas apaixonantes, mas insolúveis, saber o que se entende por aperfeiçoamento da pessoa humana ou por desenvolvimento da civilização. O acordo é obtido, em geral, quando os polemistas — depois de muitas concessões recíprocas — consentem em aceitar uma fórmula genérica, que oculta e não resolve a contradição: essa fórmula genérica conserva a definição no mesmo nível de generalidade em que aparece nas duas definições precedentes. Mas as contradições que são assim afastadas renascem quando se passa do momento da enunciação puramente verbal para o da aplicação.

O fundamento de direitos — dos quais se sabe apenas que são condições para a realização de valores últimos — é o apelo a esses valores últimos. Mas os valores últimos, por sua vez, não se justificam; o que se faz é assumi-los. O que é último, precisamente por ser último, não tem nenhum fundamento. De resto, os valores últimos são antinômicos: não podem ser todos realizados globalmente e ao mesmo tempo. Para realizá-las, são necessárias concessões de ambas as partes: nessa obra de conciliação, que requer renúncias recíprocas, entram em jogo as preferências pessoais, as opções políticas, as orientações ideológicas. Portanto, permanece o fato de que nenhum dos três tipos de definição permite elaborar uma categoria de direitos do homem que tenha contornos nítidos. Pergunta-se, então, como é possível pôr o problema do fundamento, absoluto ou não, de direitos dos quais é impossível dar uma noção precisa.

5. Em segundo lugar, os direitos do homem constituem uma classe variável, como a história destes últimos séculos demonstra suficientemente. O elenco dos direitos do homem se modificou, e continua a se modificar, com a mudança das condições históricas, ou seja, dos carecimentos e dos interesses, das classes no poder, dos meios disponíveis para a realização dos mesmos, das transformações técnicas, etc. Direitos que foram declarados absolutos no final do século XVIII, como a propriedade *sacre et inviolable*, foram submetidos a radicais limitações nas declarações contemporâneas; direitos que as declarações do século XVIII nem sequer mencionavam, como os direitos sociais, são agora proclamados com grande ostentação nas recentes declarações. Não é difícil prever que, no futuro, poderão emergir novas pretensões que no momento nem sequer podemos imaginar, como o direito a não portar armas contra a própria vontade, ou o direito de respeitar a vida também dos animais e não só dos homens. O que prova que não existem direitos fundamentais por natureza. O que parece fundamental numa época histórica e numa determinada civilização não é fundamental em outras épocas e em outras culturas.

Não se concebe como seja possível atribuir um fundamento absoluto a direitos historicamente relativos. De resto, não há por que ter medo do relativismo. A constatada pluralidade das concepções religiosas e morais é um fato histórico, também ele sujeito a modificação. O relativismo que deriva dessa pluralidade é também relativo. E, além do mais, é precisamente esse relativismo o mais forte argumento em favor de alguns direitos do homem, dos mais celebrados, como a liberdade de religião e, em geral, a liberdade de pensamento. Se não estivéssemos convencidos da irresistível pluralidade das concepções últimas, e se, ao contrário, estivéssemos convencidos de que asserções religiosas, éticas e políticas são demonstráveis como teoremas (e essa era, mais uma vez, a ilusão dos jusnaturalistas, de um Hobbes, por exemplo, que chamava as leis naturais de "teoremas"), então os direitos à liberdade religiosa ou à liberdade de pensamento político perderiam sua razão de ser, ou, pelo menos, adquiririam um outro significado: seriam não o direito de ter a própria religião pessoal ou de expressar o próprio pensamento político, mas sim o direito de não ser dissuadido pela força de empreender a busca da única verdade religiosa e do único bem político. Reflita-se sobre a profunda diferença que existe entre o direito à liberdade religiosa e o direito à liberdade científica. O direito à liberdade religiosa consiste no direito a professar qualquer religião ou a não professar nenhuma. O direito à liberdade científica consiste não no direito a professar qualquer verdade científica ou a não professar nenhuma, mas essencialmente no direito a não sofrer empecilhos no processo da investigação científica.

6. Além de mal definível (item 4) e variável (item 5), a classe dos direitos do homem é também heterogênea. Entre os direitos compreendidos na própria Declaração, há pretensões muito diversas entre si e, o que é pior, até mesmo incompatíveis. Portanto, as razões que valem para sustentar umas não valem para sustentar outras. Nesse caso, não se deveria falar de fundamento, mas de fundamentos dos direitos do homem, de diversos fundamentos conforme o direito cujas boas razões se deseja defender.

Inicialmente, cabe dizer que, entre os direitos humanos, como já se observou várias vezes, há direitos com estatutos muito diversos entre si. Há alguns que valem em qualquer situação e para todos os homens indistintamente: são os direitos acerca dos quais há a exigência de não serem limitados nem diante de casos excepcionais, nem com relação a esta ou àquela categoria, mesmo restrita, de membros do gênero humano (é o caso, por exemplo, do direito de não ser escravizado e de não sofrer tortura). Esses direitos são privilegiados porque não são postos em concorrência com outros direitos, ainda que também fundamentais. Porém, até entre os chamados direitos fundamentais, os que não são suspensos em nenhuma circunstância, nem negados para determinada categoria de pessoas, são bem poucos: em outras palavras, são bem poucos os direitos considerados fundamentais que não entram em concorrência com outros direitos também considerados fundamentais, e que, portanto, não imponham, em certas situações e em relação a determinadas categorias de sujeitos, uma opção. Não se pode afirmar um novo direito em favor de uma categoria de pessoas sem suprimir algum velho direito, do qual se beneficiavam outras categorias de pessoas: o reconhecimento do direito de não ser escravizado implica a eliminação do direito de possuir escravos; o reconhecimento do direito de não ser torturado implica a supressão do direito de torturar. Nesses casos, a escolha parece fácil; e é evidente que ficaríamos maravilhados se alguém nos pedisse para justificar tal escolha (consideramos evidente em moral o que não necessita ser justificado).

Mas, na maioria dos casos, a escolha é duvidosa e exige ser motivada. Isso depende do fato de que tanto o direito que se afirma como o que é negado têm suas boas razões: na Itália, por exemplo, pede-se a abolição da censura prévia dos espetáculos cinematográficos; a escolha é simples se se puser num prato da balança a liberdade do artista e no outro o direito de alguns órgãos administrativos, habitualmente incompetentes e medíocres, de sufocá-la; mas parece mais difícil se se contrapuser o direito de expressão do produtor do filme ao direito do público de não ser escandalizado, ou chocado, ou excitado. A dificuldade da escolha se resolve com a introdução dos limites à extensão de um dos dois direitos, de modo que seja em parte salvaguardado também o outro: com relação aos espetáculos, para continuarmos com nosso exemplo, a Constituição italiana prevê o limite posto pelo resguardo dos bons costumes.

Portanto, sobre esse ponto, parece que temos de concluir que direitos que têm eficácia tão diversa não podem ter o mesmo fundamento e, sobretudo, que os direitos do segundo tipo — fundamentais, sim, mas sujeitos a restrições — não podem ter um fundamento absoluto, que não permitisse dar uma justificação válida para a sua restrição.

7. Do caso até agora exposto, no qual se revela um contraste entre o direito fundamental de uma categoria de pessoas e o direito igualmente fundamental de uma outra categoria, é preciso distinguir um caso que põe ainda mais gravemente em perigo a busca do fundamento absoluto: aquele no qual se revela uma antinomia entre os direitos invocados pelas mesmas pessoas. Todas as declarações recentes dos direitos do homem compreendem, além dos direitos individuais tradicionais, que consistem em *liberdades*, também os chamados direitos sociais, que consistem em *poderes*. Os primeiros exigem da parte dos outros (incluídos aqui os órgãos públicos) obrigações puramente negativas, que implicam a abstenção de determinados comportamentos; os segundos só podem ser realizados se for imposto a outros (incluídos aqui os órgãos públicos) um certo número de obrigações positivas. São antinômicos no sentido de que o desenvolvimento deles não pode proceder paralelamente: a realização integral de uns impede a realização integral dos outros. Quanto mais aumentam os poderes dos indivíduos, tanto mais diminuem as liberdades dos mesmos indivíduos. Trata-se de duas situações jurídicas tão diversas que os argumentos utilizados para defender a primeira não valem para defender a segunda. Os dois principais argumentos para introduzir algumas liberdades entre os direitos fundamentais são: a) a irredutibilidade das crenças últimas; b) a crença de que, quanto mais livre for o indivíduo, tanto mais poderá ele progredir moralmente e promover também o progresso material da sociedade. Ora, desses dois argumentos, o primeiro é irrelevante para justificar a exigência de novos poderes, enquanto o segundo se revelou historicamente falso.

Pois bem: dois direitos fundamentais, mas antinômicos, não podem ter, um e outro, um fundamento absoluto, ou seja, um fundamento que torne um direito e o seu oposto, ambos, inquestionáveis e irresistíveis. Aliás, vale a pena recordar que, historicamente, a ilusão do fundamento absoluto de alguns direitos estabelecidos foi um obstáculo à introdução de novos direitos, total ou parcialmente incompatíveis com aqueles. Basta pensar nos empecilhos colocados ao progresso da legislação social pela teoria jusnaturalista do fundamento absoluto da propriedade: a oposição quase secular contra a introdução dos direitos sociais foi feita em nome do fundamento absoluto dos direitos de liberdade. O fundamento absoluto não é apenas uma ilusão; em alguns casos, é também um pretexto para defender posições conservadoras.

8. Expus até aqui algumas razões pelas quais creio que não se possa propor a busca do fundamento absoluto dos direitos do homem. Mas há um outro aspecto da questão que emergiu destas últimas considerações. E, com isso, passo à terceira questão que me coloquei no início. Trata-se de saber se a busca do fundamento absoluto, ainda que coroada de sucesso, é capaz de obter o resultado esperado, ou seja, o de conseguir do modo mais rápido e eficaz o reconhecimento e a realização dos direitos do homem. Entra aqui em discussão o segundo dogma do racionalismo ético, que é, de resto, a segunda ilusão do jusnaturalismo: o de que os valores últimos não só podem ser demonstrados como teoremas, mas de que basta demonstrá--los (ou seja, torná-los em certo sentido inquestionáveis e irresistíveis) para que seja assegurada sua realização. Ao lado do dogma da demonstrabilidade dos valores últimos, cuja ausência de fundamento tentamos demonstrar nos itens anteriores, o racionalismo ético — em sua forma mais radical e antiga — sustenta também que a racionalidade demonstrada de um valor é condi-ção não só necessária, mas também suficiente, de sua realização. O primeiro dogma assegura a *potência* da razão; o segundo assegura o seu *primado*.

Esse segundo dogma do racionalismo ético (e do jusnaturalismo, que é a expressão histórica mais respeitável do racionalismo ético) é desmenti-do pela experiência histórica. Aduzo sobre esse ponto três argumentos.

Em primeiro lugar, não se pode dizer que os direitos do homem te-nham sido mais respeitados nas épocas em que os eruditos estavam de acordo em considerar que haviam encontrado um argumento irrefutável para defendê-los, ou seja, um fundamento absoluto: o de que tais direitos derivavam da essência ou da natureza do homem. Em segundo lugar, ape-sar da crise dos fundamentos, a maior parte dos governos existentes pro-clamou pela primeira vez, nessas décadas, uma Declaração Universal dos Direitos do Homem. Por conseguinte, depois dessa declaração, o problema dos fundamentos perdeu grande parte do seu interesse. Se a maioria dos governos existentes concordou com uma declaração comum, isso é sinal de que encontraram boas razões para fazê-lo. Por isso, agora, não se trata tanto de buscar outras razões, ou mesmo (como querem os jusnaturalistas redivivos) a razão das razões, mas de pôr as condições para uma mais ampla e escrupulosa realização dos direitos proclamados. Decerto, para empenhar-se na criação dessas condições, é preciso que se esteja convencido de que a realização dos direitos do homem é uma meta desejável; mas não basta essa convicção para que aquelas condições se efetivem. Muitas dessas condições (e passo assim ao terceiro tema) não dependem da boa vontade nem mesmo dos governantes, e dependem menos ainda das boas razões adotadas para demonstrar a bondade absoluta desses direitos: somente a transformação industrial num país, por exemplo, torna possível a proteção dos direitos ligados às relações de trabalho. Deve-se recordar que o mais forte argumento adotado pelos reacionários de todos os países contra os direitos do homem, particularmente contra os direitos sociais, não é a sua falta de fundamento, mas a sua inexequibilidade. Quando se trata de enunciá-los, o acordo é obtido com relativa facilidade, independentemente do maior ou menor poder de convicção de seu fundamento absoluto; quando se trata de passar à ação, ainda que o fundamento seja inquestionável, começam as reservas e as oposições.

O problema fundamental em relação aos direitos do homem, hoje, não é tanto o de *justificá-los*, mas o de *protegê-los*. Trata-se de um problema não filosófico, mas político.

9. É inegável que existe uma crise dos fundamentos. Deve-se reconhecê-la, mas não tentar superá-la buscando outro fundamento absoluto para servir como substituto para o que se perdeu. Nossa tarefa, hoje, é muito mais modesta, embora também mais difícil. Não se trata de encontrar o fundamento absoluto — empreendimento sublime, porém desesperado —, mas de buscar, em cada caso concreto, *os vários fundamentos possíveis*. Mas também essa busca dos fundamentos possíveis — empreendimento legítimo e não destinado, como o outro, ao fracasso — não terá nenhuma importância histórica se não for acompanhada pelo estudo das condições,

dos meios e das situações nas quais este ou aquele direito pode ser realizado. Esse estudo é tarefa das ciências históricas e sociais. O problema filosófico dos direitos do homem não pode ser dissociado do estudo dos problemas históricos, sociais, econômicos, psicológicos, inerentes à sua realização: o problema dos fins não pode ser dissociado do problema dos meios. Isso significa que o filósofo já não está sozinho. O filósofo que se obstinar em permanecer só termina por condenar a filosofia à esterilidade. Essa crise dos fundamentos é também um aspecto da crise da filosofia.

PRESENTE E FUTURO
DOS DIREITOS DO HOMEM

HÁ TRÊS ANOS, no simpósio promovido pelo Institut International de Philosophie sobre o "Fundamento dos Direitos do Homem", tive oportunidade de dizer, num tom um pouco peremptório, no final de minha comunicação,[1] que o problema grave de nosso tempo, com relação aos direitos do homem, não era mais o de fundamentá-los, e sim o de protegê-los. Desde então, não tive razões para mudar de ideia. Mais que isso: essa frase que, dirigida a um público de filósofos, podia ter uma intenção polêmica — pôde servir, quando me ocorreu repeti-la no simpósio predominantemente jurídico promovido pelo Comitê Consultivo Italiano para os Direitos do Homem,[2] como introdução, por assim dizer, quase obrigatória.

Com efeito, o problema que temos diante de nós não é filosófico, mas jurídico e, num sentido mais amplo, político. Não se trata de saber quais e quantos são esses direitos, qual é sua natureza e seu fundamento, se são direitos naturais ou históricos, absolutos ou relativos, mas sim qual é o modo mais seguro para garanti-los, para impedir que, apesar das solenes declarações, eles sejam continuamente violados. De resto, quando a Assembleia Geral da ONU, em sua última sessão, acolheu a proposta de que a Conferência Internacional dos Direitos do Homem, decidida na sessão do ano anterior, fosse realizada em Teerã na primavera de 1968, fazia votos de que a conferência assinalasse "um notável passo à frente na ação empreendida no sentido de encorajar e ampliar o *respeito* aos direitos humanos e às liberdades fundamentais".[3] Entende-se que a exigência do "respeito" aos direitos humanos e às liberdades fundamentais nasce da convicção, partilhada universalmente, de que eles possuem fundamento: o problema do fundamento é ineludível. Mas, quando digo que o problema mais urgente que temos de enfrentar não é o problema do fundamento, mas o das garantias, quero dizer que consideramos o problema do fundamento não como inexistente, mas como — em certo sentido — resolvido, ou seja, como um problema com cuja solução já não devemos mais nos preocupar. Com efeito, pode-se dizer que o problema do fundamento dos direitos humanos teve sua solução atual na Declaração Universal dos Direitos do Homem aprovada pela Assembleia Geral das Nações Unidas, em 10 de dezembro de 1948.

A Declaração Universal dos Direitos do Homem representa a manifestação da única prova através da qual um sistema de valores pode ser considerado humanamente fundado e, portanto, reconhecido: e essa prova é o consenso geral acerca da sua validade. Os jusnaturalistas teriam falado de *consensus omnium gentium* ou *humani generis*.

Há três modos de fundar os valores: deduzi-los de um dado objetivo constante, como, por exemplo, a natureza humana; considerá-las como verdades evidentes em si mesmas; e, finalmente, a descoberta de que, num dado período histórico, eles são geralmente aceitos (precisamente a prova do consenso). O primeiro modo nos ofereceria a maior garantia de sua validade universal, se verdadeiramente existisse a natureza humana e, admitindo-se que existisse como dado constante e imutável, tivéssemos a possibilidade de conhecê-la em sua essência: a julgarmos pela história do jusnaturalismo, a natureza humana foi interpretada dos mais diferentes modos, e o apelo à natureza serviu para justificar sistemas de valores até mesmo diversos entre si. Qual é o direito fundamental do homem segundo a sua natureza? O direito do mais forte, como queria Spinoza, ou o direito à liberdade, como queria Kant? O segundo modo — o apelo à evidência — tem o defeito de se situar para além de qualquer prova e de se recusar a qualquer argumentação possível de caráter racional: na realidade, tão logo submetemos valores, proclamados evidentes, à verificação histórica, percebemos que aquilo que foi considerado como evidente por alguns, num dado momento, não é mais considerado como evidente por outros, em outro momento. Deve provavelmente ter aparecido como evidente, aos autores da Declaração de 1789, que a propriedade era "sagrada e inviolável". Hoje, ao contrário, toda referência ao direito de propriedade como direito do homem desapareceu nos documentos mais recentes das Nações Unidas.[4] Atualmente, quem não pensa que é evidente que não se deve torturar os prisioneiros? Todavia, durante séculos, a tortura foi aceita e defendida como um procedimento judiciário normal. Desde que os homens começaram a refletir sobre a justificação do uso da violência, foi sempre evidente que *vim vi repellere licet*; atualmente, ao contrário, difundem-se cada vez mais teorias da não violência, que se fundam precisamente na recusa desse conceito.

O terceiro modo de justificar os valores consiste em mostrar que são apoiados no consenso, o que significa que um valor é tanto mais fundado quanto mais é aceito. Com o argumento do consenso, substitui-se pela prova da intersubjetividade a prova da objetividade, considerada impossível ou extremamente incerta. Trata-se, certamente, de um fundamento histórico e, como tal, não absoluto: mas esse fundamento histórico do consenso é o único que pode ser factualmente comprovado. A Declaração Universal dos Direitos do Homem pode ser acolhida como a maior prova histórica até hoje dada do *consensus omnium gentium* sobre um determinado sistema de valores. Os velhos jusnaturalistas desconfiavam — e não estavam inteiramente errados — do consenso geral como fundamento do direito, já que esse consenso era difícil de comprovar. Seria necessário buscar sua expressão documental através da inquieta e obscura história das nações, como tentaria fazê-lo Giambattista Vico. Mas agora esse documento existe: foi aprovado por 48 Estados, em 10 de dezembro de 1948, na Assembleia Geral das Nações Unidas; e, a partir de então, foi acolhido como inspiração e orientação no processo de crescimento de toda a comunidade internacional no sentido de uma comunidade não só de Estados, mas de indivíduos livres e iguais. Não sei se se tem consciência de até que ponto a Declaração Universal representa um fato novo na história, na medida em que, pela primeira vez, um sistema de princípios fundamentais da conduta humana foi livre e expressamente aceito, através de seus respectivos governos, pela maioria dos homens que vive na Terra. Com essa declaração, um sistema de valores é — pela primeira vez na história — universal, não em princípio, mas *de fato*, na medida em que o consenso sobre sua validade e sua capacidade para reger os destinos da comunidade futura de todos os homens foi explicitamente declarado. (Os valores de que foram portadoras as religiões e as Igrejas, até mesmo a mais universal das religiões, a cristã, envolveram *de fato*, isto é, historicamente, até hoje, apenas uma parte da humanidade.) Somente depois da Declaração Universal é que podemos ter a certeza histórica de que a humanidade — toda a humanidade — partilha alguns valores comuns; e podemos, finalmente, crer na universalidade dos valores, no único sentido em que tal crença é historicamente legítima, ou seja, no sentido em que universal significa não algo dado objetivamente, mas algo subjetivamente acolhido pelo universo dos homens.

Esse universalismo foi uma lenta conquista. Na história da formação das declarações de direitos podem-se distinguir, pelo menos, três fases. As declarações nascem como teorias filosóficas. Sua primeira fase deve ser buscada na obra dos filósofos. Se não quisermos remontar até a ideia estoica da sociedade universal dos homens racionais — o sábio é cidadão não desta ou daquela pátria, mas do mundo —, a ideia de que o homem enquanto tal tem direitos, por natureza, que ninguém (nem mesmo o Estado) lhe pode subtrair, e que ele mesmo não pode alienar (mesmo que, em caso de necessidade, ele os aliene, a transferência não é válida), essa ideia foi elaborada pelo jusnaturalismo moderno. Seu pai é John Locke. Segundo Locke, o verdadeiro estado do homem não é o estado civil, mas o natural, ou seja, o estado de natureza no qual os homens são livres e iguais, sendo o estado civil uma criação artificial, que não tem outra meta além da de permitir a mais ampla explicitação da liberdade e da igualdade naturais. Ainda que a hipótese do estado de natureza tenha sido abandonada, as primeiras palavras com as quais se abre a Declaração Universal dos Direitos do Homem conservam um claro eco de tal hipótese: "Todos os homens *nascem* livres e iguais em dignidade e direitos." O que é uma maneira diferente de dizer que os homens são livres e iguais *por natureza*. E como não recordar as primeiras célebres palavras com que se inicia o *Contrato social* de Rousseau, ou seja: "O homem *nasceu* livre e por toda a parte encontra-se a ferros"? A Declaração conserva apenas um eco porque os homens, *de fato*, não nascem nem livres nem iguais.[5] São livres e iguais com relação a um nascimento ou natureza ideais, que era precisamente a que tinham em mente os jusnaturalistas quando falavam em estado de natureza. A liberdade e a igualdade dos homens não são um dado de fato, mas um ideal a perseguir; não são uma existência, mas um valor; não são um ser, mas um dever ser. Enquanto teorias filosóficas, as primeiras afirmações dos direitos do homem são pura e simplesmente a expressão de um pensamento individual: são universais em relação ao conteúdo, na medida em que se dirigem a um homem racional fora do espaço e do tempo, mas são extremamente limitadas em relação à sua eficácia, na medida em que são (na melhor das hipóteses) propostas para um futuro legislador.

No momento em que essas teorias são acolhidas pela primeira vez por um legislador, o que ocorre com as Declarações de Direitos dos Estados Norte-americanos e da Revolução Francesa (um pouco depois), e postas na base de uma nova concepção do Estado — que não é mais absoluto e sim limitado, que não é mais fim em si mesmo e sim meio para alcançar fins que são postos antes e fora de sua própria existência —, a afirmação dos direitos do homem não é mais expressão de uma nobre exigência, mas o ponto de partida para a instituição de um autêntico sistema de direitos no sentido estrito da palavra, isto é, enquanto direitos positivos ou efetivos. O segundo momento da história da Declaração dos Direitos do Homem consiste, portanto, na passagem da teoria à prática, do direito somente pensado para o direito realizado. Nessa passagem, a afirmação dos direitos do homem ganha em concreticidade, mas perde em universalidade. Os direitos são doravante protegidos (ou seja, são autênticos direitos positivos), mas valem somente no âmbito do Estado que os reconhece. Embora se mantenha, nas fórmulas solenes, a distinção entre direitos do homem e direitos do cidadão, não são mais direitos do homem e sim apenas do cidadão, ou, pelo menos, são direitos do homem somente enquanto são direitos do cidadão deste ou daquele Estado particular.

Com a Declaração de 1948, tem início uma terceira e última fase, *na qual a afirmação dos direitos é, ao mesmo tempo, universal e positiva*: universal no sentido de que os destinatários dos princípios nela contidos não são mais apenas os cidadãos deste ou daquele Estado, mas todos os homens; positiva no sentido de que põe em movimento um processo em cujo final os direitos do homem deverão ser não mais apenas proclamados ou apenas idealmente reconhecidos, porém efetivamente protegidos até mesmo contra o próprio Estado que os tenha violado. No final desse processo, os direitos do cidadão terão se transformado, realmente, positivamente, em direitos do homem. Ou, pelo menos, serão os direitos do cidadão daquela cidade que não tem fronteiras, porque compreende toda a humanidade; ou, em outras palavras, serão os direitos do homem enquanto direitos do cidadão do mundo. Somos tentados a descrever o processo de desenvolvimento que culmina da Declaração Universal também de um outro modo, servindo-nos das categorias tradicionais do direito natural e do direito positivo: os direitos do homem nascem como direitos naturais universais, desenvolvem-se como direitos positivos particulares, para finalmente encontrarem sua plena realização como direitos positivos universais. A Declaração Universal contém em germe a síntese de um movimento dialético, que começa pela universalidade abstrata dos direitos naturais, transfigura-se na particularidade concreta dos direitos positivos, e termina na universalidade não mais abstrata, mas também ela concreta, dos direitos positivos universais.

Quando digo "contém em germe", quero chamar a atenção para o fato de que a Declaração Universal é apenas o início de um longo processo, cuja realização final ainda não somos capazes de ver. A Declaração é algo mais do que um sistema doutrinário, porém algo menos do que um sistema de normas jurídicas. De resto, como já várias vezes foi observado, a própria Declaração proclama os princípios de que se faz pregoeira não como normas jurídicas, mas como "ideal comum a ser alcançado por todos os povos e por todas as nações". Uma remissão às normas jurídicas existe, mas está contida num juízo hipotético. Com efeito, lê-se no Preâmbulo que "é indispensável que os direitos do homem sejam protegidos por normas jurídicas, *se* se quer evitar que o homem seja obrigado a recorrer, como última instância, à rebelião contra a tirania e a opressão". Essa proposição se limita a estabelecer uma conexão necessária entre determinado meio e determinado fim, ou, se quisermos, apresenta uma opção entre duas alternativas: ou a proteção jurídica ou a rebelião. Mas não põe em ação o meio. Indica qual das duas alternativas foi escolhida, mas ainda não é capaz de realizá-la. São coisas diversas mostrar o caminho e percorrê-lo até o fim.

Quando os direitos do homem eram considerados unicamente como direitos naturais, a única defesa possível contra a sua violação pelo Estado era um direito igualmente natural, o chamado direito de resistência. Mais tarde, nas Constituições que reconheceram a proteção jurídica de alguns desses direitos, o direito natural de resistência transformou-se no direito positivo de promover uma ação judicial contra os próprios órgãos do Estado. Mas o que podem fazer os cidadãos de um Estado que não tenha reconhecido os direitos do homem como direitos dignos de proteção? Mais uma vez, só lhes resta aberto o caminho do chamado direito de resistência. Somente a extensão dessa proteção de alguns Estados para todos os Estados e, ao mesmo tempo, a proteção desses mesmos direitos num degrau mais alto do que o Estado, ou seja, o degrau da comunidade internacional, total ou parcial, poderá tornar cada vez menos provável a alternativa entre opressão e resistência. Portanto, é claro que, com aquele juízo hipotético (ou, o que é o mesmo, com aquela alternativa), os autores da Declaração demonstraram estar perfeitamente conscientes do meio que leva ao fim desejado. Mas uma coisa é a consciência do meio, outra a sua realização.

Quando se diz que a Declaração Universal representou apenas o momento inicial da fase final de um processo, o da conversão universal em direito positivo dos direitos do homem, pensa-se habitualmente na dificuldade de implementar medidas eficientes para a sua garantia numa comunidade como a internacional, na qual ainda não ocorreu o processo de monopolização da força que caracterizou o nascimento do Estado moderno. Mas há também problemas de desenvolvimento, que dizem respeito ao próprio conteúdo da Declaração. Com relação ao conteúdo, ou seja, à quantidade e à qualidade dos direitos elencados, a Declaração não pode apresentar nenhuma pretensão de ser definitiva. Também os direitos do homem são direitos históricos, que emergem gradualmente das lutas que o homem trava por sua própria emancipação e das transformações das condições de vida que essas lutas produzem. A expressão "direitos do homem", que é certamente enfática — ainda que oportunamente enfática —, pode provocar equívocos, já que faz pensar na existência de direitos que pertencem a um homem abstrato e, como tal, subtraídos ao fluxo da história, a um homem essencial e eterno, de cuja contemplação derivaríamos o conhecimento infalível dos seus direitos e deveres. Sabemos hoje que também os direitos ditos humanos são o produto não da natureza, mas da civilização humana; enquanto direitos históricos, eles são mutáveis, ou seja, suscetíveis de transformação e de ampliação. Basta examinar os escritos dos primeiros jusnaturalistas para ver quanto se ampliou a lista dos direitos: Hobbes conhecia apenas um deles, o direito à vida. Como todos sabem, o desenvolvimento dos direitos do homem passou por três fases: num primeiro momento, afirmaram-se os direitos de liberdade, isto é, todos aqueles direitos que tendem a limitar o poder do Estado e a reservar para o indivíduo, ou para os grupos particulares, uma esfera de liberdade *em relação ao* Estado; num segundo momento, foram propugnados os direitos políticos, os quais — concebendo a liberdade não apenas negativamente, como não impedimento, mas positivamente, como autonomia — tiveram como consequência a participação cada vez mais ampla, generalizada e frequente dos membros de uma comunidade no poder político (ou liberdade *no* Estado); finalmente, foram proclamados os direitos sociais, que expressam o amadurecimento de novas exigências — podemos mesmo dizer, de novos valores —, como os do bem-estar e da igualdade não apenas formal, e que poderíamos chamar de liberdade *através* ou *por meio* do Estado. Se tivessem dito a Locke, campeão dos direitos de liberdade, que todos os cidadãos deveriam participar do poder político e, pior ainda, obter um trabalho remunerado, ele teria respondido que isso não passava de loucura. E, não obstante, Locke tinha examinado a fundo a natureza humana; mas a natureza humana que ele examinara era a do burguês ou do comerciante do século XVIII, e não lera nela, porque não podia lê-lo daquele ângulo, as exigências e demandas de quem tinha uma outra natureza ou, mais precisamente, não tinha nenhuma natureza humana (já que a natureza humana se identificava como a dos pertencentes a uma classe determinada).

Ora, a Declaração Universal dos Direitos do Homem — que é certamente, com relação ao processo de proteção global dos direitos do homem, um ponto de partida para uma meta progressiva, como dissemos até aqui — representa, ao contrário, com relação ao conteúdo, isto é, com relação aos direitos proclamados, um ponto de parada num processo de modo algum concluído. Os direitos elencados na Declaração não são os únicos e possíveis direitos do homem: são os direitos do homem histórico, tal como este se configurava na mente dos redatores da Declaração após a tragédia da Segunda Guerra Mundial, numa época que tivera início com a Revolução Francesa e desembocara na Revolução Soviética. Não é preciso muita imaginação para prever que o desenvolvimento da técnica, a transformação das condições econômicas e sociais, a ampliação dos conhecimentos e a intensificação dos meios de comunicação poderão produzir tais mudanças na organização da vida humana e das relações sociais que se criem ocasiões favoráveis para o nascimento de novos carecimentos e, portanto, para novas demandas de liberdade e de poderes. Para dar apenas alguns exemplos, lembro que a crescente quantidade e intensidade das informações a que o homem de hoje está submetido faz surgir, com força cada vez maior, a necessidade de não se ser enganado, excitado ou perturbado por uma propaganda maciça e deformadora; começa a se esboçar, contra o direito de expressar as próprias opiniões, o direito à verdade das informações. No campo do direito à participação no poder, faz-se sentir na medida em que o poder econômico se torna cada vez mais determinante nas decisões políticas e cada vez mais decisivo nas escolhas que condicionam a vida de cada homem — a exigência de participação no poder econômico, ao lado e para além do direito (já por toda parte reconhecido, ainda que nem sempre aplicado) de participação no poder político. O campo dos direitos sociais, finalmente, está em contínuo movimento: assim como as demandas de proteção social nasceram com a revolução industrial, é provável que o rápido desenvolvimento técnico e econômico traga consigo novas demandas, que hoje não somos capazes nem de prever. A Declaração Universal representa a consciência histórica que a humanidade tem dos próprios valores fundamentais na segunda metade do século XX. É uma síntese do passado e uma inspiração para o futuro: mas suas tábuas não foram gravadas de uma vez para sempre.

Quero dizer, com isso, que a comunidade internacional se encontra hoje diante não só do problema de fornecer garantias válidas para aqueles direitos, mas também de aperfeiçoar continuamente o conteúdo da Declaração, articulando-o, especificando-o, atualizando-o, de modo a não deixá-lo cristalizar-se e enrijecer-se em fórmulas tanto mais solenes quanto mais vazias. Esse problema foi enfrentado pelos organismos internacionais nos últimos anos, mediante uma série de atos que mostram quanto é grande, por parte desses organismos, a consciência da historicidade do documento inicial e da necessidade de mantê-lo vivo fazendo-o crescer a partir de si mesmo. Trata-se de um verdadeiro desenvolvimento (ou talvez, mesmo, de um gradual amadurecimento) da Declaração Universal, que gerou e está para gerar outros documentos interpretativos, ou mesmo complementares, do documento inicial.

Limito-me a alguns exemplos. A *Declaração dos Direitos da Criança*, adotada pela Assembleia Geral em 20 de novembro de 1959, refere-se em seu preâmbulo à Declaração Universal; mas, logo após essa referência, apresenta o problema dos direitos da criança como uma especificação da solução dada ao problema dos direitos do homem. Se diz que "a criança, por causa de sua imaturidade física e intelectual, necessita de uma proteção *particular* e de cuidados *especiais*", deixa-se assim claro que os direitos da criança são considerados como um *ius singulare* com relação a um *ius commune*; o destaque que se dá a essa especificidade, através do novo documento, deriva de um processo de especificação do genérico, no qual se realiza o respeito à máxima *suum cuique tribuere*. Recordemos o art. 2º da Declaração Universal, que condena toda discriminação fundada não só sobre a religião, a língua, etc., mas também sobre o sexo e a raça. No que se refere à discriminação fundada na diferença de sexo, a Declaração não vai e não pode ir além dessa enunciação genérica, já que se deve entender que, quando o texto fala de "indivíduos", refere-se indiferentemente a homens e mulheres. Mas, em 20 de dezembro de 1952, a Assembleia Geral aprovou uma Convenção sobre os Direitos Políticos da Mulher, que — nos primeiros três artigos — prevê a não discriminação tanto em relação ao direito de votar e de ser votado quanto à possibilidade de acesso a todos os cargos públicos. Quanto à discriminação racial, basta recordar que, em 20 de novembro de 1963, a Assembleia Geral aprovou uma Declaração (seguida, dois anos depois, por uma Convenção) sobre a eliminação de todas as formas de discriminação racial, que especifica, em onze artigos, algumas espécies típicas de ação discriminatória, e contempla também práticas específicas e bem delimitadas de discriminação, particularmente o *apartheid* (art. 5º): práticas específicas que não podiam evidentemente estar previstas numa declaração geral.

Talvez um dos fenômenos mais interessantes e evidentes do crescimento do problema dos direitos do homem seja aquele relacionado com o processo de descolonização, o qual teve lugar de modo mais decisivo — é bom recordar — depois da Declaração Universal. Pois bem: na *Declaração sobre a Concessão da Independência aos Países e Povos Coloniais* (aprovada em 14 de dezembro de 1960), temos a habitual referência genérica aos direitos do homem globalmente considerados, mas temos também algo mais: a afirmação — desde o primeiro artigo — de que "a sujeição dos povos ao domínio estrangeiro é uma negação dos direitos fundamentais do homem". Trata-se de uma autêntica complementação, cujo caráter explosivo não é difícil de imaginar, ao texto da Declaração Universal. Com efeito, uma coisa é dizer, como o faz a Declaração Universal no art. 2º § 2, que "nenhuma distinção será estabelecida com base no estatuto político, jurídico ou internacional do país ou do território a que uma pessoa pertence"; outra é considerar como contrária aos direitos do homem, como o faz a Declaração da Independência, "a sujeição dos povos ao domínio estrangeiro". A primeira afirmação refere-se à pessoa individual; a segunda, a todo um povo. Uma chega até a não discriminação individual; a outra prossegue até a autonomia coletiva. E liga-se, com efeito, ao princípio — já proclamado desde os tempos da Revolução Francesa, e que se tornou depois um dos motivos inspiradores dos movimentos nacionais dos séculos XIX e XX — do direito de todo povo à autodeterminação: princípio que faz seu reaparecimento precisamente no art. 2º da mesma Declaração de Independência. Portanto, torna-se evidente que, ao lado da afirmação dos direitos de cada homem, aos quais se refere de modo exclusivo a Declaração Universal, tornou-se agora madura — através do processo de descolonização e da tomada de consciência dos novos valores que ele expressa — a exigência de afirmar direitos fundamentais dos povos, que não estão necessariamente incluídos nos primeiros. Chegou-se ao ponto de acolher o princípio de autodeterminação dos povos como primeiro princípio, ou princípio dos princípios, nos últimos e mais importantes documentos relativos aos direitos do homem, aprovados pelas Nações Unidas. O *Pacto sobre os direitos econômicos, sociais e culturais* e o *Pacto sobre os direitos civis e políticos*, ambos adotados pela Assembleia Geral das Nações Unidas, em 16 de dezembro de 1966, começam assim: "Todos os povos têm o direito à autodeterminação"; e prosseguem: "Em virtude desse direito, eles decidem livremente sobre seu estatuto político e perseguem livremente seu desenvolvimento econômico, social e cultural." O art. 30 de ambos os pactos, reiterando, afirma que "os Estados (...) devem promover a realização do direito à autodeterminação dos povos".

Não tenho a pretensão de elencar todos os casos em que a atividade de promoção dos direitos humanos, realizada pelos organismos das Nações Unidas — e penso, articularmente, nas convenções sobre o trabalho e a liberdade sindical, adotadas pela Organização Internacional do Trabalho —, representou um desenvolvimento e uma determinação mais precisa da Declaração Universal. Mas não posso deixar de recordar ainda a *Convenção para a Prevenção e Repressão do Genocídio*, aprovada pela Assembleia Geral em 9 de dezembro de 1958, que estende a um grupo humano, considerado em seu conjunto, os artigos 3 e 5 da Declaração Universal, os quais atribuem ao indivíduo os direitos à vida, à segurança pessoal, a não ser escravizado ou tratado de maneira cruel, desumana ou degradante. Mais uma vez, para além dos direitos do homem como indivíduo, desenham-se novos direitos de grupos humanos, povos e nações. (Um caso interessante, e bastante desconcertante, dessa *Magna Charta* dos povos, em processo de elaboração, é o art. 47 do *Pacto sobre os direitos civis e políticos*, que fala de "um direito inerente a todos os povos de desfrutar e de dispor plenamente de suas riquezas e recursos naturais". Não é difícil entender as razões dessa afirmação; bem mais difícil é prever suas consequências, caso ela seja aplicada literalmente.)

Afirmei, no início, que o importante não é fundamentar os direitos do homem, mas protegê-los. Não preciso aduzir aqui que, para protegê-los, não basta proclamá-los. Falei até agora somente das várias enunciações, mais ou menos articuladas. O problema real que temos de enfrentar, contudo, é o das medidas imaginadas e imagináveis para a efetiva proteção desses direitos. É inútil dizer que nos encontramos aqui numa estrada desconhecida; e, além do mais, numa estrada pela qual trafegam, na maioria dos casos, dois tipos de caminhantes, os que enxergam com clareza mas têm os pés presos, e os que poderiam ter os pés livres mas têm os olhos vendados. Parece-me, antes de mais nada, que é preciso distinguir duas ordens de dificuldades: uma de natureza mais propriamente jurídico-política, outra substancial, ou seja, inerente ao conteúdo dos direitos em pauta.

A primeira dificuldade depende da própria natureza da comunidade internacional, ou, mais precisamente, do tipo de relações existentes entre os Estados singulares, e entre cada um dos Estados singulares e a comunidade internacional tomada em seu conjunto. Para retomar uma velha distinção, empregada outrora para descrever as relações entre Estado e Igreja, poder-se-ia dizer — com o grau de aproximação que é inevitável nas distinções muito nítidas — que os organismos internacionais possuem, em relação aos Estados que os compõem, uma *vis directiva* e não *coactiva*. Ora, quando falamos de proteção jurídica e queremos distingui-la de outras formas de controle social, pensamos na proteção que tem o cidadão (quando a tem no interior do Estado, ou seja, numa proteção que é fundada na *vis directiva* e da *vis coactiva* quanto à eficácia, é um problema complexo, que não pode ser abordado aqui. Limito-me à seguinte observação: para que a *vis directiva* alcance seu próprio fim, são necessárias, em geral, uma ou outra destas duas condições, melhor sendo quando as duas ocorrem em conjunto: a) o que a exerce deve ter muita autoridade, ou seja, deve incutir, se não temor reverencial, pelo menos respeito; b) aquele sobre o qual ela se exerce deve ser muito razoável, ou seja, deve ter uma disposição genérica a considerar como válidos não só os argumentos da força, mas também os da razão. Ainda que toda generalização seja indébita e as relações entre os Estados e os organismos internacionais possam ser de natureza muito diversa, é preciso admitir que existem casos nos quais faltam uma ou outra das duas condições, quando não faltam ambas. E é precisamente nesses casos que se pode verificar mais facilmente a situação de insuficiente, e até mesmo de inexistente, proteção dos direitos do homem, situação que deveria ser remediada pela comunidade internacional. O desprezo pelos direitos do homem no plano interno e o escasso respeito à autoridade internacional no plano externo marcham juntos. Quanto mais um governo for autoritário em relação à liberdade dos seus cidadãos, tanto mais será libertário (que me seja permitido usar essa expressão) em face da autoridade internacional.

Repetindo a velha distinção, ainda que de modo mais preciso, a teoria política distingue hoje, substancialmente, duas formas de controle social, a *influência* e o *poder* (entendendo-se por "influência" o modo de controle que determina a ação do outro incidindo sobre sua escolha, e por "poder" o modo de controle que determina o comportamento do outro pondo-o na impossibilidade de agir diferentemente). Mesmo partindo-se dessa distinção, resulta claro que existe uma diferença entre a proteção jurídica em sentido estrito e as garantias internacionais: a primeira serve-se da forma de controle social que é o poder; as segundas são fundadas exclusivamente na influência. Tomemos a teoria de Felix Oppenheim, que distingue três formas de influência (a dissuasão, o desencorajamento e o condicionamento) e três formas de poder (a violência física, o impedimento legal e a ameaça de sanções graves).[6] O controle dos organismos internacionais corresponde bastante bem às três formas de influência, mas estanca diante da primeira forma de poder. Contudo, é precisamente com a primeira forma de poder que começa aquele tipo de proteção a que estamos habituados, por uma longa tradição, a chamar de jurídica. Longe de mim a ideia de promover uma inútil questão de palavras: trata-se de saber, substantivamente, quais são as possíveis formas de controle social e, com base nessa tipologia, estabelecer quais são as empregadas e empregáveis atualmente pela comunidade internacional; e depois, distinguindo formas mais ou menos eficazes com relação ao fim, que é o de impedir ou reduzir ao mínimo os comportamentos desviantes, perguntar qual seria — com relação à tutela dos direitos do homem — o grau de eficácia das medidas atualmente aplicadas ou aplicáveis no plano internacional.

As atividades até aqui implementadas pelos organismos internacionais, tendo em vista a tutela dos direitos do homem, podem ser consideradas sob três aspectos: *promoção*, *controle* e *garantia*.[7] Por promoção, entende-se o conjunto de ações que são orientadas para este duplo objetivo:

a) induzir os Estados que não têm uma disciplina específica para a tutela dos direitos do homem a introduzi-la; b) induzir os que já a têm a aperfeiçoá-la, seja com relação ao direito substancial (número e qualidade dos direitos a tutelar), seja com relação aos procedimentos (número e qualidade dos controles jurisdicionais). Por atividades de controle, entende-se o conjunto de medidas que os vários organismos internacionais põem em movimento para verificar se e em que grau as recomendações foram acolhidas, se e em que grau as convenções foram respeitadas. Dois modos típicos para exercer esse controle — ambos previstos, por exemplo, nos dois *Pactos* de 1966 já mencionados — são os *relatórios* que cada Estado signatário da convenção se compromete a apresentar sobre as medidas adotadas para tutelar os direitos do homem de acordo com o próprio pacto (cf. art. 40), bem como os *comunicados* com os quais um Estado membro denuncia que um outro Estado membro não cumpriu as obrigações decorrentes do pacto (cf. art. 41).[8] Finalmente, por atividades de garantia (talvez fosse melhor dizer de "garantia em sentido estrito"), entende-se a organização de uma autêntica tutela jurisdicional de nível internacional, que substitua a nacional. A separação entre as duas primeiras formas de tutela dos direitos do homem e a terceira é bastante nítida: enquanto a promoção e o controle se dirigem exclusivamente para as garantias existentes ou a instituir no interior do Estado, ou seja, tendem a reforçar ou a aperfeiçoar o sistema jurisdicional nacional, a terceira tem como meta a criação de uma nova e mais alta jurisdição, a substituição da garantia nacional pela internacional, quando aquela for insuficiente ou mesmo inexistente.

Como se sabe, esse tipo de garantia foi previsto pela *Convenção Europeia dos Direitos do Homem* (firmada em Roma, em 4 de novembro de 1950, e que entrou em vigor em 3 de setembro de 1953), através do procedimento — saudado como profundamente inovador — das demandas individuais à Comissão Europeia dos Direitos do Homem (cf. art. 25).[9] É uma inovação que representa, até agora, apenas uma ponta avançada no sistema atual da proteção internacional dos direitos do homem. Mas só será possível falar legitimamente de tutela internacional dos direitos do homem quando uma jurisdição internacional conseguir impor-se e superpor-se às jurisdições nacionais, e quando se realizar a passagem da garantia *dentro* do Estado — que é ainda a característica predominante da atual fase — para a garantia *contra* o Estado.

Deve-se recordar que a luta pela afirmação dos direitos do homem no interior de cada Estado foi acompanhada pela instauração dos regimes representativos, ou seja, pela dissolução dos Estados de poder concentrado. Embora toda analogia histórica deva ser feita com muita cautela, é provável que a luta pela afirmação dos direitos do homem também contra o Estado pressuponha uma mudança que, de fato, já está em andamento, ainda que lento, sobre a concepção do poder externo do Estado em relação aos outros Estados, bem como um aumento do caráter representativo dos organismos internacionais. O exemplo da Convenção Europeia ensina que as formas de garantia internacional são mais evoluídas hoje nos casos em que são mais evoluídas as garantias nacionais, ou seja, a rigor, nos casos em que são menos necessárias. Chamamos de "Estados de direito" os Estados onde funciona regularmente um sistema de garantias dos direitos do homem: no mundo, existem Estados de direito e Estados não de direito. Não há dúvida de que os cidadãos que têm mais necessidade da proteção internacional são os cidadãos dos Estados não de direito. Mas tais Estados são, precisamente, os menos inclinados a aceitar as transformações da comunidade internacional que deveriam abrir caminho para a instituição e o bom funcionamento de uma plena proteção jurídica dos direitos do homem. Dito de modo drástico: encontramo-nos hoje numa fase em que, com relação à tutela internacional dos direitos do homem, onde essa é possível talvez não seja necessária, e onde é necessária é bem menos possível.

Além das dificuldades jurídico-políticas, a tutela dos direitos do homem vai de encontro a dificuldades inerentes ao próprio conteúdo desses direitos. Causa espanto que, de modo geral, haja pouca preocupação com esse tipo de dificuldade. Dado que a maior parte desses direitos são agora aceitos pelo senso moral comum, crê-se que o seu exercício seja igualmente simples. Mas, ao contrário, é terrivelmente complicado. Por um lado, o consenso geral quanto a eles induz a crer que tenham um valor absoluto; por outro, a expressão genérica e única "direitos do homem" faz pensar numa categoria homogênea. Mas, ao contrário, os direitos do homem, em sua maioria, não são absolutos, nem constituem de modo algum uma categoria homogênea.

Entendo por "valor absoluto" o estatuto que cabe a pouquíssimos direitos do homem, válidos em todas as situações e para todos os homens sem distinção. Trata-se de um estatuto privilegiado, que depende de uma situação que se verifica muito raramente; é a situação na qual existem direitos fundamentais que não estão em concorrência com outros direitos igualmente fundamentais. É preciso partir da afirmação óbvia de que não se pode instituir um direito em favor de uma categoria de pessoas sem suprimir um direito de outras categorias de pessoas. O direito a não ser escravizado implica a eliminação do direito de possuir escravos, assim como o direito de não ser torturado implica a eliminação do direito de torturar. Esses dois direitos podem ser considerados absolutos, já que a ação que é considerada ilícita em consequência de sua instituição e proteção é universalmente condenada. Prova disso é que, na Convenção Europeia dos Direitos do Homem, ambos esses direitos são explicitamente excluídos da suspensão da tutela que atinge todos os demais direitos em caso de guerra ou de outro perigo público (cf. art. 15 § 2). Na maioria das situações em que está em causa um direito do homem, ao contrário, ocorre que dois direitos igualmente fundamentais se enfrentem, e não se pode proteger incondicionalmente um deles sem tornar o outro inoperante. Basta pensar, para ficarmos num exemplo, no direito à liberdade de expressão, por um lado, e no direito de não ser enganado, excitado, escandalizado, injuriado, difamado, vilipendiado, por outro. Nesses casos, que são a maioria, deve-se falar de direitos fundamentais não absolutos, mas relativos, no sentido de que a tutela deles encontra, em certo ponto, um limite insuperável na tutela de um direito igualmente fundamental, mas concorrente. E, dado que é sempre uma questão de opinião estabelecer qual o ponto em que um termina e o outro começa, a delimitação do âmbito de um direito fundamental do homem é extremamente variável e não pode ser estabelecida de uma vez por todas.

Alguns artigos da Convenção Europeia dos Direitos do Homem são, como se sabe, divididos em dois parágrafos, o primeiro dos quais enuncia o direito, enquanto o outro enumera as restrições, frequentemente numerosas. Além disso, há situações em que até mesmo um direito que alguns grupos consideram fundamental não consegue fazer-se reconhecer, pois continua a predominar o direito fundamental que lhe é contraposto, como é o caso da objeção de consciência. O que é mais fundamental: o direito de não matar ou o direito da coletividade em seu conjunto de ser defendida contra uma agressão externa? Com base em que critério de valor uma tal questão pode ser resolvida? Minha consciência, o sistema de valores do grupo a que pertenço, ou a consciência moral da humanidade num dado momento histórico? E quem não percebe que cada um desses critérios é extremamente vago, demasiado vago para a concretização daquele princípio de certeza de que parece ter necessidade um sistema jurídico para poder distribuir imparcialmente a razão e a não razão?

Quando digo que os direitos do homem constituem uma categoria heterogênea, refiro-me ao fato de que — desde quando passaram a ser considerados como direitos do homem, além dos direitos de liberdade, também os direitos sociais — a categoria em seu conjunto passou a conter direitos entre si incompatíveis, ou seja, direitos cuja proteção não pode ser concedida sem que seja restringida ou suspensa a proteção de outros. Pode-se fantasiar sobre uma sociedade ao mesmo tempo livre e justa, na qual são global e simultaneamente realizados os direitos de liberdade e os direitos sociais; as sociedades reais, que temos diante de nós, são mais livres na medida em que menos justas e mais justas na medida em que menos livres. Esclareço dizendo que chamo de "liberdades" os direitos que são garantidos quando o Estado não intervém; e de "poderes" os direitos que exigem uma intervenção do Estado para sua efetivação. Pois bem: liberdades e poderes, com frequência, não são — como se crê — complementares, mas incompatíveis. Para dar um exemplo banal, o aumento do poder de comprar automóveis diminuiu, até quase paralisar, a liberdade de circulação. Outro exemplo, um pouco menos banal: a extensão do direito social de ir à escola até os catorze anos suprimiu, na Itália, a liberdade de escolher um tipo de escola e não outro. Mas talvez não haja necessidade de dar exemplos: a sociedade histórica em que vivemos, caracterizada por uma organização cada vez maior em vista da eficiência, é uma sociedade em que a cada dia adquirimos uma fatia de poder em troca de uma falta de liberdade. Essa distinção entre dois tipos de direitos humanos, cuja realização total e simultânea é impossível, é consagrada, de resto, pelo fato de que também no plano teórico se encontram frente a frente e se opõem duas concepções diversas dos direitos do homem, a liberal e a socialista.

A diferença entre as suas concepções consiste precisamente na convicção de ambas de que, entre os dois tipos de direito, é preciso escolher ou, pelo menos, estabelecer uma ordem de prioridade, com a consequente diversidade do critério da escolha e da ordem de prioridade. Embora cada uma delas tenha pretendido fazer uma síntese, a história submeteu a uma dura prova os regimes que as representavam. O que podemos esperar do desenvolvimento dos dois tipos de regime não é uma síntese definitiva, mas, no máximo, um compromisso (ou seja, uma síntese, mas provisória). Mais uma vez, porém, coloca-se a questão: quais serão os critérios de avaliação com base nos quais se tentará o compromisso? Também a essa questão ninguém é capaz de dar uma resposta que permita à humanidade evitar o perigo de incorrer em erros trágicos. Através da proclamação dos direitos do homem, fizemos emergir os valores fundamentais da civilização humana até o presente. Isso é verdade. Mas os valores últimos são antinômicos: e esse é o problema.

Uma última consideração. Falei das dificuldades que surgem no próprio seio da categoria dos direitos do homem considerada em sua complexidade. Cabe ainda mencionar uma dificuldade que se refere às condições de realização desses direitos. Nem tudo o que é desejável e merecedor de ser perseguido é realizável. Para a realização dos direitos do homem, são frequentemente necessárias condições objetivas que não dependem da boa vontade dos que os proclamam, nem das boas disposições dos que possuem os meios para protegê-los. Mesmo o mais liberal dos Estados se encontra na necessidade de suspender alguns direitos de liberdade em tempos de guerra; do mesmo modo, o mais socialista dos Estados não terá condições de garantir o direito a uma retribuição justa em épocas de carestia. Sabe-se que o tremendo problema diante do qual estão hoje os países em desenvolvimento é o de se encontrarem em condições econômicas que, apesar dos programas ideais, não permitem desenvolver a proteção da maioria dos direitos sociais. O direito ao trabalho nasceu com a Revolução Industrial e é estreitamente ligado à sua consecução. Quanto a esse direito, não basta fundamentá-lo ou proclamá-lo. Nem tampouco basta protegê-lo. O problema da sua realização não é nem filosófico nem moral. Mas tampouco é um problema jurídico. É um problema cuja solução depende de um certo desenvolvimento da sociedade e, como tal, desafia até mesmo a Constituição mais evoluída e põe em crise até mesmo o mais perfeito mecanismo de garantia jurídica.

Creio que uma discussão sobre os direitos humanos deve hoje levar em conta, para não correr o risco de se tornar acadêmica, todas as dificuldades procedimentais e substantivas, às quais me referi brevemente. A efetivação de uma maior proteção dos direitos do homem está ligada ao desenvolvimento global da civilização humana. É um problema que não pode ser isolado, sob pena, não digo de não resolvê-lo, mas de sequer compreendê-lo em sua real dimensão. Quem o isola já o perdeu. Não se pode pôr o problema dos direitos do homem abstraindo-o dos dois grandes problemas de nosso tempo, que são os problemas da guerra e da miséria, do absurdo contraste entre o excesso de *potência* que criou as condições para uma guerra exterminadora e o excesso de *impotência* que condena grandes massas humanas à fome. Só nesse contexto é que podemos nos aproximar do problema dos direitos com senso de realismo. Não devemos ser pessimistas a ponto de nos abandonarmos ao desespero, mas também não devemos ser tão otimistas que nos tornemos presunçosos.

A quem pretenda fazer um exame despreconceituoso do desenvolvimento dos direitos humanos depois da Segunda Guerra Mundial, aconselharia este salutar exercício: ler a Declaração Universal e depois olhar em torno de si. Será obrigado a reconhecer que, apesar das antecipações iluminadas dos filósofos, das corajosas formulações dos juristas, dos esforços dos políticos de boa vontade, o caminho a percorrer é ainda longo. E ele terá a impressão de que a história humana, embora velha de milênios, quando comparada às enormes tarefas que estão diante de nós, talvez tenha apenas começado.

NOTAS

1. Cf. "Sobre os fundamentos dos direitos do homem", *supra*, pp. 19-20.
2. Trata-se do discurso de abertura que pronunciei no Simpósio Internacional dos Direitos do Homem, realizado entre 1º e 3 de dezembro de 1967, em Turim, por iniciativa da Sociedade Italiana para a Organização Internacional.

3. Retiro a citação de *La Comunità Internazionale*, XXII (1967), p. 337. Para essa e outras informações, vali-me do artigo de F. Capotorti, "Le Nazioni Unite per il progresso dei diritti dell'uomo. Risultati e prospettive", in *La Comunità Internazionale*, XXII (1967), pp. 11-35.

4. Refiro-me ao *Pacto Internacional sobre os Direitos Econômicos, Sociais e Culturais*, aprovado, juntamente com o *Pacto Internacional sobre os Direitos Civis e Políticos*, pela Assembléia Geral das Nações Unidas, em 16 de dezembro de 1966.

5. Sobre esse ponto, detive-me em outro local: "Eguaglianza e dignità degli uomini", in *Diritti dell'uomo e Nazioni Unite*, Pádua, Celam, 1963, pp. 29-42.

6. F. Oppenheim, *Dimensioni della libertà*, Milão, Feltrinelli, 1964, pp. 31 e ss.

7. Essa classificação deve ser tomada *cum grano salis*: nem sempre é fácil distinguir onde termina a promoção e onde começa o controle, onde termina o controle e onde começa a garantia. Trata-se de um *continuum*, no qual, por comodidade didática, podem-se distinguir três momentos. Para um maior aprofundamento do problema, remeto aos dois estudos de A. Cassese, "Il controllo internazionale sul rispetto della libertà sindacale nel quadro delle attuali tendenze in materia di protezione internazionale dei diritti dell'uomo", in *Comunicazioni e studi*, Istituto di diritto internazionale e straniero dell'Università di Milano, 1966, pp. 293-418; e "Il sistema di garanzia della Convenzione dell'ONU sull'eliminazione di ogni forma di discriminazione razziale", in *Rivista di diritto internazionalle*, L (1967), pp. 270-336, bem como à bibliografia nele citada.

8. Esses problemas são tratados com maior amplitude no artigo de Capotorti, cit., §§ 5 e 6. O autor chama a atenção para o art. 22 do estatuto da OIT e para o art. VIII do estatuto da UNESCO.

9. Do "Prefácio" de G. Sperduti a *La Convenzione europea dei diritti dell'uomo*, Estrasburgo, Consiglio d'Europa, 1962.

A ERA DOS DIREITOS

NÃO FAZ MUITO TEMPO, um entrevistador — após uma longa conversa sobre as características de nosso tempo que despertam viva preocupação para o futuro da humanidade, sobretudo três, o aumento cada vez maior e até agora incontrolado da população, o aumento cada vez mais rápido e até agora incontrolado da degradação do ambiente, o aumento cada vez mais rápido, incontrolado e insensato do poder destrutivo dos armamentos — perguntou-me, no final, se, em meio a tantas previsíveis causas de infelicidade, eu via algum sinal positivo. Respondi que sim, que via pelo menos um desses sinais: a crescente importância atribuída, nos debates internacionais, entre homens de cultura e políticos, em seminários de estudo e em conferências governamentais, ao problema do reconhecimento dos direitos do homem.

O problema, bem entendido, não nasceu hoje. Pelo menos desde o início da era moderna, através da difusão das doutrinas jusnaturalistas, primeiro, e das Declarações dos Direitos do Homem, incluídas nas Constituições dos Estados liberais, depois, o problema acompanha o nascimento, o desenvolvimento, a afirmação, numa parte cada vez mais ampla do mundo, do Estado de direito. Mas é também verdade que somente depois da Segunda Guerra Mundial é que esse problema passou da esfera nacional para a internacional, envolvendo — pela primeira vez na história — todos os povos.

Reforçaram-se cada vez mais os três processos de evolução na história dos direitos do homem, apresentados e comentados na "Introdução geral" à antologia de documentos, editada por Gregorio Peces-Barba, *Derecho positivo de los derechos humanos:*[1] conversão em direito positivo, generalização, internacionalização.

1. São várias as perspectivas que se podem assumir para tratar do tema dos direitos do homem. Indico algumas delas: filosófica, histórica, ética, jurídica, política. Cada uma dessas perspectivas liga-se a todas as outras, mas pode também ser assumida separadamente. Para o discurso de hoje, escolhi uma perspectiva diversa, que reconheço ser arriscada, e talvez até pretensiosa, na medida em que deveria englobar e superar todas as outras: a perspectiva que eu só saberia chamar de *filosofia da história*.

Sei que a filosofia da história está hoje desacreditada, particularmente no ambiente cultural italiano, depois que Benedetto Croce lhe decretou a morte. Hoje, a filosofia da história é considerada uma forma de saber típica da cultura do século XIX, algo já superado. Talvez a última grande tentativa de filosofia da história tenha sido a obra de Karl Jaspers, *Vom Ursprung und Ziel der Geschichte* (1949),[2] que — apesar do fascínio que emana da representação do curso histórico da humanidade através de grandes épocas — foi rapidamente esquecida e não provocou nenhum debate sério. Mas, diante de um grande tema, como o dos direitos do homem, é difícil resistir à tentação de ir além da história meramente narrativa.

De acordo com a opinião comum dos historiadores, tanto dos que a acolheram como dos que a recusaram, fazer filosofia da história significa, diante de um evento ou de uma série de eventos, pôr o problema do "sentido", segundo uma concepção finalística (ou teleológica) da história (e isso vale não apenas para a história humana, mas também para a história natural), considerando o decurso histórico em seu conjunto, desde sua origem até sua consumação, como algo orientado para um fim, para um *télos*. Para quem se situa desse ponto de vista, os eventos deixam de ser dados de fato a descrever, a narrar, a alinhar no tempo, eventualmente a explicar segundo as técnicas e procedimentos de investigação, consolidados e habitualmente seguidos pelos historiadores, mas se tornam *sinais* ou *indícios* reveladores de um processo, não necessariamente intencional, no sentido de uma direção preestabelecida. Apesar da desconfiança, ou até mesmo da aversão, que o historiador experimenta diante da filosofia da história, será que podemos excluir inteiramente que, na narrativa históri-ca de grandes eventos, oculta-se uma perspectiva finalista, ainda que o historiador não tenha plena consciência disso?

Como pode um historiador do *Ancien Régime* não se deixar influenciar quando narra os eventos do seu desenlace final na Grande Revolução? Como pode subtrair-se à tentação de interpretá-los como sinais premo-nitórios de uma meta preestabelecida e já implícita neles?

O homem é um animal teleológico, que atua geralmente em função de finalidades projetadas no futuro. Somente quando se leva em conta a fina-lidade de uma ação é que se pode compreender o seu "sentido". A pers-pectiva da filosofia da história representa a transposição dessa interpreta-ção finalista da ação de cada indivíduo para a humanidade em seu conjun-to, como se a humanidade fosse um indivíduo ampliado, ao qual atribuí-mos as características do indivíduo reduzido. O que torna a filosofia da história problemática é precisamente essa transposição, da qual não pode-mos fornecer nenhuma prova convincente. O importante é que quem crê oportuno operar essa transposição, seja ela legítima ou não do ponto de vista do historiador profissional, deve estar consciente de que passa a se mover num terreno que, com Kant, podemos chamar de história proféti-ca, ou seja, de uma história cuja função não é cognoscitiva, mas aconse-lhadora, exortativa ou apenas sugestiva.

2. Num de seus últimos escritos, Kant pôs a seguinte questão: "Se o gênero humano está em constante progresso para o melhor." A essa per-gunta, que ele considerava como pertencendo a uma concepção profética da história, julgou ser possível dar uma resposta afirmativa, ainda que com alguma hesitação.

Buscando identificar um evento que pudesse ser considerado como um "sinal" da disposição do homem a progredir, ele o indicou no entusias-mo que despertara na opinião pública mundial a Revolução Francesa, cuja causa só podia ser "uma disposição moral da humanidade". "O verdadeiro entusiasmo — comentava ele — refere-se sempre ao que é ideal, ao que é puramente moral (...), e não pode residir no interesse individual." A causa desse entusiasmo — e, portanto, o sinal premonitório (*signum prognosticum*) da disposição moral da humanidade — era, segundo Kant, o aparecimento, no cenário da história, do "direito que tem um povo de não ser impedido, por outras forças, de dar a si mesmo uma Constituição civil que julga boa". Por "Constituição civil" Kant entende uma Constituição em harmonia com os direitos naturais dos homens, ou seja, uma Constituição segundo a qual "os que obedecem à lei devem também, reunidos, legislar".[3]

Definindo o direito natural como o direito que todo homem tem de obedecer apenas à lei de que ele mesmo é legislador, Kant dava uma definição da liberdade como autonomia, como poder de legislar para si mesmo. De resto, no início da *Metafísica dos costumes*, escrita na mesma época, afirmara solenemente, de modo apodítico — como se a afirmação não pudesse ser submetida a discussão —, que, uma vez entendido o direito como a faculdade moral de obrigar outros, o homem tem direitos inatos e adquiridos; e o único direito inato, ou seja, transmitido ao homem pela natureza e não por uma autoridade constituída, é a liberdade, isto é, a independência em face de qualquer constrangimento imposto pela vontade do outro, ou, mais uma vez, a liberdade como autonomia.

Inspirando-me nessa extraordinária passagem de Kant, exponho a minha tese: do ponto de vista da filosofia da história, o atual debate sobre os direitos do homem — cada vez mais amplo, cada vez mais intenso, tão amplo que agora envolveu todos os povos da Terra, tão intenso que foi posto na ordem do dia pelas mais autorizadas assembleias internacionais pode ser interpretado como um "sinal premonitório" (*signum prognosticum*) do progresso moral da humanidade.

Não me considero um cego defensor do progresso. A ideia do progresso foi uma ideia central da filosofia da história nos séculos passados, depois do crepúsculo, embora não definitivo, da ideia da regressão (que Kant chamava de terrorista) e dos ciclos, predominantes na época clássica e pré-cristã. E, ao dizer "definitivo", já sugiro a ideia de que o renascimento contínuo de ideias do passado, que em determinada época eram consideradas mortas para sempre, é já por si mesmo um argumento contra a ideia do progresso indefinido e irreversível. Contudo, mesmo não sendo um defensor dogmático do progresso irresistível, tampouco sou um defensor igualmente dogmático da ideia contrária. A única afirmação que considero poder fazer com certa segurança é que a história humana é ambígua, dando respostas diversas segundo quem a interroga e segundo o ponto de vista adotado por quem a interroga. Apesar disso, não podemos deixar de nos interrogar sobre o destino do homem, assim como não podemos deixar de nos interrogar sobre sua origem, o que só podemos fazer — repito mais uma vez — escrutando os sinais que os eventos nos oferecem, tal como Kant o fez quando propôs a questão de saber se o gênero humano estava em constante progresso para o melhor.

Decerto, uma coisa é o progresso científico e técnico, outra é o progresso moral. Não se trata de retomar a antiga controvérsia sobre a relação entre um e outro. Limito-me a dizer que, enquanto parece indubitável que o progresso técnico e científico é efetivo, tendo mostrado até agora as duas características da continuidade e da irreversibilidade, bem mais difícil — se não mesmo arriscado — é enfrentar o problema da efetividade do progresso moral, pelo menos por duas razões:

1. O próprio conceito de moral é problemático.
2. Ainda que todos estivéssemos de acordo sobre o modo de entender a moral, ninguém até agora encontrou "indicadores" para medir o progresso moral de uma nação, ou mesmo de toda a humanidade, tão claros quanto o são os indicadores que servem para medir o progresso científico e técnico.

3. O conceito de moral é problemático. Não pretendo, certamente, propor uma solução. Posso simplesmente dizer qual é, em minha opinião, o modo mais útil para nos aproximarmos do problema, qual é o modo, também pedagogicamente mais eficaz, para fazer compreender a natureza do problema, dando assim um sentido àquele conceito obscuríssimo, salvo para uma visão religiosa do mundo (mas aqui busco encontrar uma resposta do ponto de vista de uma ética racional), que é habitualmente designado com a expressão "consciência moral". Na verdade, Kant dizia que, juntamente com o céu estrelado, a consciência moral era uma das duas coisas que o deixavam maravilhado; mas a maravilha não só não é uma explicação, mas pode até derivar de uma ilusão e gerar, por sua vez,

outras ilusões. O que nós chamamos de "consciência moral", sobretudo em função da grande (para não dizer exclusiva) influência que teve a educação cristã na formação do homem europeu, é algo relacionado com a formação e o crescimento da consciência do estado de sofrimento, de indigência, de penúria, de miséria, ou, mais geralmente, de infelicidade, em que se encontra o homem no mundo, bem como ao sentimento da insuportabilidade de tal estado.

Como disse antes, a história humana é ambígua para quem se põe o problema de atribuir-lhe um "sentido". Nela, o bem e o mal se misturam, se contrapõem, se confundem. Mas quem ousaria negar que o mal sempre prevaleceu sobre o bem, a dor sobre a alegria, a infelicidade sobre a felicidade, a morte sobre a vida? Sei muito bem que uma coisa é constatar, outra é explicar e justificar. De minha parte, não hesito em afirmar que as explicações ou justificações teológicas não me convencem, que as racionais são parciais, e que elas estão frequentemente em tal contradição recíproca que não se pode acolher uma sem excluir a outra (mas os critérios de escolha são frágeis e cada um deles suporta bons argumentos). Apesar de minha incapacidade de oferecer uma explicação ou justificação convincente, sinto-me bastante tranquilo em afirmar que a parte obscura da história do homem (e, com maior razão, da natureza) é bem mais ampla do que a parte clara.

Mas não posso negar que uma face clara apareceu de tempos em tempos, ainda que com breve duração. Mesmo hoje, quando o inteiro decurso histórico da humanidade parece ameaçado de morte, há zonas de luz que até o mais convicto dos pessimistas não pode ignorar: a abolição da escravidão, a supressão em muitos países dos suplícios que outrora acompanhavam a pena de morte e da própria pena de morte. É nessa zona de luz que coloco, em primeiro lugar, juntamente com os movimentos ecológicos e pacifistas, o interesse crescente de movimentos, partidos e governos pela afirmação, reconhecimento e proteção dos direitos do homem.

Todos esses esforços para o bem (ou, pelo menos, para a correção, limitação e superação do mal), que são uma característica essencial do mundo humano, em contraste com o mundo animal, nascem da consciência, da qual há pouco falei, do estado de sofrimento e de infelicidade em que o homem vive, do que resulta a exigência de sair de tal estado. O homem sempre buscou superar a consciência da morte, que gera angústia, seja através da integração do indivíduo, do ser que morre, no grupo a que pertence e que é considerado imortal, seja através da crença religiosa na imortalidade ou na reencarnação. A esse conjunto de esforços que o homem faz para transformar o mundo que o circunda e torná-lo menos hostil, pertencem tanto as técnicas produtoras de instrumentos, que se voltam para a transformação do mundo material, quanto as regras de conduta, que se voltam para a modificação das relações interindividuais, no sentido de tornar possível uma convivência pacífica e a própria sobrevivência do grupo. Instrumentos e regras de conduta formam o mundo da "cultura", contraposto ao da "natureza".

Encontrando-se num mundo hostil, tanto em face da natureza quanto em relação a seus semelhantes, segundo a hipótese hobbesiana do *homo homini lupus*, o homem buscou reagir a essa dupla hostilidade inventando técnicas de sobrevivência com relação à primeira, e de defesa com relação à segunda. Estas últimas são representadas pelos sistemas de regras que reduzem os impulsos agressivos mediante penas, ou estimulam os impulsos de colaboração e de solidariedade através de prêmios.

No início, as regras são essencialmente imperativas, negativas ou positivas, e visam a obter comportamentos desejados ou a evitar os não desejados, recorrendo a sanções celestes ou terrenas. Logo nos vêm à mente os *Dez mandamentos*, para darmos o exemplo que nos é mais familiar: eles foram durante séculos, e ainda o são, o código moral por excelência do mundo cristão, a ponto de serem identificados com a lei inscrita no coração dos homens ou com a lei conforme à natureza. Mas podem-se aduzir outros inúmeros exemplos, desde o *Código de Hamurabi* até a *Lei das doze tábuas*. O mundo moral, tal como aqui o entendemos — como o remédio ao mal que o homem pode causar ao outro —, nasce com a formulação, a imposição e a aplicação de mandamentos ou de proibições, e, portanto, do ponto de vista daqueles a quem são dirigidos os mandamentos e as proibições, de obrigações. Isso quer dizer que a figura deôntica originária é o dever, não o direito.

Ao longo da história da moral entendida como conjunto de regras de conduta, sucedem-se por séculos códigos de leis (sejam estas consuetudinárias, propostas por sábios ou impostas pelos detentores do poder) ou, então, de proposições que contêm mandamentos e proibições. O herói do mundo clássico é o grande legislador: Minos, Licurgo, Sólon. Mas a admiração pelo legislador — por aquele que, "assumindo a iniciativa de fundar uma nação, deve sentir-se capaz de mudar a natureza humana"[4] — chega até Rousseau. As grandes obras de moral são tratados sobre as leis, desde os *Nómoi [As leis]* de Platão e o *De legibus [Das leis]* de Cícero até o *Esprit des lois* de Montesquieu. A obra de Platão começa com as seguintes palavras: "Quem é que vocês consideram como o autor da instituição das leis, um deus ou um homem?", pergunta o ateniense a Clínias; e este responde: "Um deus, hóspede, um deus."[5] Quando Cícero define a lei natural, que características lhe atribui? *Vetare et jubere:* proibir e ordenar. Para Montesquieu, o homem — mesmo tendo sido feito para viver em sociedade — pode esquecer que existem também os outros. "Com as leis políticas e civis, os legisladores o restituíram aos seus deveres."[6] De todas essas citações (mas infinitas outras poderiam ser aduzidas), resulta que a função primária da lei é a de comprimir, não a de liberar; a de restringir, não a de ampliar, os espaços de liberdade; a de corrigir a árvore torta, não a de deixá-la crescer selvagemente.

Com uma metáfora usual, pode-se dizer que direito e dever são como o verso e o reverso de uma mesma moeda. Mas qual é o verso e qual é o reverso? Depende da posição com que olhamos a moeda. Pois bem: a moeda da moral foi tradicionalmente olhada mais pelo lado dos deveres do que pelo lado dos direitos.

Não é difícil compreender as razões. O problema da moral foi originariamente considerado mais do ângulo da sociedade do que daquele do indivíduo. E não podia ser de outro modo: aos códigos de regras de conduta foi atribuída a função de proteger mais o grupo em seu conjunto do que o indivíduo singular. Originariamente, a função do preceito "não matar" não era tanto a de proteger o membro individual do grupo, mas a de impedir uma das razões fundamentais da desagregação do próprio grupo. A melhor prova disso é o fato de que esse preceito, considerado justamente como um dos fundamentos da moral, só vale no interior do grupo: não vale em relação aos membros dos outros grupos.

Para que pudesse ocorrer (expressando-me figurativamente, mas de um modo, que me parece suficientemente claro) a passagem do código dos deveres para o código dos direitos, era necessário inverter a moeda: o problema da moral devia ser considerado não mais do ponto de vista apenas da sociedade, mas também daquele do indivíduo. Era necessária uma verdadeira revolução copernicana, se não no modo, pelo menos nos efeitos. Não é verdade que uma revolução radical só possa ocorrer necessariamente de modo revolucionário. Pode ocorrer também gradativamente. Falo aqui de revolução copernicana precisamente no sentido kantiano, como inversão do ponto de observação.

Para tornar compreensível essa inflexão, ainda que limitadamente à esfera política (mas a política é um capítulo da moral em geral), ocorreu-me utilizar esta outra contraposição: a relação política por excelência é a relação entre governantes e governados, entre quem tem o poder de obrigar com suas decisões os membros do grupo e os que estão submetidos a essas decisões. Ora, essa relação pode ser considerada do ângulo dos governantes ou do ângulo dos governados. No curso do pensamento político, predominou durante séculos o primeiro ângulo. E o primeiro ângulo é o dos governantes. O objeto da política foi sempre o governo, o bom governo ou o mau governo, ou como se conquista o poder e como ele é exercido, quais são as funções dos magistrados, quais são os poderes atribuídos ao governo e como se distinguem e interagem entre si, como se fazem as leis e como se faz para que sejam respeitadas, como se declaram as guerras e se pactua a paz, como se nomeiam os ministros e os embaixadores. Basta pensar nas grandes metáforas mediante as quais, ao longo dos séculos, buscou-se tornar compreensível a natureza da arte política: o pastor, o timoneiro, o condutor, o tecelão, o médico. Todas se referem a atividades típicas do governante: a função de guia, da qual deve dispor para poder conduzir à sua própria meta os indivíduos que lhe são confiados, tem necessidade de meios de comando; ou a organização de um universo fracionado necessita de uma mão firme para ser estável ou sólida; os cuidados devem por vezes ser enérgicos para terem eficácia sobre um corpo doente.

O indivíduo singular é essencialmente um objeto do poder ou, no máximo, um sujeito passivo. Mais do que de seus direitos, a tratadística política fala dos seus deveres, entre os quais ressalta, como principal, o de obedecer às leis. Ao tema do poder de comando, corresponde — do outro lado da relação — o tema da obrigação política, que é precisamente a obrigação, considerada primária para o cidadão, de observar as leis. Se reconhece um sujeito ativo nessa relação, ele não é o indivíduo singular com seus direitos originários, válidos também contra o poder de governo, mas é o povo em sua totalidade, na qual o indivíduo singular desaparece enquanto sujeito de direitos.

4. A grande reviravolta teve início no Ocidente a partir da concepção cristã da vida, segundo a qual todos os homens são irmãos enquanto filhos de Deus. Mas, na realidade, a fraternidade não tem, por si mesma, um valor moral. Tanto a história sagrada quanto a profana mais próxima de nós nascem ambas — por um motivo sobre o qual especularam todos os intérpretes — de um fratricídio. A doutrina filosófica que fez do indivíduo, e não mais da sociedade, o ponto de partida para a construção de uma doutrina da moral e do direito foi o jusnaturalismo, que pode ser considerado, sob muitos aspectos (e o foi certamente nas intenções dos seus criadores), a secularização da ética cristã (*etsi daremus non esse deum*). No estado de natureza, para Lucrécio, os homens viviam *more ferarum* (como animais); para Cícero, *in agris bestiarum modo vagabantur* (vagavam pelos campos como animais); e, ainda para Hobbes, comportavam-se, nesse estado natural, uns contra os outros, como lobos. Ao contrário, Locke — que foi o principal inspirador dos primeiros legisladores dos direitos do homem — começa o capítulo sobre o estado de natureza com as seguintes palavras: "Para entender bem o poder político e derivá-lo de sua origem, deve-se considerar em que estado se encontram naturalmente todos os homens; e esse é um estado da perfeita liberdade de regular as próprias ações e de dispor das próprias posses e das próprias pessoas como se acreditar melhor, nos limites da lei de natureza, sem pedir permissão ou depender da vontade de nenhum outro."[7] Portanto, no princípio, segundo Locke, não estava o sofrimento, a miséria, a danação do "estado

ferino", como o diria Vico, mas um estado de liberdade, ainda que nos limites das leis.

Precisamente partindo de Locke, pode-se compreender como a doutrina dos direitos naturais pressupõe uma concepção individualista da sociedade e, portanto, do Estado, continuamente combatida pela bem mais sólida e antiga concepção organicista, segundo a qual a sociedade é um todo, e o todo está acima das partes.

A concepção individualista custou a abrir caminho, já que foi geralmente considerada como fomentadora de desunião, de discórdia, de ruptura da ordem constituída. Em Hobbes, surpreende o contraste entre o ponto de partida individualista (no estado de natureza, há somente indivíduos sem ligações recíprocas, cada qual fechado em sua própria esfera de interesses e em contradição com os interesses de todos os outros) e a persistente figuração do Estado como um corpo ampliado, um "homem artificial", no qual o soberano é a alma, os magistrados são as articulações, as penas e os prêmios são os nervos, etc. A concepção orgânica é tão persistente que, ainda nas vésperas da Revolução Francesa, que proclama os direitos do indivíduo diante do Estado, Edmund Burke escreve: "Os indivíduos passam como sombras, mas o Estado é fixo e estável."[8] E, depois da Revolução, no período da Restauração, Lamennais acusa o individualismo de "destruir a verdadeira ideia da obediência e do dever, destruindo com isso o poder e o direito". E, depois, pergunta: "E o que resta, então, senão uma terrível confusão de interesses, paixões e opiniões diversas?"[9]

Concepção individualista significa que primeiro vem o indivíduo (o indivíduo singular, deve-se observar), que tem valor em si mesmo, e depois vem o Estado, e não vice-versa, já que o Estado é feito pelo indivíduo e este não é feito pelo Estado; ou melhor, para citar o famoso artigo 2º da *Declaração* de 1789, a conservação dos direitos naturais e imprescritíveis do homem "é o objetivo de toda associação política". Nessa inversão da relação entre indivíduo e Estado, é invertida também a relação tradicional entre direito e dever. Em relação aos indivíduos, doravante, primeiro vêm os direitos, depois os deveres; em relação ao Estado, primeiro os deveres, depois os direitos. A mesma inversão ocorre com relação à finalidade do Estado, a qual, para o organicismo, é a *concordia* ciceroniana (a *omónoia* dos gregos), ou seja, a luta contra as facções que, dilacerando o corpo político, o matam; e, para o individualismo, é o crescimento do indivíduo, tanto quanto possível livre de condicionamentos externos. O mesmo ocorre com relação ao tema da justiça: numa concepção orgânica, a definição mais apropriada do justo é a platônica, para a qual cada uma das partes de que é composto o corpo social deve desempenhar a função que lhe é própria; na concepção individualista, ao contrário, justo é que cada um seja tratado de modo que possa satisfazer as próprias necessidades e atingir os próprios fins, antes de mais nada a felicidade, que é um fim individual por excelência.

É hoje dominante nas ciências sociais a orientação de estudos chamada de "individualismo *metodológico*", segundo a qual o estudo da sociedade deve partir do estudo das ações do indivíduo. Não se trata aqui de discutir quais são os limites dessa orientação; mas há duas outras formas de individualismo sem as quais o ponto de vista dos direitos do homem se torna incompreensível: o individualismo *ontológico*, que parte do pressuposto (que eu não saberia dizer se é mais metafísico ou teológico) da autonomia de cada indivíduo com relação a todos os outros e da igual dignidade de cada um deles; e o individualismo *ético*, segundo o qual todo indivíduo é uma pessoa moral. Todas essas três versões do individualismo contribuem para dar conotação positiva a um termo que foi conotado negativamente, quer pelas correntes de pensamento conservador e reacionário, quer pelas revolucionárias. O individualismo é a base filosófica da democracia: uma cabeça, um voto. Como tal, sempre se contrapôs (e sempre se contraporá) às concepções holísticas da sociedade e da história, qualquer que seja a procedência das mesmas, concepções que têm em comum o desprezo pela democracia, entendida como aquela forma de governo na qual todos são livres para tomar as decisões sobre o que lhes diz respeito, e têm o poder de fazê-lo. Liberdade e poder que derivam do reconhecimento de alguns direitos fundamentais, inalienáveis e invioláveis, como é o caso dos direitos do homem.

Estou seguro de que me podem objetar que o reconhecimento do indivíduo como sujeito de direitos não esperou pela revolução copernicana dos jusnaturalistas. O primado do direito (*ius*) sobre a obrigação é um traço característico do direito romano, tal como este foi elaborado pelos juristas da época clássica. Mas trata-se, como qualquer um pode comprovar por si, de direitos que competem ao indivíduo como sujeito econômico, como titular de direitos sobre as coisas e como capaz de intercambiar bens com outros sujeitos econômicos dotados da mesma capacidade. A inflexão a que me referi, e que serve como fundamento para o reconhecimento dos direitos do homem, ocorre quando esse reconhecimento se amplia da esfera das relações econômicas interpessoais para as relações de poder entre príncipe e súditos, quando nascem os chamados direitos públicos subjetivos, que caracterizam o Estado de direito. É com o nascimento do Estado de direito que ocorre a passagem final do ponto de vista do príncipe para o ponto de vista dos cidadãos. No Estado despótico, os indivíduos singulares só têm deveres e não direitos. No Estado absoluto, os indivíduos possuem, em relação ao soberano, direitos privados. No Estado de direito, o indivíduo tem, em face do Estado, não só direitos privados, mas também direitos públicos. O Estado de direito é o Estado dos cidadãos.

5. Desde seu primeiro aparecimento no pensamento político dos séculos XVII e XVIII, a doutrina dos direitos do homem já evoluiu muito, ainda que entre contradições, refutações, limitações. Embora a meta final de uma sociedade de livres e iguais, que reproduza na realidade o hipotético estado de natureza, precisamente por ser utópica, não tenha sido alcançada, foram percorridas várias etapas, das quais não se poderá facilmente voltar atrás.

Além de processos de conversão em direito positivo, de generalização e de internacionalização, aos quais me referi no início, manifestou-se nestes últimos anos uma nova linha de tendência, que se pode chamar de *especificação*; ela consiste na passagem gradual, porém cada vez mais acentuada, para uma ulterior determinação dos sujeitos titulares de direitos. Ocorreu, com relação aos sujeitos, o que desde o início ocorrera com relação à ideia abstrata de liberdade, que se foi progressivamente determinando em liberdades singulares e concretas (de consciência, de opinião, de imprensa, de reunião, de associação), numa progressão ininterrupta que prossegue até hoje: basta pensar na tutela da própria imagem diante da invasão dos meios de reprodução e difusão de coisas do mundo exterior, ou na tutela da privacidade diante do aumento da capacidade dos poderes públicos de memorizar nos próprios arquivos os dados privados da vida de cada pessoa. Assim, com relação ao abstrato sujeito "homem", que já encontrara uma primeira especificação no "cidadão" (no sentido de que podiam ser atribuídos ao cidadão novos direitos com relação ao homem em geral), fez-se valer a exigência de responder com nova especificação à seguinte questão: que homem, que cidadão?

Essa especificação ocorreu com relação seja ao gênero, seja às várias fases da vida, seja à diferença entre estado normal e estados excepcionais na existência humana. Com relação ao gênero, foram cada vez mais reconhecidas as diferenças específicas entre a mulher e o homem. Com relação às várias fases da vida, foram-se progressivamente diferenciando os direitos da infância e da velhice, por um lado, e os do homem adulto, por outro. Com relação aos estados normais e excepcionais, fez-se valer a exigência de reconhecer direitos especiais aos doentes, aos deficientes, aos doentes mentais, etc.

Basta folhear os documentos aprovados nestes últimos anos pelos organismos internacionais para perceber essa inovação. Refiro-me, por exemplo, à *Declaração dos Direitos da Criança* (1959), à *Declaração sobre a Eliminação da Discriminação à Mulher* (1967), à *Declaração dos Direitos do Deficiente Mental* (1971). No que se refere aos direitos do velho, há vários documentos internacionais, que se sucederam após a Assembleia Mundial ocorrida em Viena, de 26 de julho a 6 de agosto de 1982, a qual pôs na ordem do dia o tema de novos programas internacionais para garantir segurança econômica e social aos velhos, cujo número está em contínuo aumento.

Olhando para o futuro, já podemos entrever a extensão da esfera do direito à vida das gerações futuras, cuja sobrevivência é ameaçada pelo crescimento desmesurado de armas cada vez mais destrutivas, assim como a novos sujeitos, como os animais, que a moralidade comum sempre considerou apenas como objetos, ou, no máximo, como sujeitos passivos, sem direitos. Decerto, todas essas novas perspectivas fazem parte do que eu chamei, inicialmente, de história profética da humanidade, que a história dos historiadores — os quais se permitem apenas uma ou outra previsão puramente conjuntural, mas recusam, como algo estranho à sua tarefa, fazer profecias — não aceita tomar em consideração.

Finalmente, descendo do plano ideal ao plano real, uma coisa é falar dos direitos do homem, direitos sempre novos e cada vez mais extensos, e justificá-los com argumentos convincentes; outra coisa é garantir-lhes uma proteção efetiva. Sobre isso, é oportuna ainda a seguinte consideração: à medida que as pretensões aumentam, a satisfação delas torna-se cada vez mais difícil. Os direitos sociais, como se sabe, são mais difíceis de proteger do que os direitos de liberdade. Mas sabemos todos, igualmente, que a proteção internacional é mais difícil do que a proteção no interior de um Estado, particularmente no interior de um Estado de direito. Poder-se-iam multiplicar os exemplos de contraste entre as declarações solenes e sua consecução, entre a grandiosidade das promessas e a miséria das realizações. *Já* que interpretei a amplitude que assumiu atualmente o debate sobre os direitos do homem como um sinal do progresso moral da humanidade, não será inoportuno repetir que esse crescimento moral não se mensura pelas palavras, mas pelos fatos. De boas intenções, o inferno está cheio.

Concluo: disse, no início, que assumir o ponto de vista da filosofia da história significa levantar o problema do sentido da história. Mas a história, em si mesma, tem um sentido, a história enquanto sucessão de eventos, tais como são narrados pelos historiadores? A história tem apenas o sentido que nós, em cada ocasião concreta, de acordo com a oportunidade, com nossos desejos e nossas esperanças, atribuímos a ela. E, portanto, não tem um único sentido. Refletindo sobre o tema dos direitos do homem, pareceu-me poder dizer que ele indica um sinal do progresso moral da humanidade. Mas é esse o único sentido? Quando reflito sobre outros aspectos de nosso tempo — por exemplo, sobre a vertiginosa corrida armamentista, que põe em perigo a própria vida na Terra —, sinto-me obrigado a dar uma resposta completamente diversa.

Comecei com Kant. Concluo com Kant. O progresso, para ele, não era necessário. Era apenas possível. Ele criticava os "políticos" por não terem confiança na virtude e na força da motivação moral, bem como por viverem repetindo que "o mundo foi sempre assim como o vemos hoje". Kant comentava que, com essa atitude, tais "políticos" faziam com que o objeto de sua previsão — ou seja, a imobilidade e a monótona repetitividade da história — se realizasse efetivamente. Desse modo, retardavam propositalmente os meios que poderiam assegurar o progresso para o melhor.

Com relação às grandes aspirações dos homens de boa vontade, já estamos demasiadamente atrasados. Busquemos não aumentar esse atraso com nossa incredulidade, com nossa indolência, com nosso ceticismo. Não temos muito tempo a perder.

NOTAS

1. G. Peces-Barba (org.), *Derecho positivo de los derechos humanos*, Madri, Editorial Debate, 1987, pp. 13-14.
2. K. Jaspers, *Origine e senso della storia*, Milão, Edizioni di Comunità, 1965 (ed. de bolso, 1982).
3. I. Kant, "Se il genere umano sia in costante progresso verso il meglio" (1798), in Id., *Scritti politici e di filosofia della storia e dei diritto*, Turim, Utet, 1965, pp. 219-220 e 225.
4. J.-J. Rousseau, *O contrato social*, II, 7.
5. Platão, *Leis*, 624 a.
6. Montesquieu, *O espírito das leis*, Livro I, cap. 1.
7. J. Locke, *Segundo tratado sobre o governo*, II, 4.
8. E. Burke, "Speeche on the Economic Reform" (1780), in *Works*, vol. II, Londres, 1906, p. 357.
9. F. r. Lamennais, "Des progrès de la révolution et de la guerre contre l'église" (1829), in *Œuvres completes*, IX, Paris, 1836-1837, pp. 17-18. Extraí essa citação, bem como a anterior, de S. Lukes, *Individualism*, Oxford, Blackwell, 1985, pp. 3 e 7.

DIREITOS DO HOMEM E SOCIEDADE

NUM DISCURSO GERAL sobre os direitos do homem, deve-se ter a preocupação inicial de manter a distinção entre teoria e prática, ou melhor, deve-se ter em mente, antes de mais nada, que teoria e prática percorrem duas estradas diversas e a velocidades muito desiguais. Quero dizer que, nestes últimos anos, falou-se e continua a se falar de direitos do homem, entre eruditos, filósofos, juristas, sociólogos e políticos, muito mais do que se conseguiu fazer até agora para que eles sejam reconhecidos e protegidos efetivamente, ou seja, para transformar aspirações (nobres, mas vagas), exigências (justas, mas débeis), em direitos propriamente ditos (isto é, no sentido em que os juristas falam de "direito").

Tendo sempre presente essa distinção, a fim de não confundir dois planos que devem se manter bem distintos, pode-se afirmar, em geral, que o desenvolvimento da teoria e da prática (mais da teoria do que da prática) dos direitos do homem ocorreu, a partir do final da guerra, essencialmente em duas direções: na direção de sua universalização e naquela de sua multiplicação.

Não irei me deter aqui no processo de universalização, antes de mais nada porque me parece menos relevante para a sociologia do direito, e depois porque o tema foi amplamente tratado na doutrina do direito internacional, que vê corretamente, nesse processo, o ponto de partida de uma profunda transformação do direito das "gentes", como foi chamado durante séculos, em direito também dos "indivíduos", dos indivíduos singulares, os quais, adquirindo pelo menos potencialmente o direito de questionarem o seu próprio Estado, vão se transformando, de cidadãos de um Estado particular, em cidadãos do mundo.

Irei me deter em particular no segundo processo, o da multiplicação, pois ele se presta melhor a algumas considerações sobre as relações entre direitos do homem e sociedade, sobre a origem social dos direitos do homem, sobre a estreita conexão existente entre mudança social e nascimento de novos direitos, sobre temas que, em minha opinião, podem ser mais interessantes para uma reunião de sociólogos do direito, de estudiosos cuja tarefa específica é refletir sobre o direito como fenômeno social.

Também os direitos do homem são, indubitavelmente, um fenômeno social. Ou, pelo menos, são também um fenômeno social: e, entre os vários pontos de vista de onde podem ser examinados (filosófico, jurídico, econômico, etc.), há lugar para o sociológico, precisamente o da sociologia jurídica.

Essa multiplicação (ia dizendo "proliferação") ocorreu de três modos: a) porque aumentou a quantidade de bens considerados merecedores de tutela; b) porque foi estendida a titularidade de alguns direitos típicos a sujeitos diversos do homem; c) porque o próprio homem não é mais considerado como ente genérico, ou homem em abstrato, mas é visto na especificidade ou na concreticidade de suas diversas maneiras de ser em sociedade, como criança, velho, doente, etc. Em substância: mais bens, mais sujeitos, mais *status* do indivíduo. É supérfluo notar que, entre esses três processos, existem relações de interdependência: o reconhecimento de novos direitos *de* (onde "de" indica o sujeito) implica quase sempre o aumento de direitos *a* (onde "a" indica o objeto). Ainda mais supérfluo é observar, o que importa para nossos fins, que todas as três causas dessa multiplicação cada vez mais acelerada dos direitos do homem revelam, de modo cada vez mais evidente e explícito, a necessidade de fazer referência a um contexto social determinado.

Com relação ao primeiro processo, ocorreu a passagem dos direitos de liberdade — das chamadas liberdades negativas, de religião, de opinião, de imprensa, etc. — para os direitos políticos e sociais, que requerem uma intervenção direta do Estado. Com relação ao segundo, ocorreu a passagem da consideração do indivíduo humano *uti singulus*, que foi o primeiro sujeito ao qual se atribuíram direitos naturais (ou morais) — em outras palavras, da "pessoa" —, para sujeitos diferentes do indivíduo, como a família, as minorias étnicas e religiosas, toda a humanidade em seu conjunto (como no atual debate, entre filósofos da moral, sobre o direito dos pósteros à sobrevivência); e, além dos indivíduos humanos considerados singularmente ou nas diversas comunidades reais ou ideais que os representam, até mesmo para sujeitos diferentes dos homens, como os animais. Nos movimentos ecológicos, está emergindo quase que um direito da natureza a ser respeitada ou não explorada, onde as palavras "respeito" e "exploração" são exatamente as mesmas usadas tradicionalmente na definição e justificação dos direitos do homem.

Com relação ao terceiro processo, a passagem ocorreu do homem genérico — do homem enquanto homem — para o homem específico, ou tomado na diversidade de seus diversos *status* sociais, com base em diferentes critérios de diferenciação (o sexo, a idade, as condições físicas), cada um dos quais revela diferenças específicas, que não permitem igual tratamento e igual proteção. A mulher é diferente do homem; a criança, do adulto; o adulto, do velho; o sadio, do doente; o doente temporário, do doente crônico; o doente mental, dos outros doentes; os fisicamente normais, dos deficientes, etc. Basta examinar as cartas de direitos que se sucederam no âmbito internacional, nestes últimos quarenta anos, para perceber esse fenômeno: em 1952, a Convenção sobre os Direitos Políticos da Mulher; em 1959, a Declaração da Criança; em 1971, a Declaração dos Direitos do Deficiente Mental; em 1975, a Declaração dos Direitos dos Deficientes Físicos; em 1982, a primeira Assembleia Mundial, em Viena, sobre os direitos dos anciãos, que propôs um plano de ação aprovado por uma resolução da Assembleia da ONU, em 3 de dezembro.

Bem entendido, esse processo de multiplicação por especificação ocorreu principalmente no âmbito dos direitos sociais. Os direitos de liberdade negativa, os primeiros direitos reconhecidos e protegidos, valem para o homem abstrato. Não por acaso foram apresentados, quando do seu surgimento, como direitos do Homem. A liberdade religiosa, uma vez afirmada, foi se estendendo a todos, embora no início não tenha sido reconhecida para certas confissões ou para os ateus; mas essas eram exceções que deviam ser justificadas. O mesmo vale para a liberdade de opinião. Os direitos de liberdade evoluem paralelamente ao princípio do tratamento igual. Com relação aos direitos de liberdade, vale o princípio de que os homens são iguais. No estado de natureza de Locke, que foi o grande inspirador das Declarações de Direitos do Homem, os homens são todos iguais, onde por "igualdade" se entende que são iguais no gozo da liberdade, no sentido de que nenhum indivíduo pode ter mais liberdade do que outro. Esse tipo de igualdade é o que aparece enunciado, por exemplo, no art. 1º da Declaração Universal, na afirmação de que "todos os homens nascem iguais em liberdade e direitos", afirmação cujo significado é que todos os homens nascem iguais na liberdade, no duplo sentido da expressão: "os homens têm igual direito à liberdade", "os homens têm direito a uma igual liberdade". São todas formulações do mesmo princípio, segundo o qual deve ser excluída toda discriminação fundada em diferenças específicas entre homem e homem, entre grupos e grupos, como se lê no art. 3º da Constituição italiana, o qual — depois de ter dito que os homens têm "igual dignidade social" — acrescenta, especificando e precisando, que são iguais "diante da lei, sem distinção de sexo, de raça, de língua, de religião, de opinião política, de condições pessoais ou sociais". O mesmo princípio é ainda mais explícito no art. 2º, I, da Declaração Universal, no qual se diz que "cabe a cada indivíduo todos os direitos e todas as liberdades enunciadas na presente Declaração, sem nenhuma distinção por razões de cor, sexo, língua, religião, opinião política ou de outro tipo, por origem nacional ou social, riqueza, nascimento ou outra consideração".

Essa universalidade (ou indistinção, ou não discriminação) na atribuição e no eventual gozo dos direitos de liberdade não vale para os direitos sociais, e nem mesmo para os direitos políticos, diante dos quais os indivíduos são iguais só genericamente, mas não especificamente. Com relação aos direitos políticos e aos direitos sociais, existem diferenças de indivíduo para indivíduo, ou melhor, de grupos de indivíduos para grupos de indivíduos, diferenças que são até agora (e o são intrinsecamente) relevantes. Durante séculos, somente os homens do sexo masculino — e nem todos — tiveram o direito de votar; ainda hoje não têm esse direito os menores, e não é razoável pensar que o obtenham num futuro próximo. Isso quer dizer que, na afirmação e no reconhecimento dos direitos políticos, não se podem deixar de levar em conta determinadas diferenças, que justificam um tratamento não igual. Do mesmo modo, e com maior evidência, isso ocorre no campo dos direitos sociais. Só de modo genérico e retórico se pode afirmar que todos são iguais com relação aos três direitos sociais fundamentais (ao trabalho, à instrução e à saúde); ao contrário, é possível dizer, realisticamente, que todos são iguais no gozo das liberdades negativas. E não é possível afirmar aquela primeira igualdade porque, na atribuição dos direitos sociais, não se podem deixar de levar em conta as diferenças específicas, que são relevantes para distinguir um indivíduo de outro, ou melhor, um grupo de indivíduos de outro grupo. O que se lê no art. 3º da Constituição italiana, antes citado — ou seja, que todos os cidadãos são iguais sem distinção de "condições pessoais ou sociais" —, não é verdade em relação aos direitos sociais, já que certas condições pessoais ou sociais são relevantes precisamente na atribuição desses direitos. Com relação ao trabalho, são relevantes as diferenças de idade e de sexo; com relação à instrução, são relevantes diferenças entre crianças normais e crianças que não são normais; com relação à saúde, são relevantes diferenças entre adultos e velhos.

Não pretendo levar esse raciocínio até as extremas consequências. Pretendo apenas observar que igualdade e diferença têm uma relevância diversa conforme estejam em questão direitos de liberdade ou direitos sociais. Essa, entre outras, é uma das razões pelas quais, no campo dos direitos sociais, mais do que naquele dos direitos de liberdade, ocorreu a proliferação dos direitos a que antes me referi; através do reconhecimento dos direitos sociais, surgiram — ao lado do homem abstrato ou genérico, do cidadão sem outras qualificações — novos personagens como sujeitos de direito, personagens antes desconhecidos nas Declarações dos direitos de liberdade: a mulher e a criança, o velho e o muito velho, o doente e o demente, etc.

É supérfluo acrescentar que o reconhecimento dos direitos sociais suscita, além do problema da proliferação dos direitos do homem, problemas bem mais difíceis de resolver no que concerne àquela "prática" de que falei no início: é que a proteção destes últimos requer uma intervenção ativa do Estado, que não é requerida pela proteção dos direitos de liberdade, produzindo aquela organização dos serviços públicos de onde nasceu até mesmo uma nova forma de Estado, o Estado social. Enquanto os direitos de liberdade nascem contra o superpoder do Estado — e, portanto, com o objetivo de limitar o poder —, os direitos sociais exigem, para sua realização prática, ou seja, para a passagem da declaração puramente verbal à sua proteção efetiva, precisamente o contrário, isto é, a ampliação dos poderes do Estado. Também "poder" — como, de resto, qualquer outro termo da linguagem política, a começar por "liberdade" — tem, conforme o contexto, uma conotação positiva e outra negativa. O exercício do poder pode ser considerado benéfico ou maléfico segundo os contextos históricos e segundo os diversos pontos de vista a partir dos quais esses contextos são considerados. Não é verdade que o aumento da liberdade seja sempre um bem ou o aumento do poder seja sempre um mal.

Insisti até agora no fenômeno da proliferação dos direitos do homem como característica da atual fase de desenvolvimento da teoria e da prática desses direitos; e o fiz porque, em minha opinião, nada serve para mostrar melhor o nexo entre mudança na teoria e na prática dos direitos do homem, por um lado, e mudança social, por outro, e, portanto, para iluminar o aspecto mais interessante e fecundo a partir do qual pode ser estudado o tema dos direitos do homem pelos sociólogos do direito.

Parto da distinção, introduzida por Renato Treves, entre as duas tarefas essenciais da sociologia do direito: a de investigar qual a função do direito (e, portanto, também dos direitos do homem em toda a gama de suas especificações) na mudança social, tarefa que pode ser sintetizada na fórmula "o direito na sociedade"; e a de analisar a maior ou menor aplicação das normas jurídicas numa determinada sociedade, incluindo a maior ou menor aplicação das normas dos Estados particulares, ou do sistema internacional em seu conjunto, relativas aos direitos do homem, tarefa que se resume na fórmula "a sociedade no direito". Ambas as tarefas têm uma particular e atualíssima aplicação precisamente naquela esfera de todo ordenamento jurídico que compreende o reconhecimento e a proteção dos direitos do homem.

Se se pode falar de uma tarefa própria da sociologia do direito em relação ao problema dos direitos do homem, ou seja, de uma tarefa que distinga a sociologia do direito da filosofia do direito, da teoria geral do direito, da ciência jurídica, ela deriva precisamente da constatação de que o nascimento, e agora também o crescimento, dos direitos do homem são estreitamente ligados à transformação da sociedade, como a relação entre a proliferação dos direitos do homem e o desenvolvimento social o mostra claramente. Portanto, a sociologia em geral, e a sociologia do direito em particular, estão na melhor condição possível para dar uma contribuição específica ao aprofundamento do problema.

A doutrina dos direitos do homem nasceu da filosofia jusnaturalista, a qual — para justificar a existência de direitos pertencentes ao homem enquanto tal, independentemente do Estado — partira da hipótese de um estado de natureza, onde os direitos do homem são poucos e essenciais: o direito à vida e à sobrevivência, que inclui também o direito à propriedade; e o direito à liberdade, que compreende algumas liberdades essencialmente negativas. Para a teoria de Kant — que podemos considerar como a conclusão dessa primeira fase da história dos direitos do homem, que culmina nas primeiras Declarações dos Direitos não mais enunciadas por filósofos, e portanto *sine imperio*, mas por detentores do poder de governo, e portanto *cum imperio* —, o homem natural tem um único direito, o direito de liberdade, entendida a liberdade como "independência em face de todo constrangimento imposto pela vontade de outro", já que todos os demais direitos, incluído o direito à igualdade, estão compreendidos nele.

A hipótese do estado de natureza — enquanto estado pré-estatal e, em alguns escritores, até mesmo pré-social — era uma tentativa de justificar racionalmente, ou de racionalizar, determinadas exigências que se iam ampliando cada vez mais; num primeiro momento, durante as guerras de religião, surgiu a exigência da liberdade de consciência contra toda forma de imposição de uma crença (imposição frequentemente seguida de sanções não só espirituais, mas também temporais); e, num segundo momento, na época que vai da Revolução Inglesa à Norte-Americana e à Francesa, houve a demanda de liberdades civis contra toda forma de despotismo. O estado de natureza era uma mera ficção doutrinária, que devia servir para justificar, como direitos inerentes à própria natureza do homem (e, como tais, invioláveis por parte dos detentores do poder público, inalienáveis pelos seus próprios titulares e imprescritíveis por mais longa que fosse a duração de sua violação ou alienação), exigências de liberdade provenientes dos que lutavam contra o dogmatismo das Igrejas e contra o autoritarismo dos Estados. A realidade de onde nasceram as exigências desses direitos era constituída pelas lutas e pelos movimentos que lhes deram vida e as alimentaram: lutas e movimentos cujas razões, se quisermos compreendê-las, devem ser buscadas não mais na hipótese do estado de natureza, mas na realidade social da época, nas suas contradições, nas mudanças que tais contradições foram produzindo em cada oportunidade concreta.

Essa exigência de passar da hipótese racional para a análise da sociedade real e de sua história vale com maior razão hoje, quando as exigências, provenientes de baixo em favor de uma maior proteção de indivíduos e de grupos (e se trata de exigências que vão bem além da liberdade *em relação a* e da liberdade *de)* aumentaram enormemente e continuam a aumentar; ora, para justificá-las, a hipótese abstrata de um estado de natureza simples, primitivo, onde o homem vive com poucos carecimentos essenciais, não teria mais nenhuma força de persuasão e, portanto, nenhuma utilidade teórica ou prática. O fato mesmo de que a lista desses direitos esteja em contínua ampliação não só demonstra que o ponto de partida do hipotético estado de natureza perdeu toda plausibilidade, mas nos deveria tornar conscientes de que o mundo das relações sociais de onde essas exigências derivam é muito mais complexo, e de que, para a vida e para a sobrevivência dos homens, nessa nova sociedade, não bastam os chamados direitos fundamentais, como os direitos à vida, à liberdade e à propriedade.

Não existe atualmente nenhuma carta de direitos, para darmos um exemplo convincente, que não reconheça o direito à instrução — crescente, de resto, de sociedade para sociedade —, primeiro elementar, depois secundária, e pouco a pouco até mesmo universitária. Não me consta que, nas mais conhecidas descrições do estado de natureza, esse direito fosse mencionado. A verdade é que esse direito não fora posto no estado de natureza porque não emergira na sociedade da época em que nasceram as doutrinas jusnaturalistas, quando as exigências fundamentais que partiam daquelas sociedades para chegarem aos poderosos da Terra eram principalmente exigências de liberdade em face das Igrejas e dos Estados, e não ainda de outros bens, como o da instrução, que somente uma sociedade mais evoluída econômica e socialmente poderia expressar. Tratava-se de exigências cuja finalidade era principalmente pôr limites aos poderes opressivos; e, sendo assim, a hipótese de um estado pré-estatal, ou de um estado liberto de poderes supraindividuais, como os das Igrejas e dos governos políticos, correspondia perfeitamente à finalidade de justificar a redução, aos seus mínimos termos, do espaço ocupado por tais poderes, e de ampliar os espaços de liberdade dos indivíduos. Ao contrário, a hipótese do homem como animal político, que remonta a Aristóteles, permitira justificar durante séculos o Estado paternalista (e, em sua expressão mais crua, despótico), no qual o indivíduo não possui por natureza nenhum dos direitos de liberdade, direitos dos quais, como uma criança, não estaria em condições de se servir, não só para o bem comum, mas nem mesmo para seu próprio bem. Não é casual que o adversário mais direto de Locke tenha sido o mais rígido defensor do Estado patriarcal; ou que o defensor do direito de liberdade como direito fundamental, de onde todos os outros decorrem, tenha sido ao mesmo tempo o mais coerente adversário do patriarcalismo, ou seja, daquela forma de governo na qual os súditos são tratados como eternos menores.

Enquanto a relação entre mudança social e nascimento dos direitos de liberdade era menos evidente, podendo assim dar vida à hipótese de que a exigência de liberdades civis era fundada na existência de direitos naturais, pertencentes ao homem enquanto tal, independentemente de qualquer consideração histórica, a relação entre o nascimento e crescimento dos direitos sociais, por um lado, e a transformação da sociedade, por outro, é inteiramente evidente. Prova disso é que as exigências de direitos sociais tornaram-se tanto mais numerosas quanto mais rápida e profunda foi a transformação da sociedade. Cabe considerar, de resto, que as exigências que se concretizam na demanda de uma intervenção pública e de uma prestação de serviços sociais por parte do Estado só podem ser satisfeitas num determinado nível de desenvolvimento econômico e tecnológico; e que, com relação à própria teoria, são precisamente certas transformações sociais e certas inovações técnicas que fazem surgir novas exigências, imprevisíveis e inexequíveis antes que essas transformações e inovações tivessem ocorrido. Isso nos traz uma ulterior confirmação da socialidade, ou da não naturalidade, desses direitos.

Para darmos um exemplo de grande atualidade, a exigência de uma maior proteção dos velhos jamais teria podido nascer se não tivesse ocorrido o aumento não só do número de velhos, mas também de sua longevidade, dois efeitos de modificações ocorridas nas relações sociais e resultantes dos progressos da medicina. E o que dizer dos movimentos ecológicos e das exigências de uma maior proteção da natureza, proteção que implica a proibição do abuso ou do mau uso dos recursos naturais, ainda que os homens não possam deixar de usá-los? De resto, também a esfera dos direitos de liberdade foi se modificando e se ampliando, em função de inovações técnicas no campo da transmissão e difusão das ideias e das imagens e do possível abuso que se pode fazer dessas inovações, algo inconcebível quando o próprio uso não era possível ou era tecnicamente difícil. Isso significa que a conexão entre mudança social e mudança na teoria e na prática dos direitos fundamentais sempre existiu; o nascimento dos direitos sociais apenas tornou essa conexão mais evidente, tão evidente que agora já não pode ser negligenciada. Numa sociedade em que só os proprietários tinham cidadania ativa, era óbvio que o direito de propriedade fosse levado a direito fundamental; do mesmo modo, também foi algo óbvio que, na sociedade dos países da primeira revolução industrial, quando entraram em cena os movimentos operários, o direito ao trabalho tivesse sido elevado a direito fundamental. A reivindicação do direito ao trabalho como direito fundamental — tão fundamental que passou a fazer parte de todas as Declarações de Direitos contemporâneas — teve as mesmas boas razões da anterior reivindicação do direito de propriedade como direito natural. Eram boas razões que tinham suas raízes na natureza das relações de poder características das sociedades que haviam gerado tais reivindicações e, por conseguinte, na natureza específica — historicamente determinada — daquelas sociedades.

Ainda mais importante e amplíssima é a tarefa dos sociólogos do direito no que se refere ao outro tema fundamental, o da aplicação das normas jurídicas, ou do fenômeno que é cada vez mais estudado sob o nome, por enquanto intraduzível [para o italiano] de *implementation*. O campo dos direitos do homem — ou, mais precisamente, das normas que declaram, reconhecem, definem, atribuem direitos ao homem — aparece, certamente, como aquele onde é maior a defasagem entre a posição da norma e sua efetiva aplicação. E essa defasagem é ainda mais intensa precisamente no campo dos direitos sociais. Tanto é assim que, na Constituição italiana, as normas que se referem a direitos sociais foram chamadas pudicamente de "programáticas". Será que já nos perguntamos alguma vez que gênero de normas são essas que não ordenam, proíbem ou permitem *hic et nunc*, mas ordenam, proíbem e permitem num futuro indefinido e sem um prazo de carência claramente delimitado? E, sobretudo, já nos perguntamos alguma vez que gênero de direitos são esses que tais normas definem? Um direito cujo reconhecimento e cuja efetiva proteção são adiados *sine die*, além de confiados à vontade de sujeitos cuja obrigação de executar o "programa" é apenas uma obrigação moral ou, no máximo, política, pode ainda ser chamado corretamente de "direito"? A diferença entre esses autointitulados direitos e os direitos propriamente ditos não será tão grande que torna impróprio ou, pelo menos, pouco útil o uso da mesma palavra para designar uns e outros? E, além do mais, a esmagadora maioria de normas sobre os direitos do homem, tais como as que emanam de órgãos internacionais, não são sequer normas programáticas, como o são as normas de uma Constituição nacional relativas aos direitos sociais. Ou, pelo menos, não o são enquanto não forem ratificadas por Estados particulares. É muito instrutiva, a esse respeito, a pesquisa realizada pelo professor Evan sobre o número de ratificações das duas Convenções internacionais sobre os direitos do homem por parte dos Estados-membros das Nações Unidas: ela indica que somente dois quintos dos Estados as ratificaram, e que existem grandes diferenças, quanto a isso, entre os Estados do Primeiro, do Segundo e do Terceiro Mundos. As cartas de direitos, enquanto permanecerem no âmbito do sistema internacional do qual promanam, são mais do que cartas de direitos no sentido próprio da palavra: são expressões de boas intenções, ou, quando muito, diretivas gerais de ação orientadas para um futuro indeterminado e incerto, sem nenhuma garantia de realização além da boa vontade dos Estados, e sem outra base de sustentação além da pressão da opinião pública internacional ou de agências não estatais, como a Amnesty International.

Decerto, não é aqui o local adequado para enfrentar o problema dos vários significados do termo "direito" e das querelas (em grande parte verbais) a que essa busca de definição deu lugar, um problema do qual não se pode fugir quando o tema em discussão é, precisamente, o dos direitos do homem. Não importa que o problema seja enfrentado através da distinção clássica entre direitos naturais e direitos positivos, ou através da distinção entre *moral rights* e *legal rights* (mais comum na linguagem da filosofia anglo--saxônica); em ambos os casos, não se pode deixar imediatamente de perceber que o termo "direito" muda de significado na passagem do primeiro para o segundo termo da distinção. Se é conveniente ou não usar o termo "direito" não só para o segundo, mas também para o primeiro termo, é uma questão de oportunidade. Partilho a preocupação dos que pensam que chamar de "direitos" exigências (na melhor das hipóteses) de direitos futuros significa criar expectativas, que podem não ser jamais satisfeitas, em todos os que usam a palavra "direito" segundo a linguagem corrente, ou seja, no significado de expectativas que podem ser satisfeitas porque são protegidas.

Por prudência, sempre usei, no transcorrer desta minha comunicação, a palavra "exigências" em vez de "direitos", sempre que me referi a direitos não constitucionalizados, ou seja, a meras aspirações, ainda que justificadas com argumentos plausíveis, no sentido de direitos (positivos) futuros. Poderia também ter usado a palavra "pretensão" (*claim*), que pertence à linguagem jurídica, e que é frequentemente usada nos debates sobre a natureza dos direitos do homem; mas, em minha opinião, esse termo é ainda demasiadamente forte. Naturalmente, nada tenho contra chamar de "direitos" também essas exigências de direitos futuros, contanto que se evite a confusão entre uma exigência (mesmo que bem motivada) de proteção futura de um certo bem, por um lado, e, por outro, a proteção efetiva desse bem que posso obter recorrendo a uma corte de justiça capaz de reparar o erro e, eventualmente, de punir o culpado. Pode-se sugerir, aos que não querem renunciar ao uso da palavra "direito" mesmo no caso de exigências naturalmente motivadas de uma proteção futura, que distingam entre um direito em sentido fraco e um direito em sentido forte, sempre que não quiserem atribuir a palavra "direito" somente às exigências ou pretensões efetivamente protegidas.

"Direito" é uma figura deôntica e, portanto, é um termo da linguagem normativa, ou seja, de uma linguagem na qual se fala de normas e sobre normas. A existência de um direito, seja em sentido forte ou fraco, implica sempre a existência de um sistema normativo, onde por "existência" deve entender-se tanto o mero fato exterior de um direito histórico ou vigente quanto o reconhecimento de um conjunto de normas como guia da própria ação. A figura do direito tem como correlato a figura da obrigação. Assim como não existe pai sem filho e vice-versa, também não existe direito sem obrigação e vice-versa. A velha ideia de que existem obrigações sem direitos correspondentes, como as obrigações de beneficência, derivava da negação de que o beneficiário fosse titular de um direito. Isso não anulava o fato de que a obrigação da beneficência fosse uma obrigação para com Deus ou para com a própria consciência, que eram — e não o beneficiário — os verdadeiros e únicos titulares de um direito em face do benfeitor. Pode-se falar de direitos morais só no âmbito de um sistema normativo moral, onde haja obrigações cuja fonte não é a autoridade munida de força coativa, mas Deus, a própria consciência, a pressão social, a depender das várias teorias da moral. Pode-se falar de direitos naturais pressupondo, como o fazem os jusnaturalistas, um sistema de leis da natureza, que atribuem, como todas as leis, direitos e deveres; esse sistema pode ser derivado da observação da natureza do homem, do código da natureza, assim como os direitos positivos são deriváveis do estudo de um código de leis positivas, validados por uma autoridade capaz de fazer respeitar os próprios mandamentos. Obrigações morais, obrigações naturais e obrigações positivas, bem como os respectivos direitos relativos, pertencem a sistemas normativos diversos. Para dar sentido a termos como obrigação e direito, é preciso inseri-los num contexto de normas, independentemente de qual seja a natureza desse contexto. Mas, com relação aos direitos positivos, os direitos naturais são apenas exigências (motivadas com argumentos históricos e racionais) de seu acolhimento num sistema de direito eficientemente protegido. Do ponto de vista de um ordenamento jurídico, os chamados direitos naturais ou morais não são propriamente direitos: são apenas exigências que buscam validade a fim de se tornarem eventualmente direitos num novo ordenamento normativo, caracterizado por um diferente modo de proteção dos mesmos. Também a passagem de um ordenamento para outro é uma passagem que ocorre num determinado contexto social, não sendo de nenhum modo predeterminada.

O jusnaturalista objetará que existem direitos naturais ou morais absolutos, direitos que — enquanto tais — são direitos também em relação a qualquer outro sistema normativo, histórico ou positivo. Mas uma afirmação desse tipo é contraditada pela variedade dos códigos naturais e morais propostos, bem como pelo próprio uso corrente da linguagem, que não permite chamar de "direitos" a maior parte das exigências ou pretensões validadas doutrinariamente, ou até mesmo apoiadas por uma forte e autorizada opinião pública, enquanto elas não forem acolhidas num ordenamento jurídico positivo. Para dar alguns exemplos: antes que as mulheres obtivessem, nas várias legislações positivas, o direito de votar, será que se podia corretamente falar de um direito natural ou moral das mulheres a votar, quando as razões pelas quais não se reconhecia esse direito seja naturais (as mulheres não são, por natureza, independentes), seja morais (as mulheres são muito passionais para poderem expressar sua opinião sobre uma lei que deve ser motivada racionalmente)? Será que se pode dizer que existia um direito à objeção de consciência antes que esta fosse reconhecida? Nas legislações onde ela não é reconhecida, que sentido tem afirmar que existe, apesar de tudo, um direito natural ou moral à objeção de consciência? O que se pode dizer, apenas, é que há boas razões para que essa exigência seja reconhecida. Que sentido tem afirmar que existia um direito à liberdade de abortar antes que essa aspiração das mulheres fosse acolhida e reconhecida por uma legislação civil, com razões fundadas, de resto, em argumentos históricos e sociais (e, portanto, que não têm validade absoluta), tais como o crescente número de mulheres que trabalham ou o perigo de um excesso populacional que ameaça a humanidade?

Poderíamos prosseguir. Esse discurso adquire um interesse particular quando se pensa nos direitos do homem que experimentaram historicamente a passagem de um sistema de direitos em sentido fraco, na medida em que estavam inseridos em códigos de normas naturais ou morais, para um sistema de direitos em sentido forte, como o são os sistemas jurídicos dos Estados nacionais. E hoje, através das várias cartas de direitos promulgadas em fóruns internacionais, ocorreu a passagem inversa, ou seja, de um sistema mais forte, como o nacional não despótico, para um sistema mais fraco, como o internacional, onde os direitos proclamados são sustentados, quase que exclusivamente, pela pressão social, como ocorre habitualmente no caso dos códigos morais, e são repetidamente violados, sem que as violações sejam, na maioria dos casos, punidas, sofrendo uma outra sanção que não a condenação moral. No sistema internacional, tal como ele existe atualmente, inexistem algumas condições necessárias para que possa ocorrer a passagem dos direitos em sentido fraco para direitos em sentido forte: *a)* a de que o reconhecimento e a proteção de pretensões ou exigências contidas nas Declarações provenientes de órgãos e agências do sistema internacional sejam considerados condições necessárias para que um Estado possa pertencer à comunidade internacional; *b)* a existência, no sistema internacional, de um poder comum suficientemente forte para prevenir ou reprimir a violação dos direitos declarados.

Não há melhor ocasião do que este congresso internacional de estudiosos — em particular, de sociólogos do direito, que se ocupam profissionalmente com a observação da inter-relação entre sistema jurídico e sistema social — para denunciar o abuso (ou melhor, o uso enganoso) que se faz do termo "direito" nas declarações deste ou daquele direito do homem na sociedade internacional. Não sem certa hipocrisia, já que aqueles que se sentam à mesa de um fórum internacional — sejam políticos, diplomatas, juristas ou especialistas em geral — não podem ignorar que o objeto de suas discussões são pura e simplesmente, propostas ou diretivas para uma futura legislação; e que as cartas, enunciadas ao término desses fóruns, não são propriamente cartas de direitos, como as que servem de premissa às Constituições nacionais a partir do final do século XVIII (ou, para usar a primeira expressão com que os direitos do homem fizeram seu aparecimento na cena da história, não são *Bill of Rights*), mas são documentos que tratam do que deverão ou deveriam ser direitos num futuro próximo, se e quando os Estados particulares os reconhecerem, ou se e quando o sistema internacional houver implantado os órgãos e os poderes necessários para fazê-los valer sempre que forem violados. Uma coisa é um direito; outra, a promessa de um direito futuro. Uma coisa é um direito atual; outra, um direito potencial. Uma coisa é ter um direito que é, enquanto reconhecido e protegido; outra é ter um direito que deve ser, mas que, para ser, ou para que passe do dever ser ao ser, precisa transformar-se, de objeto de discussão de uma assembleia de especialistas, em objeto de decisão de um órgão legislativo dotado de poder de coerção.

Parti da constatação da enorme defasagem entre a amplitude do debate teórico sobre os direitos do homem e os limites dentro dos quais se processa a efetiva proteção dos mesmos nos Estados particulares e no sistema internacional. Essa defasagem só pode ser superada pelas forças políticas. Mas os sociólogos do direito são, entre os cultores de disciplinas jurídicas, os que estão em melhores condições para documentar essa defasagem, explicar suas razões e, graças a isso, reduzir suas dimensões.

SEGUNDA PARTE

A REVOLUÇÃO FRANCESA
E OS DIREITOS DO HOMEM

A DECLARAÇÃO DOS DIREITOS DO HOMEM E DO CIDADÃO foi aprovada pela Assembleia Nacional, em 26 de agosto de 1789. A discussão que levou à aprovação se processou em dois tempos. De 1º a 4 de agosto, discutiu-se se se devia proceder a uma declaração de direitos antes da emanação de uma Constituição. Contra os que a consideravam inútil e contra os que a consideravam útil, mas devendo ser adiada, ou útil somente se acompanhada de uma declaração dos deveres, a Assembleia decidiu, quase por unanimidade, que uma declaração dos direitos — a ser considerada, segundo as palavras de um membro da Assembleia inspiradas em Rousseau, como o ato da constituição de um povo — devia ser proclamada imediatamente e, portanto, preceder a Constituição. De 20 a 26 de agosto, o texto pré-selecionado pela Assembleia foi discutido e aprovado.

Os testemunhos da época e os historiadores estão de acordo em considerar que esse ato representou um daqueles momentos decisivos, pelo menos simbolicamente, que assinalam o fim de uma época e o início de outra, e, portanto, indicam uma virada na história do gênero humano. Um grande historiador da Revolução, Georges Lefebvre, escreveu: "Proclamando a liberdade, a igualdade e a soberania popular, a Declaração foi o atestado de óbito do Antigo Regime, destruído pela Revolução."[1] Entre os milhares de testemunhos sobre o significado ideal desse texto que nos foram deixados pelos historiadores do século passado, escolho o de um escritor político, ainda que ele tenha sido o primeiro a pôr em discussão a imagem que a revolução fizera de si mesma: Alexis de Tocqueville. Referindo-se à primeira fase do 1789, descreve-a como "o tempo de juvenil entusiasmo, de orgulho, de paixões generosas e sinceras, tempo do qual, apesar de todos os erros, os homens iriam conservar eterna memória, e que, por muito tempo ainda, perturbará o sono dos que querem subjugar ou corromper os homens".[2]

Curiosamente, a mesma palavra "entusiasmo" (uma palavra que o racionalista Voltaire detestava)[3] fora usada por Kant; embora condenando o regicídio como uma abominação, Kant escreveu que "essa revolução de um povo rico de espiritualidade" (ainda que esse povo tivesse podido acumular "miséria e crueldade") encontrara "uma participação de aspirações que sabe a entusiasmo", só podendo ter como causa "uma disposição moral da espécie humana". Definindo o entusiasmo como a "participação no bem com paixão", explicava logo após que "o verdadeiro entusiasmo se refere só e sempre ao que é ideal, ao que é puramente moral", e que a causa moral desse entusiasmo era "o direito que tem um povo de não ser impedido por outras forças de dar a si mesmo uma Constituição civil que ele crê boa".[4] Desse modo, Kant ligava diretamente o aspecto que considerava positivo da revolução com o direito de um povo a decidir seu próprio destino. Esse direito, segundo Kant, revelara-se pela primeira vez na Revolução Francesa. E esse era o direito de liberdade num dos dois sentidos principais do termo, ou seja, como autodeterminação, como autonomia, como capacidade de legislar para si mesmo, como a antítese de toda forma de poder paterno ou patriarcal, que caracterizara os governos despóticos tradicionais. Quando Kant define a liberdade numa passagem da *Paz perpétua*, define-a do seguinte modo: "A liberdade jurídica é a faculdade de só obedecer a leis externas às quais pude dar o meu assentimento."[5] Nessa definição, era claríssima a inspiração de Rousseau, que definira a liberdade como "a obediência à lei que nós mesmos nos prescrevemos".[6]

Não obstante a discordância várias vezes expressa em relação ao idealismo abstrato kantiano, bem como a ostentação de uma certa superioridade dos alemães, que julgavam não ter necessidade da Revolução porque haviam feito a Reforma, Hegel — quando se refere, em suas lições de filosofia da história, à Revolução Francesa — não pode ocultar sua admiração; e fala também, mais uma vez, do "entusiasmo do espírito" (*Enthusiasmus des Geistes*) pelo qual o mundo foi percorrido e agitado, "como se então tivesse finalmente ocorrido a verdadeira conciliação do divino com o mundo".[7] Chamando-a de uma "esplêndida aurora", pelo que "todos os seres pensantes celebraram em uníssono essa época", expressa com essa metáfora a sua convicção de que, com a Revolução, iniciara-se uma nova época da história, com uma explícita referência à Declaração, cuja finalidade era, a seu ver, a meta inteiramente política de firmar os direitos naturais, o principal dos quais é a liberdade, seguido pela igualdade diante da lei, enquanto uma sua ulterior determinação.

A primeira defesa ampla, historicamente documentada e filosoficamente argumentada, da Declaração foi a contida nas duas partes de *Os direitos do homem*, de Thomas Paine, que foram publicadas respectivamente em 1791 e em 1792.[8] A obra é, em grande parte, um panfleto contra Edmund Burke, que — em defesa da Constituição inglesa — atacara com acrimônia a Revolução Francesa desde sua primeira fase, afirmando o seguinte sobre os direitos do homem: "Nós não nos deixamos esvaziar de nossos sentimentos para nos encher artificialmente, como pássaros embalsamados num museu, de palha, de cinzas e de insípidos fragmentos de papel exaltando os direitos do homem."[9] Naturais, para Burke, são sentimentos como o temor a Deus, o respeito ao rei, o afeto pelo parlamento; não naturais, aliás "falsos e espúrios", são — ao contrário — os sentimentos que (a alusão aos direitos naturais é evidente) nos ensinam "uma servil, licenciosa e degradada insolência, uma espécie de liberdade que dura apenas poucos dias de festa, e que nos torna justamente dignos de uma eterna e miserável escravidão".[10] Especificava que os ingleses são homens ligados aos sentimentos mais naturais, embora esses sejam preconceitos: "Evitamos cuidadosamente que seres humanos vivam e ajam segundo as luzes da própria racionalidade individual (...), porque consideramos que é melhor para cada um valer-se do patrimônio de experiência acumulado pelos povos ao longo dos séculos."[11]

Para fundar os direitos do homem, Paine oferece uma justificação — e não podia então ser de outro modo — religiosa. Segundo ele, para encontrar o fundamento dos direitos do homem, é preciso não permanecer na história, como fizera Burke, mas transcender a história e chegar ao momento da origem, quando o homem surgiu das mãos do Criador. A história nada prova salvo os nossos erros, dos quais devemos nos libertar. O único ponto de partida para escapar dela é reafirmar a unidade do gênero humano, que a história dividiu. Só assim se descobre que o homem, antes de ter direitos civis que são o produto da história, tem direitos naturais que os precedem; e esses direitos naturais são o fundamento de todos os direitos civis. Mais precisamente: "São direitos naturais os que cabem ao homem em virtude de sua existência. A esse gênero pertencem todos os direitos intelectuais, ou direitos da mente, e também todos os direitos de agir como indivíduo para o próprio bem-estar e para a própria felicidade que não sejam lesivos aos direitos naturais dos outros."[12] Distinguia três formas de governo: o fundado na superstição, o fundado na força, e um terceiro, fundado no interesse comum, que ele chamava de governo da razão.

Paine, antes de chegar à França, participara ativamente da revolução norte-americana, com vários escritos e, em particular, com o ensaio *Common sense* (1776), no qual — embora fosse súdito britânico — criticava asperamente o poder do rei, reclamando o direito dos estados americanos à sua independência, a partir da tese, muito característica do mais genuíno liberalismo, segundo a qual chegara a hora de a sociedade civil se emancipar do poder político, já que, enquanto a sociedade é uma bênção, o governo, tal como as roupas que cobrem nossa nudez, é o emblema da inocência perdida.[13]

Com sua ação e com sua obra, Paine representou a continuidade entre as duas revoluções. Não tinha dúvidas de que uma fosse o desenvolvimento da outra e de que, em geral, a Revolução Americana abrira a porta para as revoluções da Europa: idênticos eram os princípios inspiradores, bem como seu fundamento, o direito natural; idêntico era o desfecho, o governo fundado no contrato social, a república como governo que rechaça para sempre a lei da hereditariedade, a democracia como governo de todos.

A relação entre as duas revoluções, bem mais complexa do que Paine supunha, *foi* continuamente reexaminada e debatida nos últimos dois séculos. Os problemas são dois: qual foi o influxo, e se foi determinante, da mais antiga na mais recente; qual das duas, consideradas em si mesmas, é política ou eticamente superior à outra.

Com relação ao primeiro problema, o debate foi particularmente intenso no final do século passado, quando Jellinek — numa conhecida obra publicada em 1896 — negou, através de um exame ponto por ponto, a originalidade da Declaração francesa, provocando vivas réplicas dos que defendiam que a semelhança se devia à inspiração comum; estes, além disso, alegavam que a inspiração direta era improvável, tendo em vista o escasso conhecimento dos vários *Bill of Rights* americanos pelos constituintes franceses.[14] Observando-se bem, há algumas diferenças de princípio: na Declaração de 1789, não aparece entre as metas a alcançar a "felicidade" (a expressão "felicidade de todos" aparece apenas no preâmbulo) e, por conseguinte, essa não é mais uma palavra-chave desse documento, como era o caso, ao contrário, nas cartas americanas, a começar pela da Virgínia (1776), conhecida dos constituintes franceses, onde alguns direitos *inherent* (traduzido, de modo um pouco forçado, como "inata") são protegidos porque permitem a busca da "felicidade" e da "segurança". O que era "felicidade", e qual a relação entre a felicidade e o bem público, fora um dos temas debatidos pelos *philosophes*; mas, à medida que tomou corpo a figura do Estado liberal e de direito, foi completamente abandonada a ideia de que *fosse* tarefa do Estado assegurar a felicidade dos súditos. Também nesse caso, a palavra mais clara e iluminadora foi dita por Kant, o qual — em defesa do Estado liberal puro, cuja meta é permitir que a liberdade de cada um possa expressar-se com base numa lei universal racional — rechaçou o Estado eudemonológico, um Estado que pretendia incluir entre suas tarefas a de fazer os súditos felizes, já que a verdadeira finalidade do Estado deve ser apenas dar aos súditos tanta liberdade que lhes permita buscar, cada um deles, a seu modo, a sua própria felicidade.[15]

Em segundo lugar, a Declaração francesa — como foi várias vezes notado — é ainda mais intransigentemente individualista do que a americana. Não há necessidade de insistir particularmente — ainda mais porque voltaremos ao assunto — no fato de que a concepção da sociedade que está na base das duas Declarações é aquela que, no século seguinte, será chamada (quase sempre com uma conotação negativa) de individualista.

Para a formação dessa concepção (segundo a qual o indivíduo isolado, independentemente de todos os outros, embora juntamente com todos os outros, mas cada um por si, é o fundamento da sociedade, em oposição à ideia, que atravessou séculos, do homem como animal político e, como tal, social desde as origens), haviam contribuído quer a ideia de um estado de natureza, tal como este fora reconstruído por Hobbes e Rousseau, ou seja, como estado pré-social; quer a construção artificial do *homo oeconomicus*, realizada pelos primeiros economistas; quer a ideia cristã do indivíduo como pessoa moral, que tem valor em si mesmo enquanto criatura de Deus. Ambas as Declarações partem dos homens considerados singularmente; os direitos que elas proclamam pertencem aos indivíduos considerados um a um, que os possuem antes de ingressarem em qualquer sociedade. Mas, enquanto a "utilidade comum" é invocada pelo documento francês unicamente para justificar eventuais "distinções sociais", quase todas as cartas americanas fazem referência direta à finalidade da associação política, que é a do *common benefit* (Virgínia), do *good of whole* (Maryland) ou do *common good* (Massachussets). Os constituintes americanos relacionaram os direitos do indivíduo ao bem comum da sociedade. Os constituintes franceses pretendiam afirmar primária e exclusivamente os direitos dos indivíduos. Bem diversa será a ideia na qual se inspirará a Constituição jacobina, que é encabeçada pelo art. 1º, no qual se diz: "Finalidade da sociedade é a felicidade comum"; essa Constituição põe em primeiro plano o que é de todos em relação ao que pertence aos indivíduos, o bem do todo em relação ao direito das partes.

Quanto ao segundo tema — o de saber qual das duas revoluções foi ética e politicamente superior —, a controvérsia é bem antiga. Já durante a discussão na Assembleia Nacional, um de seus membros, Pierre Victor Malouet, intendente de finanças, candidato da Baixa Auvergne, expressara seu próprio parecer contrário à proclamação dos direitos, afirmando que o que fora bom para os americanos, que "haviam tomado o homem no seio da natureza e o tinham apresentado em sua soberania primitiva", estando assim "preparados para receber a liberdade em toda a sua energia", não seria tão bom para os franceses, uma "imensa multidão" dos quais era composta de homens sem propriedade, que esperavam do governo mais a segurança do trabalho (a qual, por outro lado, os torna dependentes) do que a liberdade.[16]

Também nesse caso, entre os muitos testemunhos dessa controvérsia, escolho um que deveria ser particularmente familiar ao público italiano, embora eu tenha a impressão de que foi inteiramente esquecido. No ensaio sobre *A Revolução Francesa de 1789 e a Revolução Italiana de 1859*, Alessandro Manzoni aborda o tema da comparação entre a Revolução Americana e a Revolução Francesa partindo de uma comparação entre a Constituição americana de 1787 e a Declaração de 1789; e não hesita em dar a palma à primeira, com argumentos que lembram aqueles do intendente francês. Ele observa que, além do fato de a Constituição americana de 1787 não se ter feito preceder por nenhuma declaração, as Declarações dos congressos anteriores referiam-se apenas a "alguns direitos positivos e especiais das Colônias diante do Governo e do Parlamento da Inglaterra; limitavam-se, portanto, a proclamar e a reivindicar direitos que haviam sido violados por aquele Governo e que aquele Parlamento tentara invalidar, contra uma posse antiga e pacífica".[17] Concluía que a semelhança que se quisera estabelecer entre as duas Declarações era apenas verbal e verbal era sua enunciação, tanto que, ao passo que as cartas dos americanos tinham produzido os efeitos desejados, da solene proclamação dos constituintes de 1789 podia-se dizer apenas que precedera "de pouco o tempo em que o desprezo e a violação de todo direito chegaram a um grau que permite duvidar que haja um termo de comparação em toda a história".[18]

Deixemos aos historiadores a disputa sobre a relação entre as duas declarações. Apesar da influência até mesmo imediata que a revolução das treze colônias teve na Europa, bem como da rápida formação no Velho Continente do mito americano, o fato é que foi a Revolução Francesa que constituiu, por cerca de dois séculos, o modelo ideal para todos os que combateram pela própria emancipação e pela libertação do próprio povo. Foram os princípios de 1789 que constituíram, no bem como no mal, um ponto de referência obrigatório para os amigos e para os inimigos da liberdade, princípios invocados pelos primeiros e execrados pelos segundos. Da subterrânea e imediata força de expansão que a Revolução Francesa teve na Europa, permitam-me recordar a esplêndida imagem de Heine, que comparava o frêmito dos alemães ao ouvirem as notícias do que ocorria na França com o rumor que emerge das grandes conchas que ornamentam as lareiras, mesmo quando já estão distantes do mar há muito tempo: "Quando em Paris, no grande oceano humano, as ondas da revolução subiam, agitavam-se e se enfureciam tempestuosamente, para além do Reno os corações alemães murmuravam e fremiam."[19]

Quantas vezes ecoou o apelo aos princípios de 1789 nos momentos cruciais de nossa história! Limito-me a recordar dois deles, o *Risorgimento* e a oposição ao fascismo. Embora preconizando uma nova época, a que chamou de "social", Mazzini reconheceu que, na Declaração dos Direitos de 1789, haviam sido resumidos "os resultados da era cristã, pondo acima de qualquer dúvida e elevando a dogma político a liberdade conquistada na esfera da ideia pelo mundo greco-romano, a igualdade conquistada pelo mundo cristão, e a fraternidade, que é consequência imediata dos dois termos".[20] Cado Rosselli, no livro programático *Socialismo liberal* (escrito no desterro e publicado na França em 1930), disse que o princípio da liberdade, estendido à vida cultural durante os séculos XVII e XVIII, atingira seu apogeu com a Enciclopédia, "terminando por triunfar politicamente com a Revolução de 1789 e sua Declaração de Direitos".[21]

Disse antes: no bem como no mal.[22] A condenação dos princípios de 1789 foi um dos motivos habituais de todo movimento reacionário, a começar por De Maistre e chegando à Action Française. Mas basta citar uma passagem do príncipe dos escritores reacionários, Friedrich Nietzsche (com o qual uma nova esquerda sem bússola mantém há algum tempo certo namoro), o qual — num de seus últimos fragmentos publicados postumamente — escreveu: "A nossa hostilidade à *Révolution* não se refere à farsa cruenta, à imoralidade com que ela se desenvolveu, mas à sua moralidade de rebanho, às 'verdades' com que sempre e ainda continua a operar, à sua imagem contagiosa de 'justiça e liberdade', a qual se enredam todas as almas medíocres, à subversão da autoridade das classes superiores."[23] Não muitos anos depois, faziam-lhe eco alguns dos seus (talvez inconscientes) netos italianos, que ironizavam "a apoteose das retumbantes *blagues* da Revolução Francesa: Justiça, Fraternidade, Igualdade, Liberdade".[24]

O NÚCLEO DOUTRINÁRIO DA DECLARAÇÃO está contido nos três artigos iniciais: o primeiro refere-se à condição natural dos indivíduos que precede a formação da sociedade civil; o segundo, à finalidade da sociedade política, que vem depois (se não cronologicamente, pelo menos axiologicamente) do estado de natureza; o terceiro, ao princípio de legitimidade do poder que cabe à nação.

A fórmula do primeiro — "os homens nascem e permanecem livres e iguais em direitos" — foi retomada quase literalmente pelo art. 10 da Declaração Universal dos Direitos do Homem: "Todos os seres humanos nascem livres e iguais em dignidade e direitos." Rousseau escrevera, no início do *Contrato social:* "O homem nasceu livre, mas por toda parte se encontra a ferros." Tratava-se, como se disse várias vezes, de um nascimento não natural, mas ideal. Desde o momento em que a crença numa mítica idade de ouro, que remontava aos antigos e fora retomada durante o Renascimento, foi suplantada pela teoria — que de Lucrécio chegara a Vico — da origem ferina do homem e da barbárie primitiva, tornou-se doutrina corrente que os homens não nascem nem livres nem iguais. Que os homens fossem livres e iguais no estado de natureza, tal como descrito por Locke no *Segundo tratado do governo,* era uma hipótese racional: não era nem uma constatação empírica nem um dado histórico, mas uma exigência da razão, única que poderia inverter radicalmente a concepção secular segundo a qual o poder político, o poder sobre os homens, o *imperium,* procede de cima para baixo e não vice-versa. Essa hipótese devia servir, segundo o próprio Locke, "para entender bem o poder político e derivá-lo de sua origem".[25] Era precisamente essa a meta a que se haviam proposto os constituintes, os quais — logo após, no art. 2º — declaravam que "o objetivo de toda associação política é a conservação dos direitos naturais e imprescritíveis do homem", tais como a liberdade, a propriedade, a segurança e a resistência à opressão. No artigo, não está presente a expressão "contrato social", mas a ideia do contrato está implícita na palavra "associação". Por associação, entende-se — é impossível não entender — uma sociedade baseada no contrato. A ligação entre os dois artigos é dada pelo fato de que o primeiro fala de igualdade nos direitos, enquanto o segundo especifica quais são esses direitos, entre os quais não comparece mais a igualdade, a qual reaparece, porém, no art. 6º, que prevê a igualdade diante da lei, bem como no art. 13, que prevê a igualdade fiscal.

Dos quatro direitos elencados, somente a liberdade é definida (art. 4º); e é definida como o direito de "poder fazer tudo o que não prejudique os outros", que é uma definição diversa da que se tornou corrente de Hobbes a Montesquieu, segundo a qual a liberdade consiste em fazer tudo o que as leis permitam, bem como da definição de Kant, segundo a qual a minha liberdade se estende até o ponto da compatibilidade com a liberdade dos outros. A segurança será definida, no art. 8º da Constituição de 1793, como "a proteção concedida pela sociedade a cada um dos seus membros para a conservação de sua pessoa, de seus direitos e de suas propriedades".

Quanto à propriedade, que o último artigo da Declaração considera "um direito inviolável e sagrado", ela se tornará o alvo das críticas dos socialistas e irá caracterizar historicamente a Revolução de 1789 como revolução burguesa. Sua inclusão entre os direitos naturais remontava a uma antiga tradição jurídica, bem anterior à afirmação das doutrinas jusnaturalistas. Era uma consequência da autonomia que, no direito romano clássico, era desfrutada pelo direito privado em relação ao direito público, da doutrina dos modos originários de aquisição da propriedade (através da ocupação e do trabalho) e dos modos derivados (através do contrato e da sucessão), modos — tanto uns como outros — que pertenciam à esfera das relações privadas, que se desenvolviam fora da esfera pública. Para não remontar a um passado muito distante, era bem conhecida a teoria de Locke, um dos principais inspiradores da liberdade dos modernos, segundo a qual a propriedade deriva do trabalho individual, ou seja, de uma atividade que se desenvolve antes e fora do Estado. Ao contrário do que hoje se poderia pensar, depois das históricas reivindicações dos não proprietários contra os proprietários, guiadas pelos movimentos socialistas do século XIX, o direito de propriedade foi durante séculos considerado como um dique — o mais forte dos diques — contra o poder arbitrário do soberano. Foi Thomas Hobbes, talvez o mais rigoroso teórico do absolutismo, que teve a audácia de considerar como uma teoria sediciosa (e, portanto, merecedora de condenação num Estado fundado nos princípios da razão) a que afirma "que os cidadãos têm a propriedade absoluta das coisas que estão sob sua posse".[26]

É ponto pacífico que, também por trás da afirmação do direito de resistência, estava o pensamento de Locke, embora essa afirmação fosse muito antiga. Tendo dito que a razão pela qual os homens entram em sociedade é a conservação de suas propriedades, bem como de suas liberdades, Locke deduzia disso que, quando o governo viola esses direitos, põem-se em estado de guerra contra seu povo, o qual, a partir desse momento, está desvinculado de qualquer dever de obediência, não lhe restando mais do que "o refúgio comum que Deus ofereceu a todos os homens contra a força e a violência",[27] isto é, o retorno à liberdade originária e a resistência. Juridicamente, o direito de resistência é um direito secundário, do mesmo modo como são normas secundárias as que servem para proteger as normas primárias: é um direito secundário que intervém num segundo momento, quando são violados os direitos de liberdade, de propriedade e de segurança, que são direitos primários. E também é diverso porque o direito de resistência intervém para tutelar os outros direitos, mas não pode, por sua vez, ser tutelado, devendo portanto ser exercido com todos os riscos e perigos. Num plano rigorosamente lógico, nenhum governo pode garantir o exercício do direito de resistência, que se manifesta precisamente quando o cidadão já não reconhece a autoridade do governo, e o governo, por seu turno, não tem mais nenhuma obrigação para com ele. Com uma possível alusão a esse artigo, Kant dirá que, "para que um povo seja autorizado à resistência, deveria haver uma lei pública que a permitisse";[28] mas uma tal disposição seria contraditória, já que — no momento em que o soberano admitisse a resistência contra si mesmo — renunciaria à sua própria soberania e o súdito tornar-se-ia soberano em seu lugar. É impossível que os constituintes não tivessem percebido a contradição. Mas, como explica Georges Lefebvre, a inserção do direito de resistência entre os direitos naturais devia-se à recordação imediata do 14 de julho e ao temor de um novo assalto aristocrático; tratava-se, portanto, de uma justificação póstuma da luta contra o Antigo Regime.[29] Na Declaração Universal dos Direitos do Homem, de 1948, não aparece o direito de resistência; mas, no preâmbulo, lê-se que os direitos do homem, que seriam sucessivamente enumerados, devem ser protegidos, "se se quer evitar que o homem seja obrigado, como última instância, à rebelião contra a tirania e a opressão". É como dizer que a resistência não é um direito, mas — em determinadas circunstâncias — uma necessidade (como o indica a palavra "obrigado").

O terceiro artigo, segundo o qual "o princípio de toda soberania reside essencialmente na nação", reflete fielmente o debate que se travara no mês de junho, quando havia sido rechaçada a proposta do conde de Mirabeau no sentido de adotar a palavra "povo", que assinalava a diferença com relação às duas outras ordens, em vez de "nação", mais abrangente, unificadora e compreensiva, defendida pelo abade Sieyès, de onde nascera o nome de Assembleia Nacional. Esse artigo expressa também o conceito, destinado a tornar-se um dos fundamentos de todo governo democrático futuro, de que a representação é una e indivisível, ou seja, não pode ser dividida com base nas ordens ou nos estamentos em que se dividia a sociedade da época; e de que sua indivisibilidade e unidade é composta não por corpos separados, mas por indivíduos singulares, que contam cada um por um, de acordo com um princípio que, a partir de então, justifica a desconfiança de todo governo democrático diante da representação dos interesses.[30] No conceito da soberania una e indivisível da nação, estava também implícito o princípio da proibição do mandato imperativo, princípio firmemente defendido por Sieyès, já anunciado no art. 6º (segundo o qual a lei é expressão da vontade geral) e explicitamente formulado no art. 8º do preâmbulo da lei de 22 de dezembro de 1789, que diz: "Os representantes indicados para a Assembleia Nacional pelos departamentos deverão ser considerados não como representantes de um departamento, mas como representantes da totalidade dos departamentos, ou seja, de toda a nação." Representação individual e não por corpos separados, bem como proibição de mandato imperativo, eis duas instituições que concorriam para a destruição da sociedade por ordens, na qual — dado em cada ordem tinha um seu ordenamento jurídico separado — os indivíduos não eram iguais nem nos direitos nem diante da lei. Desse ponto de vista, a Declaração podia corretamente ser considerada, como o fez um grande historiador da Revolução, Alphonse Aulard, como o atestado de óbito do Antigo Regime,[31] ainda que o tiro de misericórdia só viesse a ser dado no preâmbulo da Constituição de 1791, quando foi secamente proclamado que "não existe mais nobreza, nem pariato, nem distinções hereditárias, nem distinções de ordem ou de regime feudal; não há mais, para nenhuma parte da Nação e para nenhum indivíduo, nenhum privilégio ou exceção em face do direito comum de todos os franceses".[32]

A Declaração, desde então até hoje, foi submetida a duas críticas recorrentes e opostas: foi acusada de excessiva abstratividade pelos reacionários e conservadores em geral; e de excessiva ligação com os interesses de uma classe particular, por Marx e pela esquerda em geral.

A acusação de abstratividade foi repetida infinitas vezes: de resto, a abstratividade do pensamento iluminista é um dos motivos clássicos de todas as correntes anti-iluministas. Não preciso repetir a célebre afirmação de De Maistre, que dizia ver ingleses, alemães, franceses e, graças a Montesquieu, saber também que existiam os persas, mas o homem, o homem em geral, esse ele nunca vira e, se é que existia, ele o ignorava. Mas basta citar — menos conhecido, mas não menos drástico — um juízo de Taine, segundo o qual a maior parte dos artigos da Declaração "não são mais do que dogmas abstratos, definições metafísicas, axiomas mais ou menos literários, ou seja, mais ou menos falsos, ora vagos, ora contraditórios, suscetíveis de mais de um significado e de significados opostos (...), uma espécie de insígnia pomposa, inútil e pesada, que (...) corre o risco de cair na cabeça dos transeuntes, já que todo dia é sacudida por mãos violentas".[33] Quem não se contentar com essas deprecações (ou talvez sejam mais imprecações) e quiser buscar uma crítica filosófica, deverá ler o adendo ao § 539 da *Enciclopédia* de Hegel, onde — além de muitas considerações importantes — está dito que liberdade e igualdade são tão pouco algo "por natureza" que, ao contrário, são "um produto e um resultado da consciência histórica", a qual, de resto, se diferencia de nação para nação.[34]

Mas será mesmo verdade que os constituintes franceses eram assim tão pouco atentos, com a cabeça nas nuvens e os pés bem longe do chão? A essa pergunta, respondeu-se com a observação de que aqueles direitos aparentemente abstratos eram realmente, na intenção dos constituintes, instrumentos de polêmica política, cada um deles devendo ser interpretado como a antítese de um abuso do poder que se queria combater, já que os revolucionários, como dissera Mirabeau, mais que uma Declaração abstrata de direitos, tinham querido fazer um ato de guerra contra os tiranos.[35] Se esses direitos foram depois proclamados como se estivessem inscritos numa tábua das leis fora do tempo e da história, isso resultara — como explicará Tocqueville — do fato de que a Revolução Francesa havia sido uma revolução política que operara como as revoluções religiosas, que consideram o homem em si mesmo, sem se deterem nos traços peculiares que as leis, os costumes e as tradições de um povo podiam ter inserido naquele fundo comum; e operara como as revoluções religiosas porque "parecia ter como objetivo, mais do que a reforma da França, a regeneração de todo o gênero humano".[36] De resto, foi por essa razão, segundo Tocqueville, que a Revolução pôde acender paixões que, até então, nem mesmo as revoluções políticas mais violentas tinham podido produzir.

A crítica oposta — segundo a qual a Declaração, em vez de ser demasiadamente abstrata, era tão concreta e historicamente determinada que, na verdade, não era a defesa do homem em geral, que teria existido sem que o autor das *Noites de São Petersburgo* o soubesse, mas do burguês, que existia em carne e osso e lutava pela própria emancipação de classe contra a aristocracia, sem se preocupar muito com os direitos do que seria chamado de Quarto Estado — foi feita pelo jovem Marx no artigo sobre *A questão judaica*, suficientemente conhecido para que não seja preciso nos ocuparmos de novo dele, e repetida depois, ritualmente, por diversas gerações de marxistas. De nenhum modo se tratava do homem abstrato, universal! O homem de que falava a Declaração era, na verdade, o burguês; os direitos tutelados pela Declaração eram os direitos do burguês, do homem (explicava Marx) egoísta, do homem separado dos outros homens e da comunidade, do homem enquanto "mônada isolada e fechada em si mesma".[37]

Quais tenham sido as consequências (que considero funestas) dessa interpretação — que confundia uma questão de fato, ou seja, a ocasião histórica da qual nascera a reivindicação desses direitos, que era certamente a luta do Terceiro Estado contra a aristocracia, com uma questão de princípio, e via no homem apenas o cidadão, e no cidadão, apenas o burguês —, esse é um tema sobre o qual, com o discernimento que o passar dos anos nos proporciona, talvez tenhamos ideias mais claras do que nossos pais. Mas ainda estamos demasiadamente imersos na corrente dessa história para sermos capazes de ver onde ela terminará. Parece-me difícil negar que a afirmação dos direitos do homem, *in primis* os de liberdade (ou melhor, de liberdades individuais), é um dos pontos firmes do pensamento político universal, do qual não mais se pode voltar atrás.

A acusação feita por Marx à Declaração era a de ser inspirada numa concepção individualista da sociedade. A acusação era justíssima. Mas é aceitável?

Decerto, o ponto de vista no qual se situa a Declaração para dar uma solução ao eterno problema das relações entre governantes e governados é o do indivíduo, do indivíduo singular, considerado como o titular do poder soberano, na medida em que, no hipotético estado de natureza pré-social, ainda não existe nenhum poder acima dele. O poder político, ou o poder dos indivíduos associados, vem depois. É um poder que nasce de uma convenção; é o produto de uma invenção humana, como uma máquina, mas se trata, conforme a definição de Hobbes (cuja reconstrução racional do Estado parte, com absoluto rigor, dos indivíduos considerados singularmente), da mais engenhosa e também da mais benéfica das máquinas, a *machina machinarum*. Esse ponto de vista representa a inversão radical do ponto de vista tradicional do pensamento político, seja do pensamento clássico, no qual as duas metáforas predominantes para representar o poder são a do pastor (e o povo é o rebanho) e a do timoneiro, do *gubernator* (e o povo é a chusma), seja do pensamento medieval (*omnis potestas nisi a Deo*). Dessa inversão nasce o Estado moderno: primeiro liberal, no qual os indivíduos que reivindicam o poder soberano são apenas uma parte da sociedade; depois democrático, no qual são potencialmente todos a fazer tal reivindicação; e, finalmente, social, no qual os indivíduos, todos transformados em soberanos sem distinções de classe, reivindicam — além dos direitos de liberdade — também os direitos sociais, que são igualmente direitos do indivíduo: o Estado dos cidadãos, que não são mais somente os burgueses, nem os cidadãos de que fala Aristóteles no início do Livro III da *Política*, definidos como aqueles que podem ter acesso aos cargos públicos, e que, quando excluídos os escravos e estrangeiros, mesmo numa democracia, são uma minoria.[38]

O ponto de vista tradicional tinha por efeito a atribuição aos indivíduos não de direitos, mas sobretudo de obrigações, a começar pela obrigação da obediência às leis, isto é, às ordens do soberano. Os códigos morais e jurídicos foram, ao longo dos séculos, desde os Dez Mandamentos até as Doze Tábuas, conjuntos de regras imperativas que estabelecem obrigações para os indivíduos, não direitos. Ao contrário, observemos mais uma vez os dois primeiros artigos da Declaração. Primeiro, há a afirmação de que os indivíduos têm direitos; depois, a de que o governo, precisamente em consequência desses direitos, obriga-se a garanti-los. A relação tradicional entre direitos dos governantes e obrigações dos súditos é invertida completamente. Até mesmo nas chamadas cartas de direitos que precederam as de 1776 na América e a de 1789 na França, desde a Magna Charta até o Bill of Rights de 1689, os direitos ou as liberdades não eram reconhecidos como existentes antes do poder do soberano, mas eram concedidos ou concertados, devendo aparecer — mesmo que fossem resultado de um pacto entre súditos e soberano — como um ato unilateral deste último. O que equivale a dizer que, sem a concessão do soberano, o súdito jamais teria tido qualquer direito.[39] Não é diferente o que ocorrerá no século XIX: quando surgem as monarquias constitucionais, afirma-se que as Constituições foram *octroyées* pelos soberanos. O fato de que essas Constituições fossem a consequência de um conflito entre rei e súditos, concluído com um pacto, não devia cancelar a imagem sacralizada do poder, para a qual o que os cidadãos obtêm é sempre o resultado de uma graciosa concessão do príncipe.

As Declarações de Direito estavam destinadas a inverter essa imagem. E, com efeito, pouco a pouco lograram invertê-la. Hoje, o próprio conceito de democracia é inseparável do conceito de direitos do homem. Se se elimina uma concepção individualista da sociedade, não se pode mais justificar a democracia do que aquela segundo a qual, na democracia, os indivíduos, todos os indivíduos, detêm uma parte da soberania. E como foi possível firmar de modo irreversível esse conceito senão através da inversão da relação entre poder e liberdade, fazendo-se com que a liberdade precedesse o poder? Tenho dito frequentemente que, quando nos referimos a uma democracia, seria mais correto falar de soberania dos cidadãos e não de soberania popular. "Povo" é um conceito ambíguo, do qual se serviram também todas as ditaduras modernas. É uma abstração por vezes enganosa: não fica claro que parcela dos indivíduos que vivem num território é compreendida pelo termo "povo". As decisões coletivas não são tomadas pelo povo, mas pelos indivíduos, muitos ou poucos, que o compõem. Numa democracia, quem toma as decisões coletivas, direta ou indiretamente, são sempre e apenas indivíduos singulares, no momento em que depositam seu voto na urna. Isso pode soar mal para quem só consegue pensar a sociedade como um organismo; mas, quer isso agrade ou não, a sociedade democrática não é um corpo orgânico, mas uma soma de indivíduos. Se não fosse assim, não teria nenhuma justificação o princípio da maioria, o qual, não obstante, é a regra fundamental de decisão democrática. E a maioria é o resultado de uma simples soma aritmética, onde o que se soma são os votos dos indivíduos, um por um. Concepção individualista e concepção orgânica da sociedade estão em irremediável contradição. É absurdo perguntar qual é a mais verdadeira em sentido absoluto. Mas não é absurdo — e sim absolutamente razoável — afirmar que a única verdadeira para compreender e fazer compreender o que é a democracia é a segunda concepção, não a primeira.[40]

É preciso desconfiar de quem defende uma concepção antiindividualista da sociedade. Através do anti-individualismo, passaram mais ou menos todas as doutrinas reacionárias. Burke dizia: "Os indivíduos desaparecem como sombras; só a comunidade é fixa e estável." De Maistre dizia: "Submeter o governo à discussão individual significa destruí-lo." Lammenais dizia: "O individualismo, destruindo a ideia de obediência e de dever, destrói o poder e a lei."[41] Não seria muito difícil encontrar citações análogas na esquerda antidemocrática. Ao contrário, não existe nenhuma Constituição democrática, a começar pela Constituição republicana da Itália, que não pressuponha a existência de indivíduos singulares que têm direitos enquanto tais. E como seria possível dizer que eles são "invioláveis" se não houvesse o pressuposto de que, axiologicamente, o indivíduo é superior à sociedade de que faz parte?

A concepção individualista da sociedade já conquistou muito espaço. Os direitos do homem, que tinham sido e continuam a ser afirmados nas Constituições dos Estados particulares, são hoje reconhecidos e solenemente proclamados no âmbito da comunidade internacional, com uma consequência que abalou literalmente a doutrina e a prática do direito internacional: todo indivíduo foi elevado a sujeito potencial da comunidade internacional, cujos sujeitos até agora considerados eram, eminentemente os Estados soberanos.[42] Desse modo, o direito das gentes foi transformado em direito das gentes *e dos indivíduos*; e, ao lado do direito internacional como direito público externo, o *ius publicum europaeum*, está crescendo um novo direito, que poderemos chamar, com as palavras de Kant, de "cosmopolita", embora Kant o limitasse ao direito de todo homem a ser tratado como amigo, e não como inimigo, qualquer que fosse o lugar onde estivesse, ou seja, ao direito (como ele dizia) de "hospitalidade". Contudo, mesmo com essa limitação, Kant via no direito cosmopolita não "uma representação fantástica de mentes exaltadas", mas uma das condições necessárias para a busca da paz perpétua, numa época da história em que "a violação do direito ocorrida num ponto da terra é sentida em todos os outros".[43]

O mesmo Kant que, como disse no início, vira no entusiasmo com que fora acolhida a Revolução Francesa um sinal da disposição moral da humanidade inseria esse evento extraordinário numa história profética da humanidade, ou seja, numa história da qual não se tem dados seguros, mas da qual só se pode apreender sinais premonitórios. Um desses sinais premonitórios, segundo ele, era precisamente o nascimento de uma "Constituição fundada no direito natural", que permitia dar uma resposta afirmativa à questão de "se o gênero humano estava em constante progresso para o melhor". Dizia também que o evento tivera tal efeito nos espíritos que não mais podia ser esquecido, já que "revelara, na natureza humana, uma tal disposição e potencialidade para o melhor que nenhum político poderia doravante cancelar".[44] Nós, tendo chegado quase ao fim do século que conheceu duas guerras mundiais e a era das tiranias, bem como a ameaça de uma guerra de extermínio, podemos até sorrir diante do otimismo de um filósofo que viveu numa era em que a crença na irresistibilidade do progresso era quase universal. Mas podemos sustentar seriamente que a idéia da Constituição fundada no direito natural foi esquecida? O tema dos direitos do homem, que foi imposto à atenção dos soberanos pela Declaração de 1789, não será hoje mais atual do que nunca? Não é um dos grandes temas, juntamente com o da paz e o da justiça internacional, para os quais são arrastados irresistivelmente, queiram-no ou não, povos e governos? Assim como as Declarações nacionais foram o pressuposto necessário para o nascimento das democracias modernas, a Declaração Universal dos Direitos do Homem não será talvez o pressuposto daquela democratização do sistema internacional da qual dependem o fim do sistema tradicional de equilíbrio, no qual a paz é sempre uma trégua entre duas guerras, e o início de uma era de paz estável que não tenha mais a guerra como alternativa?

Reconheço que afirmações desse gênero só podem ser feitas no âmbito da história profética de que falava Kant e, portanto, de uma história cujas antecipações não têm a certeza das previsões científicas (mas será que são possíveis previsões científicas na história humana?). Reconheço também que, desgraçadamente, os profetas da desventura, na maioria dos casos, não foram ouvidos, e os eventos por eles anunciados se realizaram, enquanto os profetas dos tempos felizes foram logo ouvidos, mas os eventos que anunciaram não se verificaram. Por que não poderia ocorrer um momento propício no qual o profeta da desventura esteja errado e o que prevê tempos felizes tenha razão?

NOTAS

1. G. Lefebvre, *La rivoluzione francese*, trad. de P. Serini, Turim, Einaudi, 1958, p. 162 [ed. brasileira: *A Revolução Francesa*, São Paulo, Ibrasa, 1989]. Um dos maiores historiadores vivos da Revolução Francesa, François Furet, depois de ter reconhecido que "a referência a 1789 desapareceu da política francesa", admite que isso depende do fato de que o debate se deslocou da revolução do passado para a revolução do futuro, "pelo que a Revolução Francesa não é apenas a República, mas também uma ilimitada promessa de igualdade; e, para restituir-lhe o encanto, basta considerá-la, não como uma instituição nacional, mas como uma matriz da história universal" (*Critica della rivoluzione francese*, Bari, Laterza, 1980, p. 9).

2. A. de Tocqueville, *L'ancien régime et la révolution* in *Œuvres complêtes*, Paris, 1952, tomo II, p. 72. [ed. brasileira: *O Antigo Regime e a Revolução*, Brasília, Editora da UnB, 1979].

3. Cf. o verbete *Enthousiasme* no *Dictionnaire philosophique*, onde o entusiasmo é contraposto à razão: enquanto a razão sempre faz ver as coisas como elas são, o entusiasmo é como o vinho "qui peut exciter tant de tumultes dans les vaisseaux sanguins et de si violentes vibtations dans les nerfs, que la raison en est tout à fait détruite". Mas Voltaire fora precedido, como se sabe, por Locke, que dedica à crítica do entusiasmo um capítulo do *Ensaio sobre a inteligência humana*, IV, 19. A história do conceito de entusiasmo mereceria um tratamento bem mais amplo, mas basta aqui chamar a atenção para o verbete *Entusiasmo*, no *Dizionario di filosofia* de N. Abbagnano, Turim, Utet, 1961, várias vezes reeditado.

4. I. Kant, "Se il genero umano sia in costante progresso verso il meglio" (1798), in *Scritti politici e di filosofia della storia e dei diritto*, trad. de G. Solari e G. Vidari, Turim, Utet, 1956, p. 219. Sobre o complexo tema da relação entre Kant e a revolução em geral, e a Revolução Francesa em particular, remeto ao meu *Diritto e stato nel pensiero di Emanuele Kant*, Turim, Giappichelli, 2ª ed., 1969, pp. 255 e ss. [ed. brasileira: *Direito e Estado no pensamento de Emanuel Kant*, Brasília, Editota da UnB, 1984, pp. 147 e ss.]. Pata uma análise documentada e uma interpretação original do pensamento de Kant em face da Revolução Francesa, cf. D. Losurdo, *Autocensura e compromejjo nel pensiero politico di Kant*, Nápoles, Bibliopolis, 1983.

5. I. Kant, "Per Ia pace perpetua" (1795), in *Scritti politici*, cit., p. 152 [ed. brasileira: *À paz perpétua*, Porto Alegre, L&PM Editores, 1989]. Sobre a teoria da liberdade em Kant, remeto ao meu ensaio "Kant e le due libertà", in N. Bobbio, *Da Robbes a Marx*, Nápoles, Morano, 1965, pp. 147-163 [ed. brasileira: "Kant e as duas liberdades", in N. Bobbio, *Ensaios escolhidos*, São Paulo, C. H. Cardim Editora, s.d., pp. 21-34.].

6. J.-J. Rousseau, *Do contrato social*, I, 8.

7. Essas celebérrimas expressões encontram-se no último capítulo das *Lições sobre a filosofia da história*, intitulado "A Revolução Francesa e suas consequências". Sobre o tema, cf. o conhecido ensaio de J. Ritter, "Hegel und die französische Revolution" (1956), in *Metaphysik und Politik. Studien zu Aristoteles und Regel*, Frankfurt-do-Meno, Surkhamp, 1969, pp. 183-233. Existe uma tradução italiana do ensaio, *Regel e la rivoluzione francese*, com prefácio de G. Calabrà, Nápoles, Guida, 1970. Cf. também R. Racinaro, *Rivoluzione e società civile in Hegel*, Nápoles, Guida, 1972.

8. Existe hoje uma tradução italiana dessa obra sob a responsabilidade de T. Magri, Th. Paine, *I diritti dell'uomo*, Roma, Editori Riuniti, 1978 [ed. brasileira: *Os direitos do homem*, Petrópolis, Vozes, 1989].

9. E. Burke, *Reflections on the Revolution in France* (1790), que cito da ed. italiana, organizada por A. Martelloni, Turim, Utet, 1963, p. 256 [ed. brasileira: *Reflexões sobre a Revolução em França*, Brasília, Editora da UnB, 1982]. Recentemente, com atenção particular às *Reflexões*, foi publicado o livro de G. Tamagnini, *Un giusnaturalismo ineguale. Studio su Edmund Burke*, Milão, Giuffrè, 1988.

10. Burke, *Reflections*, cit., p. 257.

11. *Ibid*.

12. Paine, *I diritti dell'uomo*, cit., p. 145. A passagem dos direitos naturais para os direitos civis é explicada por Paine do seguinte modo: já que os homens não são capazes de conservar todos os direitos que têm por natureza, por não serem capazes de fazê-lo, renunciam àqueles direitos que só a constituição de um poder comum lhes permite conservar. Literalmente: "Os direitos naturais que não são conservados são todos aqueles em relação aos quais, embora o direito seja

perfeito no indivíduo, o poder de colocá-lo em execução é insuficiente" (p. 146). A inspiração lockiana dessa passagem é evidente: a passagem do estado de natureza para o estado civil ocorre, segundo Locke, através da renúncia que os indivíduos fazem (são obrigados a fazer) de alguns direitos naturais. A renúncia pode ser mais ou menos ampla: no modelo lockiano, é muito limitada, já que o único direito natural ao qual se tem de renunciar para ingressar no estado civil é o direito à autodefesa. Paine não pensa diferentemente: depois de ter dito que o homem tem, no estado de natureza, o poder de julgar, reconhece que, não tendo o poder de fazer valer individualmente esse direito, "coloca-o no fundo comum da sociedade, e serve-se do braço desta última, da qual é parte, como substituto e complemento do seu próprio braço" (p. 146).

13. No início da obra anterior, *Common sense* (1776), Paine expressara de modo incisivo o contraste entre a boa sociedade e o mau Estado, com uma contraposição que iria tornar-se depois um tema básico da concepção do "Estado mínimo": "A sociedade é produzida pelos nossos carecimentos; o governo, pela nossa malvadez. A primeira promove a nossa felicidade positivamente, unindo em conjunto os nossos afetos; o segundo, negativamente, freando nossos vícios" (cito da trad. italiana, contida no mesmo volume cito acima, *I diritti dell'uomo*, org. por T. Magri, p. 69 [ed. brasileira: O *senso comum e a crise*, Brasília, Editora da UnB, 1982]).

14. Trata-se da obra *Die Erkllirung der Menschen — und Bürgerrecht* (1896), que provocou um amplo debate, sobre o qual cf. G. Lefebvre, *La rivoluzione francese, cit.*, p. 758. Na realidade, os textos americanos eram bastante conhecidos, sobretudo através de La Fayette.

15. Entre as inúmeras passagens de Kant que poderiam ser citadas para mostrar sua aversão ao Estado paternalista, que se atribui a tarefa de tornar os súditos felizes, escolho a seguinte, pelo seu caráter preciso e peremptório: "Um governo fundado no princípio da benevolência para com o povo, como é o caso do governo de um pai em face dos filhos, ou seja, um governo paternalista *(imperium paternale)*, no qual os súditos, como filhos menores que não podem distinguir entre o que lhes é útil ou prejudicial, são obrigados a se comportar passivamente, para esperar que o chefe do Estado julgue de que modo eles devem ser felizes, esse governo é o pior despotismo que se possa imaginar" ("Sopra il detto comune, Questo puo essere giusto in teoria ma non vale per la pratica [1973], in *Scritti politici*, cit., p. 255). Sobre o tema, é fundamental o livro de G. J. Schochet, *Patriarchalism in Political Thought*, Oxford, Oxford University Press, 1975. Do mesmo autor, cf. "Patriarchalism, Naturalism and Rise of the Conventional State", in *Materiali per una storia della cultura giuridica*, XIV (1984), 2, pp. 223-237, que conclui com as seguintes palavras: "O desaparecimento da família do pensamento político anglo-americano, há mais de dois séculos, deve ser indubitavelmente relacionado com o triunfo da rígida e supostamente liberal distinção entre o que é chamado de público e o privado, e com a consequente exclusão da esfera privada, incluía a família, do discurso político" (p. 335). Cf. também E. Diciotti, "Paternalismo", in *Materiali per una storia della cultura giuridica*, XVI (1986), 2, pp. 557-586, que cita a definição de paternalismo dada por R. Dworkin, que recorda a de Kant: "Entenderei aproximativamente por 'paternalismo' a interferência na liberdade de agir de uma pessoa, justificada por motivos referentes unicamente ao bem-estar, à felicidade, aos carecimentos, interesses ou valores da pessoa submetida à coerção" (p. 560).

16. Citado de A. Saitta, *Costituenti e constituzioni della Francia moderna*, Turim, Einaudi, 1952, p. 39.

17. A. Manzoni, "La rivoluzione francese del 1789 e la rivoluzione italiana del 1859", in *Tutte le opere di Alessandro Manzoni*, Florença, Barbera, 1928, p. 1110 b. A comparação, de resto,

não é inteiramente correta porque — como já foi observado por G. Del Vecchio, "La Dichiarazione dei diritti deu'uomo e del cittadino (1903), in *Contributi alla storia dei pensiero giuridico e filosofico*, Milão, Giuffrè, 1963, pp. 141-216 — Manzoni conhecia somente o texto da Constituição norte-americana, mas não os textos das Declarações de direitos dos estados americanos, que a haviam precedido (p. 188). A mesma observação foi repetida alguns anos mais tarde por F. Ruffini, *I diritti di libertà*, Turim, Gobetti, 1926, pp. 84-85, que conclui bruscamente: "A sua [de Manzoni] contraposição não se sustenta." Sobre o tema cf. L. Mannori, "Manzoni e il fenomeno rivoluzionario", in *Quaderni fiorentini*, XV (1986), pp. 7-106.

18. A. Manzoni, "La rivoluzione francese", cit., p. 1114.

19. O trecho é extraído da obra *Zur Geschichte der Religion und Philosophie in Deutschland* (1834), que cito de V. Verra, *La Rivoluzione francese nel pensiero tedesco contemporaneo*, Turim, Edizioni di Filosofia, 1969, p.3.

20. G. Mazzini, "Dell'iniziativa rivoluzionaria in Europa" (1834), in *Scritti editi e inediti*, Milão, 1863, V, p. 67. Essa inovação pertence a um escrito juvenil. Mazzini, como se sabe, considerava que a Revolução Francesa havia destruído justamente uma sociedade velha e injusta, mas devia ser ultrapassada por uma nova revolução, que teria contraposto à era do indivíduo a era da associação, à Declaração dos direitos, a Declaração dos deveres.

21. C. Rosselli, *Socialismo liberale*, Turim, Einaudi, 1979, p. 90 [ed. brasileira: *Socialismo liberal*, São Paulo, C. H. Cardim Editora, 1988]. O núcleo da doutrina do socialismo liberal consistia na convicção de que a futura revolução socialista seria não a antítese, mas o desenvolvimento necessário da Revolução de 1789. Rosselli inspirara-se nas ideias de um dos seus mestres, Rodolfo Mondolfo, o qual — no início do século — escrevera um ensaio intitulado "Dalla Dichiarazione dei diritti ai Manifesto del Comunisti", no qual mostrara não a descontinuidade, mas a continuidade entre os dois textos (in *Critica sociale*, XVI [1906), pp. 232-235, 329-332 e 347-350).

22. Enquanto estava escrevendo estas páginas, recebi o livro de G. Tamagnini, *Rivoluzione francese e diritto dell'uomo: alcuni por e alcuni contro*, Módena, Macchi, 1988. Os adversários aos quais o autor se refere são essencialmente Burke e Bentham. Mas, ao contrário da crítica de Burke, que era principalmente política, a de Bentham foi principalmente filosófica, na medida em que negava — de um ponto de vista que seria depois chamado de positivismo jurídico — que o indivíduo pudesse ter direitos que não lhe *fossem* conferidos pelo Estado; e, portanto, acusava os constituintes franceses de erro. A violentíssima diatribe benthamiana contra as Declarações de direitos está contida nas *Anarchical Fallacies*, que foram conhecidas na Europa através da tradução francesa de E. Dumont (1816). Para o exame e crítica desse texto, cf. M. A. Cattaneo, *Il positivismo giuridico inglese*, Milão, Giuffrè, 1962, pp. 150 e ss.

23. F. Nietzsche, *Frammenti postumi* (1880-1888), vol. VIII, tomo II das *Opere di Friedrich Nietzsche*, Milão, Adelphi, 1971, p. 59. Essa invectiva contra os princípios de 1789 procede *pari passo*, em toda a obra de Nietzsche, com a crítica ao pensamento de Rousseau por seu igualitarismo, e com o desprezo pela democracia e pelo socialismo.

24. G. Papini-G. Prezzolini, *Vecchio e nuovo nazionalismo*, Milão, Studio Editoriale Lombardo, 1914, p. 9. Para outras edificantes passagens dessa natureza, remeto ao meu escrito "L'ideologia del fascismo" (1975), in *Il fascismo. Antologia di scritti critici*, org. por C. Casucci, Bolonha, Edizioni del Mulino, 1982, pp. 598-624.

25. J. Locke, *The Second Treatise of Government*, II, 1 (ed. crítica, org. por P. Leslett, Cambridge University Press, p. 287).

26. Th. Hobbes, XII, 7. É preciso também sublinhar que a defesa da propriedade como direito individual tinha por alvo bem preciso a propriedade feudal, cuja condenação foi proclamada solenemente na noite de 4 de agosto, no mesmo dia em que fora aprovada a proposta de Declaração. Sobre a relação entre afirmação da propriedade burguesa e condenação da propriedade feudal, chama a atenção G. Solari, *Individualismo e diritto privato* (1911), Turim, Giappichelli, 1959, p. 141.

27. J. Locke, *The Second Treatise*, § 222 (ed. cit., p. 430).

28. I. Kant, "La doutrina del diritto. II: Il diritto pubblico" (1786), in *Scritti politici*, cit., p. 508.

29. G. Lefebvre, *L'ottantanove*, Turim, Einaudi, 1949, p. 191. [ed. brasileira: *1789*, Rio de Janeiro, Paz e Terra, 1989].

30. Para uma cuidadosa narração desses debates, cf. P. Violante, *Lo spazio della rappresentanza. I: Francia (1788-1789)*, Palermo, Ila Palma, 1981.

31. Citado por Lefebvre, *L'Ottantanove*, ed. it. cit., p. 187.

32. Sobre a sociedade de ordens e seus vários tipos, cf. R. Mousnier, *Le gerarchie sociali, dal 1450 ai giorni nostri*, trad. de E. Rotelli, Milão, Vita e Pensiero, 1971.

33. H. A. Taine, *Les origines de Ia France contemporaine. La Révolution, l'anarchie*, p. 273, cit. por G. Del Vecchio, *La Dichiarazione dei diritti*, cit., p. 180. A obra de Del Vecchio contém uma ampla resenha de juízos sobre a Declaração, ainda hoje de consulta útil.

34. Hegel escreve que, enquanto essas duas categorias (liberdade e igualdade) forem mantidas na forma da abstratividade, como é o caso quando são consideradas como direitos naturais anteriores ao Estado, "são precisamente elas que não deixam surgir ou então destroem a concretitude, ou seja, a organização do Estado, uma Constituição e, de modo geral, um governo". Note-se que essas afirmações aparecem como adendo ao parágrafo no qual Hegel define o Estado como "totalidade organizada", e a Constituição como "organização do poder do Estado". Trata-se, como se pode ver, de uma concepção nitidamente anti-individualista (e, por isso mesmo, também anticontratualista) do Estado. Sobre isso, detive-me mais detalhadamente no ensaio "La costituzione in Hegel", in *Studi hegeliani*, Turim, Einaudi, 1981, pp. 69-83 [ed. brasileira: "A Constituição em Hegel", in *Estudos sobre Hegel*, São Paulo, Editora da Unesp/Brasiliense, 1989, pp. 95-110].

35. Essa crítica à crítica da abstratividade já havia sido feita por P. Janet, na Introdução à 3ª edição de sua célebre *Histoire de la seience politique dans ses rapports avec la morale*, Paris, 1887, intitulada "Les Déclarations de droits en Amérique et en France", tendo sido retomada várias vezes. Entre outros, por G. De Ruggiero, *Storia del liberalismo europeo*, 2ª ed., Bari, Laterza, p. 72: "O tom da Declaração é aparentemente abstrato; mas quem examinar com olhos de historiador as liberdades singulares elencadas perceberá facilmente que cada uma delas representa uma antítese polêmica contra um aspecto determinado da sociedade e do Estado daquela época."

36. A. de Tocqueville, *L'Aneien Régime et Ia révolution*, cit., p. 89. Essa afirmação de Tocqueville parece fazer eco ao hino que Paine elevara à Revolução quando escreveu que o cenário surgido no mundo com a Revolução Francesa era "tão novo e inigualável" que o nome de revolução parecia diminuí-lo; ele mereceria, bem mais, o nome de "regeneração do homem" (*I diritti dell'uomo*, cit., p. 189).

37. K. Marx, "La questione ebraica", in *Scritti politici giovanili*, Turim, Einaudi, 1970, p. 377 [ed. brasileira: *A questão judaica*, Rio de Janeiro, Laemmert, 1972]. A crítica ao individualismo (entendido num sentido negativo) da Declaração não é só de Marx, mas é um lugar-comum da historiografia de esquerda (e, de um ponto de vista oposto, mas com igual resultado,

102 A ERA DOS DIREITOS

também da extrema-direita). Em *La gauche et la révolution au milieu du* XIXe *siècle* (Paris, Hacerre, 1986), F. Furet recorda que, para Buchez (autor de uma *Histoire parlamentaire de la Révolution française*, 1834-1848), os direitos do homem foram o grande erro da Revolução, já que esses princípios seriam ineptos para construir uma comunidade, na medida em que se referem aos indivíduos definidos em suas esferas particulares (pp. 16 e 19).

38. Aristóteles, *Política*, 1275 a.

39. Para uma ampla antologia das cartas de direitos anteriores e posteriores à Revolução Francesa, cf. *Derecho positivo de los derechos naturales*, ed. por G. Peces-Barba, diretor de los derechos naturales, ed. por G. Peces-Barba, diretor do Instituto de Derechos Humanos de Madri, Madri, Editorial Debate, 1987.

40. Detive-me mais amplamente sobre esse tema em "La democrazia dei moderni paragonata a quella degli antichi (e a quella dei posteri)", in *Teoria politica*, III, n° 3, pp. 3-17.

41. Extraio essas citações de S. Lukes, *Individualism*, Oxford, Blackwell, 1985, pp. 3-5. Esse livro é uma útil coletânea de materiais para quem deseja ter uma informação geral sobre o tema do individualismo, do qual o autor distingue diversos aspectos (político, econômico, religioso, ético, etc.), enquanto contraposto ao holismo.

42. Sobre o tema dos direitos humanos do ponto de vista internacionalista, cf. o recente volume de A. Cassese, *I diritti umani nel mondo contemporaneo*, Bari, Laterza, 1988.

43. I. Kant, *Per la pace perpetua*, ed. por N. Merker, com introdução de N. Bobbio, Roma, Editori Riuniti, 1985, p. 19. Cf. M. Sena, *Etica e cosmopolitismo in Kant*, Nápoles, Parallelo 38, 1976, que chama a atenção para uma passagem da *Antropologia filosófica* de Kant, na qual o cosmopolitismo é considerado como o supremo princípio regulador do gênero humano (p. 270). Sob esse aspecto, o texto fundamental de Kant é "Idea di una storia universale dal punto di vista cosmopolitico" (1874), in *Scritti politici*, cit., pp. 129-139. Sobre esse tema, remeto às considerações de D. Archibugi, "Le utopie della pace perpetua", in *Lettera internazionale*, V, n° 22, outono de 1989, pp. 55-60, que ressaltam particularmente a novidade do "direito cosmopolita" de Kant.

44. I. Kant, "Se il genere umano sia in costante progresso verso il meglio", in *Scritti politici*, cit., p. 222.

A HERANÇA DA GRANDE REVOLUÇÃO

COM A REVOLUÇÃO FRANCESA, entrou prepotentemente na imaginação dos homens a ideia de um evento político extraordinário que, rompendo a continuidade do curso histórico, assinala o fim último de uma época e o princípio primeiro de outra. Duas datas, muito próximas entre si, podem ser elevadas a símbolos desses dois momentos: 4 de agosto de 1789, quando a renúncia dos nobres aos seus privilégios assinala o fim do regime feudal; 26 de agosto, quando a aprovação da Declaração dos Direitos do Homem marca o princípio de uma nova era. Não vale a pena sublinhar, por ser muito evidente, o fato de que uma coisa é o símbolo e outra é a realidade dos eventos gradativamente examinados por historiadores cada vez mais exigentes. Mas a força do símbolo — e refiro-me, em particular, ao tema do meu discurso — não desapareceu com o passar dos anos.

Com efeito, a declaração de 26 de agosto fora precedida, alguns anos antes, pelas declarações de direitos, pelos *Bill of Rights*, de algumas colônias norte-americanas em luta contra a metrópole. A comparação entre as duas revoluções e as respectivas enunciações de direitos é um tema ritual, que compreende tanto um juízo de fato sobre a relação entre os dois eventos, quanto um juízo de valor sobre a superioridade moral e política de um em relação ao outro. No que se refere às duas revoluções, a diversidade é de tal ordem que muitas argumentações sobre as afinidades e diferenças entre elas aparecem frequentemente como meros exercícios acadêmicos; e, pior ainda, as disputas sobre a superioridade de uma sobre a outra revelam um condicionamento demasiadamente ideológico para que possam ser levadas muito a sério. Não se pode comparar com proveito uma guerra de independência (uma guerra de libertação, como diríamos hoje) de um povo que se propõe ter uma Constituição política construída à imagem e semelhança daquela da metrópole (a república presidencialista, como se sabe, tem como exemplo o modelo da monarquia constitucional), por um lado, e, por outro, a derrubada de um regime político e de uma ordem social que se queria ver substituída por uma ordem completamente diferente, seja no que se refere à relação entre governantes e governados, seja no que se refere à dominação de classe. Mais sensata, ou menos arbitrária, é — ao contrário — a comparação entre as duas declarações, contanto que essa comparação não mais seja posta em termos peremptórios, como ocorreu no fim do século, no confronto entre o grande jurista Georg Jellinek, que afirmava com riqueza de detalhes que a declaração francesa derivava das americanas, e Émile Boutmy, que de modo igualmente detalhado contestou Jellinek, afirmando, entre outras coisas, que os constituintes franceses tinham um escasso conhecimento dos precedentes de além-mar, fazendo assim uma afirmação desmentida pelos fatos.

Que "o exemplo americano tenha desempenhado um papel decisivo na elaboração da declaração francesa" foi algo recentemente afirmado, mais uma vez, pelo autor do amplo verbete sobre os "Direitos do homem" do *Dictionnaire critique de la Révolution française*, publicado há pouco tempo. Mas é necessário, preliminarmente, distinguir entre o conteúdo da declaração, por um lado, e a própria ideia de uma declaração como algo que devia preceder a Constituição, por outro. Quanto ao conteúdo, pode-se discutir; quanto à ideia, a influência determinante da declaração americana é algo indiscutível. O primeiro a apresentar um projeto de declaração foi La Fayette, herói da independência americana, com um texto elaborado "sob o olhar e com os conselhos" de Jefferson, então embaixador dos Estados Unidos em Paris. Os constituintes não só conhecem o modelo americano, mas também — como observa Gouchet — posicionam-se em face do projeto de declaração segundo o que pensam das declarações anteriores. Um "monarchien", intendente de finanças da Baixa Auvergne, Pierre Victor Malouet, justifica o seu parecer contrário dizendo que, enquanto um povo novo (como o americano) estava disposto a receber "a liberdade em toda a sua energia", um povo como o francês, composto por uma multidão imensa de súditos sem propriedade, esperava do governo "mais a segurança do trabalho, que os torna independentes, do que a liberdade".

Com relação ao conteúdo dos dois textos, apesar das diferenças muitas vezes assinaladas — a mais evidente das quais é a referência da declaração francesa à "vontade geral" como titular do poder legislativo (art. 6º), de nítida derivação rousseauísta —, não se pode deixar de reconhecer que ambos têm sua origem comum na tradição do direito natural, a qual, em minha opinião, é bem mais determinante, mesmo na declaração francesa, do que a tradição do autor do *Contrato social*. O ponto de partida comum é a afirmação de que o homem tem direitos naturais que, enquanto naturais, são anteriores à instituição do poder civil e, por conseguinte, devem ser reconhecidos, respeitados e protegidos por esse poder. O art. 2º os define como "imprescritíveis", querendo com isso dizer que — à diferença dos direitos surgidos historicamente e reconhecidos pelas leis civis — não foram perdidos nem mesmo pelos povos que não os exerceram durante um longo período de tempo, *ab imemorabili*. O primeiro crítico severo da Revolução Francesa, Edmund Burke, afirmará — tão logo chegam à Inglaterra as notícias da sublevação parisiense — a célebre tese da prescrição histórica, segundo a qual os direitos dos ingleses recebem sua força não do fato de serem naturais, mas de se terem afirmado através de um hábito de liberdade, desconhecido pela maior parte dos demais povos. Ao contrário da teoria da prescrição histórica, a tese da imprescritibilidade tem — consciente e intencionalmente — um valor revolucionário.

De modo geral, a afirmação de que o homem enquanto tal, fora e antes da formação de qualquer grupo social, tem direitos originários representa uma verdadeira reviravolta tanto na teoria quanto na prática políticas, reviravolta que merece ser brevemente comentada.

A relação política — ou a relação entre governantes e governados, entre dominantes e dominados, entre príncipe e povo, entre soberano e súditos, entre Estado e cidadãos — é uma relação de poder que pode assumir três direções, conforme seja considerada como relação de poder recíproco, como poder do primeiro dos dois sujeitos sobre o segundo, ou como poder do segundo sobre o primeiro. Tradicionalmente, tanto no pensamento político clássico quanto naquele que predominou na Idade Média, a relação política foi considerada como uma relação desigual, na qual um dos dois sujeitos da relação está no alto enquanto o outro está embaixo; e na qual o que está no alto é o governante em relação ao governado, o dominante em relação ao dominado, o príncipe em relação ao povo, o soberano em relação aos súditos, o Estado em relação aos cidadãos. Nos termos da linguagem política, a *potestas* vem antes da *libertas*, no sentido de que a esfera da liberdade reservada aos indivíduos é concedida magnanimamente pelos detentores do poder. Em termos hobbesianos, a *lex* — entendida como o mandamento do soberano — vem antes do *ius*, no sentido de que o *ius*, ou o direito do indivíduo, coincide pura e simplesmente com o *silentium legis*. É doutrina jurídica tradicional a de que o direito público pode regular o direito privado, ao passo que o direito privado não pode derrogar o direito público.

A figuração do poder político ocorreu através de metáforas que iluminam bem esse ponto de vista: se o governante é o pastor (que se recorde a polêmica entre Sócrates e Trasímaco sobre esse tema), os governados são o rebanho (a oposição entre a moral dos senhores e a moral do rebanho chega até Nietzsche); se o governante é o timoneiro, ou *gubernator*, o povo é a chusma que deve obedecer, e que, quando não obedece e se rebela, acreditando poder dispensar a experiente direção do comandante (como se lê numa passagem de *A república* de Platão), faz com que a nave vá necessariamente a pique; se o governante é o pai (a figuração do Estado como uma família ampliada, e, portanto, do soberano como pai do seu povo, é uma das mais comuns em toda a literatura política, antiga e moderna), os súditos são comparados aos filhos que devem obedecer às ordens do pai, porque ainda não alcançaram a idade da razão e não podem regular por si mesmos suas ações. Das três metáforas, a última é a mais difícil de morrer. Recordemos a dura crítica de Locke contra o *Patriarcha* de Filmer, para quem o poder de governar deriva diretamente dos antigos patriarcas, assim como a crítica de longo alcance que Kant dirigiu contra o Estado paternalista, o qual considera os súditos como menores que devem ser guiados, independentemente de sua vontade, para uma vida sadia, próspera, boa e feliz. Mas tanto Locke quanto Kant são jusnaturalistas, ou seja, ambos são pensadores que já haviam efetuado aquela inversão de perspectiva, para usar uma famosa expressão do próprio Kant, ainda que usada por ele num outro contexto, aquela "revolução copernicana" que faz com que a relação política seja considerada não mais *ex parte principis*, mas sim *ex parte civium*.

Para que pudesse ocorrer essa inversão de ponto de vista, da qual nasce o pensamento político moderno, era necessário que se abandonasse a teoria tradicional, que em outro local chamei de "modelo aristotélico", segundo a qual o homem é um animal político que nasce num grupo social, a família, e aperfeiçoa sua própria natureza naquele grupo social maior, autossuficiente por si mesmo, que é a *pólis*; e, ao mesmo tempo, era necessário que se considerasse (embora através de uma hipótese racional que não levava em conta, intencionalmente, a origem histórica das sociedades humanas) o indivíduo em si mesmo, fora de qualquer vínculo social e (com maior razão) político, num estado, como o estado de natureza, no qual não se constitui ainda nenhum poder superior aos indivíduos e não existem leis positivas que imponham esta ou aquela ação, sendo portanto um estado de liberdade e igualdade perfeitas, ainda que hipotéticas. Era necessário que se tomasse como pressuposto a existência de um estado anterior a toda forma organizada de sociedade, um estado originário, o qual, precisamente por esse seu caráter originário, devia ser considerado como o lugar de nascimento e o fundamento do estado civil, não mais um estado natural (como a família ou outro grupo social), mas artificial, consciente e intencionalmente construído pela união voluntária dos indivíduos naturais.

Em síntese: enquanto os indivíduos eram considerados como sendo originariamente membros de um grupo social natural, como a família (que era um grupo organizado hierarquicamente), não nasciam nem livres, já que eram submetidos à autoridade paterna, nem iguais, já que a relação entre pai e filho é a relação de um superior com um inferior. Somente formulando a hipótese de um estado originário sem sociedade nem Estado, no qual os homens vivem sem outras leis além das leis naturais (que não são impostas por uma autoridade externa, mas obedecidas em consciência), é que se pode sustentar o corajoso princípio contraintuitivo e claramente anti-histórico de que os homens nascem livres e iguais, como se lê nas palavras que abrem solenemente a declaração: "Os homens nascem e permanecem livres e iguais em direitos." Essas palavras serão repetidas tais e quais, literalmente, um século e meio depois, no art. 1º da Declaração Universal dos Direitos do Homem: "Todos os homens nascem livres e iguais em dignidade e direitos." Na realidade, os homens não nascem nem livres nem iguais. Que os homens nasçam livres e iguais é uma exigência da razão, não uma constatação de fato ou um dado histórico. É uma hipótese que permite inverter radicalmente a concepção tradicional, segundo a qual o poder político — o poder sobre os homens chamado de *imperium* — procede de cima para baixo e não vice-versa. De acordo com o próprio Locke, essa hipótese devia servir para "entender bem o poder político e derivá-lo de sua origem". E tratava-se, claramente, de uma origem não histórica e sim ideal.

O modo pelo qual se chegou a essa inversão de perspectiva é algo que pode ser indicado apenas em linhas muito gerais, e sobre o qual, talvez, possamos mais conjerurar do que ilustrar de modo exaustivo. Tratar-se-ia de nada menos do que de dar conta do nascimento da concepção individualista da sociedade e da história, que é a antítese radical da concepção organicista, segundo a qual — para repetir uma afirmação de Aristóteles que será retomada por Hegel — o todo (a sociedade) é anterior às suas partes. Invertendo essa relação entre o todo e as partes, a concepção individualista da sociedade e da história afirma que primeiro vem o indivíduo, não o indivíduo para a sociedade. Também esse princípio se encontra solenemente afirmado na Declaração, em seu art. 2º, onde se enunciam os quatro direitos naturais que o homem possui originariamente, e se afirma textualmente que "a finalidade de toda associação política é a conservação" desses direitos. Numa concepção orgânica da sociedade, a finalidade da organização política é a conservação do todo. Nela não haveria lugar para direitos que não só a precederiam, mas que até mesmo pretenderiam manter-se fora dela, ou melhor, submetê-la às suas próprias exigências. A própria expressão "associação política" é totalmente estranha à linguagem do organicismo: diz-se "associação" de uma formação social voluntária, derivada de uma convenção. Embora a expressão "contrato social" não apareça na Declaração, a palavra "associação" o pressupõe. Numa concepção orgânica da sociedade, as partes estão em função do todo; numa concepção individualista, o todo é o resultado da livre vontade das partes.

Nunca será suficientemente sublinhada a importância histórica dessa inversão. Da concepção individualista da sociedade, nasce a democracia moderna (a democracia no sentido moderno da palavra), que deve ser corretamente definida não como o faziam os antigos, isto é, como o "poder do povo", e sim como o poder dos indivíduos tomados um a um, de todos os indivíduos que compõem uma sociedade regida por algumas regras essenciais, entre as quais uma fundamental, a que atribui a cada um, do mesmo modo como a todos os outros, o direito de participar livremente na tomada das decisões coletivas, ou seja, das decisões que obrigam toda a coletividade.

A democracia moderna repousa na soberania não do povo, mas dos cidadãos. O povo é uma abstração, que foi frequentemente utilizada para encobrir realidades muito diversas. Foi dito que, depois do nazismo, a palavra *Volk* tornou-se impronunciável. E quem não se lembra que o órgão oficial do regime fascista se chama *Il Popolo d'Italia?* Não gostaria de ser mal-entendido, mas até mesmo a palavra "peuple", depois do abuso que dela se fez durante a Revolução Francesa, tornou-se suspeita: o povo de Paris derruba a Bastilha, promove os massacres de setembro, julga e executa o rei. Mas o que esse "povo" tem a ver com os cidadãos de uma democracia contemporânea? O mesmo equívoco se ocultava no conceito de *populus romanus,* ou de povo das cidades medievais, que impunha, entre outras coisas, a distinção entre povo graúdo e povo miúdo. À medida que a democracia real se foi desenvolvendo, a palavra "povo" tornou-se cada vez mais vazia e retórica, embora também a Constituição italiana enuncie o princípio de que "a soberania pertence ao povo". Numa democracia moderna, quem toma as decisões coletivas, direta ou indiretamente, são sempre e somente os cidadãos *uti singuli*, no momento em que depositam o seu voto na urna. Não é um corpo coletivo. Se não fosse assim, não teria nenhuma justificação a regra da maioria, que é a regra fundamental do governo democrático. A maioria é o resultado da soma aritmética, onde o que se somam são os votos de indivíduos singulares, precisamente daqueles indivíduos que a ficção de um estado de natureza pré-político permitiu conceber como dotados de direitos originários, entre os quais o de determinar — mediante sua livre vontade própria — as leis que lhes dizem respeito.

Se a concepção individualista da sociedade for eliminada, não será mais possível justificar a democracia como uma boa forma de governo. Todas as doutrinas reacionárias passaram através das várias concepções anti-individualistas. Pode-se ler em Edmundo Burke: "Os indivíduos desaparecem como sombras; somente a comunidade é fixa e estável." De Maistre declarou peremptoriamente: "Submeter o governo à discussão individual significa destruí-lo." O primeiro Lamennais reafirmava: "O individualismo, destruindo a ideia do dever e da obediência, destrói o poder e a lei." Ao contrário, não há nenhuma Constituição democrática que não pressuponha a existência de direitos individuais, ou seja, que não parta da ideia de que primeiro vem a liberdade dos cidadãos singularmente considerados, e só depois o poder do governo, que os cidadãos constituem e controlam através de suas liberdades.

O debate para a elaboração da Declaração, na Assembleia nacional, durou quinze dias, de 11 a 26 de agosto. Foram apresentados vários projetos, um depois do outro; para coordená-los, foi nomeada, em 12 de agosto, uma comissão de cinco membros. Depois de três dias, Mirabeau — em nome da comissão — apresentou uma redação com dezenove artigos, a partir de vinte projetos diferentes. Em 18 de agosto, teve lugar uma forte contestação. Esse primeiro texto foi deixado de lado, sendo adotado o projeto anônimo elaborado pelo Sexto Grupo da Assembleia. Depois de outros incidentes de percurso, que tornaram a discussão difícil e caótica, o debate sobre os artigos singulares travou-se entre 20 e 26 de agosto. Os 24 artigos foram paulatinamente reduzidos a 17, o último dos quais — o que fala da propriedade sagrada e inviolável — foi aprovado no dia 26.

Os problemas a resolver previamente eram três: 1) se era ou não oportuna uma Declaração; 2) se, reconhecida sua oportunidade, ela devia ser promulgada isoladamente ou como preâmbulo à Constituição, caso em que deveria ser adiada; 3) se, uma vez acolhida a ideia de sua promulgação independente, ela deveria ou não ser acompanhada, como o próprio

Abbé Gregoire exigia, por uma declaração dos deveres. Predominou a opinião intermediária. E foi a escolha justa. A Declaração, aprovada como texto independente, destacado da futura constituição, terá sua vida autônoma e — apesar de tudo, é preciso reconhecê-lo — gloriosa. Passará à história com a denominação retumbante (no bem como no mal) de "princípios de 1789".

Os constituintes estavam bem conscientes de realizarem um ato historicamente relevante, como resulta do preâmbulo que precede a enunciação dos artigos. Nele, a necessidade da declaração é fundamentada com o argumento de que "o esquecimento e o desprezo dos direitos do homem são as únicas causas das desgraças públicas e da corrupção dos governos". O artigo fundamental é o segundo, no qual são enunciados os seguintes direitos: à liberdade, à propriedade, à segurança e à resistência à opressão.

A Declaração foi repetidamente submetida a críticas formais e substanciais. Quanto às primeiras, não lhes foi difícil descobrir contradições e lacunas. Logo de início, podemos ver que, dos quatro direitos enunciados, somente o primeiro, o direito à liberdade, é definido, mas só no art. 3º, como "o poder de fazer tudo o que não prejudique os outros", de onde deriva a regra do artigo seguinte, segundo a qual "a lei tem o direito de proibir somente as ações nocivas à sociedade". No art. 5º, ao contrário, a liberdade é definida implicitamente como o direito de fazer tudo o que não é nem proibido nem ordenado, definição bem mais clássica, na qual a liberdade é entendida negativa como "silentium legis", ou seja, como o espaço deixado livre pela ausência de leis imperativas, negativas ou positivas. Essa segunda definição, diferentemente da primeira, é implícita, já que o texto se limita a dizer, de modo tortuoso, que "tudo o que não é proibido pela lei não pode ser impedido e ninguém pode ser obrigado a fazer o que a lei não ordena". As duas definições divergem: enquanto a primeira define a liberdade de um indivíduo em relação aos outros indivíduos, a segunda define a liberdade dos indivíduos em relação ao poder do Estado. A primeira é limitada pelo direito dos outros a não serem prejudicados, refletindo o clássico "principium iuris" do "neminem laedere"; a segunda tem em vista, exclusivamente, o possível excesso de poder por parte do Estado. Na realidade, a primeira — mais do que uma definição da liberdade — é uma definição da violação do direito; a segunda é uma definição da liberdade, mas somente da liberdade negativa. A liberdade positiva, ou a liberdade como autonomia, é definida implicitamente no art. 6º, onde se diz que, sendo a lei expressão da vontade geral, "todos os cidadãos têm o direito de concorrer, pessoalmente ou através de seus representantes, para a formação da lei".

A propriedade não precisava ser definida: a ela se refere apenas o último artigo, que estabelece um princípio geral de direito absolutamente óbvio, o de que a propriedade, sendo um direito sagrado e inviolável, não pode ser limitada a não ser por razões de utilidade pública. A segurança não é definida, mas será definida no art. 8º da Constituição de 1793. Os temas relativos à segurança são enfrentados nos artigos 7º, 8º, 9º e 10º que resumem os princípios gerais relativos à liberdade pessoal, ou *habeas corpus*. A liberdade pessoal é, historicamente, o primeiro dos direitos a ser reclamado pelos súditos de um Estado e a obter proteção, o que ocorre desde a *Magna Charta*, considerada geralmente como o antepassado dos *Bill of Rights*. Mas é preciso distinguir entre a liberdade pessoal e os outros direitos naturais: a primeira é o fundamento do Estado de direito, que se baseia no princípio da "rule of law", ao passo que os segundos são o pressuposto do Estado liberal, ou seja, do Estado limitado. O alvo da primeira é o poder arbitrário; o da segunda, o poder absoluto. O fato de que o poder tenda a ser arbitrário quando se amplia o seu caráter absoluto não significa que um e outro ponham o mesmo problema quando se trata de escolher os meios para combatê-los. O reconhecimento gradual das liberdades civis, para não falar da liberdade política, é uma conquista posterior à proteção da liberdade pessoal. Quando muito, pode-se dizer que a proteção da liberdade pessoal veio depois do direito de propriedade. A esfera da propriedade foi sempre mais protegida do que a esfera da pessoa. Não seria necessária uma norma da Declaração para proclamar a propriedade como direito sagrado e inviolável. Mesmo nos Estados absolutos, a segurança da propriedade foi sempre maior do que a segurança das pessoas. Um dos grandes temas dos "philosophes" foi a reforma do direito penal, ou seja, do direito do qual depende a maior ou menor liberdade da pessoa.

Além da liberdade pessoal, a Declaração contempla, no art. 9º, muito contestado, a liberdade religiosa, e, no art. 10, a liberdade de opinião e de imprensa. Não são previstas nem a liberdade de reunião, nem menos ainda a de associação, que é a última liberdade a ser conquistada, aquela de onde nasceu a sociedade pluralista das modernas democracias. Dois artigos se referem aos direitos e deveres fiscais. O art. 16 proclama o estranho princípio segundo o qual uma sociedade que não assegura a garantia dos direitos e na qual a separação de poderes não é determinada não tem uma Constituição: aqui, a inspiração do célebre capítulo do *Esprit des lois* sobre a liberdade dos ingleses é evidente. Isso não anula o fato de que a afirmação é, teórica e historicamente, insensata: confunde "Constituição" com "boa Constituição", ou melhor, com a Constituição considerada boa em determinado contexto histórico. (Mas também Aristóteles chamara de "politeia" , ou seja, de "Constituição", a melhor forma de governo.)

Cabe ainda dizer algo sobre o direito de resistência, que havia sido apresentado, em muitos dos projetos de declaração, como uma coisa óbvia. Mas era tão pouco óbvia, de resto, que o art. 7º afirma que todo cidadão "appelé ou saisi" com base na lei deve obedecer imediatamente ou se torna culpado de "resistência". Na realidade, o direito de resistência é um direito — se é que ainda se pode corretamente chamá-lo de direito — diferente dos demais: é um direito não primário, mas secundário, cujo exercício ocorre apenas quando os direitos primários (ou seja, os direitos de liberdade, de propriedade e de segurança) forem violados. O indivíduo recorre ao direito de resistência como *extrema ratio*, em última instância, para se proteger contra a falta de proteção dos direitos primários; portanto, ele não pode, por sua vez, ser tutelado, mas deve ser exercido com riscos e perigos para quem o reivindica. Falando rigorosamente, nenhum governo pode garantir o exercício de um direito que se manifesta precisamente no momento em que a autoridade do governo desaparece, e se instaura, entre Estado e cidadão, não mais uma relação de direito, e sim uma relação de fato, na qual vigora o direito do mais forte. Os constituintes haviam tomado plena consciência da contradição. Mas, como explica Georges Lefebvre, a inserção do direito de resistência entre os direitos naturais devia-se ao temor de um novo assalto aristocrático e, portanto, não era mais do que a justificação póstuma da derrubada do Antigo Regime.

As críticas substanciais a que foram submetidos os direitos naturais são bem mais graves do que as formais. Essas críticas são de dois tipos. Umas se referem à insignificância, ou vacuidade, ou superficialidade desses direitos, por causa de sua abstratividade e pretensa universalidade. Uma das mais duras sentenças de condenação veio imediatamente do primeiro adversário da Revolução, Edmund Burke: "Nós não nos deixamos esvaziar de nossos sentimentos para nos encher artificialmente, como pássaros embalsamados num museu, de palha, de cinzas e de insípidos fragmentos de papel exaltando os direitos do homem." Taine lhe fará eco um século depois: os artigos da Declaração "não são mais do que dogmas abstratos, definições metafísicas, axiomas mais ou menos literários, ou seja, mais ou menos falsos, ora vagos, ora contraditórios, suscetíveis de vários significados opostos."

Paradoxalmente, a crítica que foi dirigida à Declaração por Marx e por toda a tradição do marxismo teórico foi de característica exatamente inversa: os artigos que elevam certas liberdades (e não outras) a direitos naturais, além de exaltar a propriedade como sagrada e inviolável, não são excessivamente abstratos, e sim excessivamente concretos, expressão claramente ideológica não de princípios universais, mas dos interesses de uma determinada classe, a burguesia, que se preparava para substituir a classe feudal no domínio da sociedade e do Estado.

Ambas as críticas não foram e não podiam ir muito longe. Aqueles direitos podem parecer abstratos em sua formulação; mas, na realidade, como desde o início disse Mirabeau, deviam ser interpretados, cada um deles, como um concretíssimo ato de guerra contra antigos, e agora não mais toleráveis, abusos de poder. Suas observações ecoaram, mais de um século depois, em Salvemini: "Decerto, abstrata e metafísica é a primeira das Declarações; e é bastante discutível que se possa falar de 'direitos naturais' do homem (...). Mas é preciso observar bem e não perder de vista o espírito da Declaração, se quer evitar uma crítica pedante e limitada à sua letra. Cada um daqueles direitos (...) significava, naquele momento, a abolição de uma série de abusos intoleráveis, correspondendo a uma urgente necessidade da nação." Também a crítica marxista não captava o aspecto essencial da proclamação dos direitos: eles eram expressão da exigência de limites ao superpoder do Estado, uma exigência que, se no momento em que foi feita podia beneficiar a classe burguesa, conservava um valor universal. Basta ler o primeiro dos artigos que se referem à liberdade pessoal: "Ninguém pode ser acusado, preso e detido senão nos casos determinados pela lei, etc." (é o artigo que consagra o princípio do "garantismo", "nulla poena sine lege"); depois, pode-se meditar sobre o que ocorreu nos países em que são (ou ainda são) evidentes as funestas consequências do desprezo por tais princípios, já que o questionamento de sua universalidade atinge indiscriminadamente tanto os burgueses quanto os proletários.

A outra crítica — bem mais radical, e também mais séria — refere-se ao fundamento filosófico daquele documento, que parte da premissa de que existem direitos naturais. Mas será que existem esses direitos? A afirmação dos mesmos é a direta consequência do domínio do pensamento jusnaturalista, que durou dois séculos, de Grócio a Kant. Contudo, todas as principais correntes filosóficas do século XIX, ainda que a partir de diferentes pontos de vista e com diversas motivações, empreenderam um ataque contra o jusnaturalismo; elas têm, como ponto de partida, a refutação do direito natural, e, como ponto de chegada, a busca de um fundamento para o direito diverso daquele que o põe na natureza originária do homem.

A primeira dura crítica filosófica (e não mais apenas política) dos direitos naturais, tal como brotaram da cabeça dos constituintes franceses, foi feita em nome do utilitarismo e pode ser lida nas *Anarchical Fallacies*, de Bentham: trata-se de uma feroz demolição dessa fantasiosa invenção de direitos que jamais existiram, já que o direito — para Bentham — é produto da autoridade do Estado. "Non veritas sed auctoritas facit legem." Mas a autoridade de que fala Bentham não é um poder arbitrário; existe um critério objetivo para limitar (e, portanto, controlar) a autoridade, a saber, o princípio da utilidade, que já Beccaria, a quem Bentham apela, expressara na fórmula "a felicidade do maior número". Não menos contrário a admitir direitos naturais é o historicismo, seja na versão mais estritamente jurídica da Escola Histórica do Direito, que deriva o direito do Espírito do Povo, de cada povo, razão por que cada povo teria o seu direito, sendo a ideia de um direito universal uma contradição em termos; ou seja na versão filosófica de Hegel (que era, contudo, adversário da Escola Histórica no que se referia à necessidade de uma codificação na Alemanha), para quem liberdade e igualdade não são algo dado por natureza, mas são, ao contrário, "um produto e um resultado da consciência histórica", que não devem permanecer sob formas abstratas, já que "são precisamente essas que não deixam surgir ou destroem a concreticidade, ou seja, a organização do Estado, uma Constituição e um governo em geral".

A negação do direito natural, finalmente, encontra sua mais radical expressão no positivismo jurídico, que é a doutrina dominante entre os juristas desde a primeira metade do século passado até o fim da Segunda Guerra Mundial; concordam com essa doutrina, diga-se de passagem, os dois maiores juristas alemães da primeira metade do século, embora eles sejam habitualmente considerados como representantes de duas visões antitéticas do direito e da política, Hans Kelsen e Carl Schmitt. Para o positivismo jurídico, os supostos direitos naturais não são mais do que direitos públicos subjetivos, "direitos reflexos" do poder do Estado, que não constituem um limite ao poder do Estado, anterior ao nascimento do próprio Estado, mas são uma consequência — pelo menos na conhecida e célebre doutrina de Jellinek — da limitação que o Estado impõe a si mesmo.

Não há dúvida de que o antijusnaturalismo prolongado, pluriargumentado e repetido deixou marcas. Dificilmente se poderia hoje sustentar, sem revisões teóricas ou concessões práticas, a doutrina dos direitos naturais tal como foi sustentada nos séculos passados. Pode-se muito bem afirmar que não existe outro direito além do direito positivo, sem por isso rechaçar a exigência da qual nasceram as doutrinas dos direitos naturais, que expressam de modo variado exigências de correção, de complementação e de mudança do direito positivo. Essas exigências ganham uma força particular quando são apresentadas como "direitos", embora não sejam direitos no sentido próprio da palavra, ou seja, no sentido em que, por "direito", os juristas entendem uma pretensão garantida pela existência de um poder superior, capaz de obrigar pela força os recalcitrantes, ou seja, daquele poder comum que não existe no estado de natureza que os jusnaturalistas tomam como hipótese.

Por outro lado, apesar da crítica antijusnaturalista, as proclamações dos direitos do homem e do cidadão não só não desapareceram, mesmo na era do positivismo jurídico, como ainda continuaram a se enriquecer com exigências sempre novas, até chegarem a englobar os direitos sociais e a fragmentar o homem abstrato em todas as suas possíveis especificações, de homem e mulher, criança e velho, sadio e doente, dando lugar a uma proliferação de cartas de direitos que fazem parecer estreita e inteiramente inadequada a afirmação dos quatro direitos da Declaração de 1789.

Finalmente, as cartas de direito ampliaram o seu campo de validade dos Estados particulares para o sistema internacional. No Preâmbulo ao Estatuto das Nações Unidas, emanado depois da tragédia da Segunda Guerra Mundial, afirma-se que doravante deverão ser protegidos os direitos do homem fora e acima dos Estados particulares, "se se quer evitar que o homem seja obrigado, como última instância, a rebelar-se contra a tirania e a opressão". Três anos depois, foi solenemente aprovada a Declaração Universal dos Direitos do Homem, através da qual todos os homens da Terra, tornando-se idealmente sujeitos do direito internacional, adquiriram uma nova cidadania, a cidadania mundial, e, enquanto tais, tornaram-se potencialmente titulares do direito de exigir o respeito aos direitos fundamentais contra o seu próprio Estado. Naquele luminoso opúsculo que é *A paz perpétua*, Kant traça as linhas de um direito que vai além do direito público interno e do direito público externo, chamando-o de "direito cosmopolita". É o direito do futuro, que deveria regular não mais o direito entre Estados e súditos, não mais aquele entre os Estados particulares, mas o direito entre os cidadãos dos diversos Estados entre si, um direito que, para Kant, não é "uma representação fantástica de mentes exaltadas", mas uma das condições necessárias para a busca da paz perpétua, numa época da história em que "a violação do direito ocorrida num ponto da Terra é percebida em todos os outros pontos".

A Revolução Francesa foi exaltada e execrada, julgada ora como uma obra divina, ora como uma obra diabólica. Foi justificada ou não justificada de diferentes modos: justificada porque, apesar da violência que a acompanhou, teria transformado profundamente a sociedade europeia; não justificada porque um fim, mesmo bom, não santifica todos os meios, ou pior ainda, porque o próprio fim não era bom, ou finalmente, porque o fim teria sido bom, mas não foi alcançado. Mas, qualquer que seja o juízo sobre aqueles eventos, a Declaração dos Direitos continua a ser um marco fundamental. O próprio Furet — embora tenha contribuído, com seus estudos e com sua interpretação, para sugerir a ideia de que a Revolução já se esgotou há muito tempo — admite que "a manifestação mais espetacular da restituição do contrato social foi a Declaração dos Direitos do Homem", já que constitui "a base de um novo viver associado". Disso, de resto, tinham consciência os próprios protagonistas e os próprios contemporâneos. Em 8 de agosto, Dupont de Nemours disse: "Não se trata de uma Declaração dos Direitos destinada a durar um dia. Trata-se da lei sobre a qual se fundam as leis de nossa nação e das outras nações, de algo que deve durar até o fim dos séculos." No final de 1789, Pietro Verri escrevia na *Gazzeta di Milano:* "As ideias francesas servem de modelo para os outros homens. Enquanto os direitos dos homens estavam estabelecidos entre as montanhas dos Alpes, entre os pântanos dos Países Baixos e na ilha da Grã-Bretanha, esses sistemas pouca influência tiveram na maioria dos outros reinos. Agora, a luz foi colocada no coração da Europa; ela não pode (...) deixar de se espraiar sobre os outros governos."

Dissemos, no início, que a Declaração de 1789 foi precedida pela norte-americana. Uma indiscutível verdade. Mas foram os princípios de 1789 que constituíram, durante um século ou mais, a fonte ininterrupta de inspiração ideal para os povos que lutavam por sua liberdade e, ao mesmo tempo, o principal objeto de irrisão e desprezo por parte dos reacionários de todos os credos e facções, que escarneciam "a apologia das retumbantes *blagues* da Revolução Francesa; Justiça, Fraternidade, Igualdade, Liberdade". O significado histórico de 1789 não escapou a Tocqueville, embora ele tenha sido o primeiro grande historiador a refutar a imagem que a Revolução tivera de si mesma: "O tempo em que foi concebida a Declaração foi o tempo de juvenil entusiasmo, de orgulho, de paixões generosas e sinceras, tempo do qual, apesar de todos os erros, os homens iriam conservar eterna memória e que, por muito tempo ainda, perturbará o sono dos que querem subjugar ou corromper os homens."

Num dos muitos documentos contrarrevolucionários de Pio VI, contemporâneo dos eventos, chama-se de "direito monstruoso" o direito de liberdade de pensamento e de imprensa, "deduzido da igualdade e da liberdade de todos os homens", e se comenta: "Não se pode imaginar nada mais insensato do que estabelecer uma tal igualdade e uma tal liberdade entre nós." Cerca de dois séculos depois, numa mensagem ao secretário das Nações Unidas por ocasião do trigésimo aniversário da Declaração Universal, João Paulo II aproveitava a oportunidade para demonstrar "o seu constante interesse e solicitude 'pelos direitos humanos fundamentais, cuja expressão encontramos claramente formulada na mensagem do próprio Evangelho'". Que melhor prova poderíamos ter do caminho vitorioso realizado por aquele texto em sua secular história? No final desse caminho, parece agora ter ocorrido, para além dos insensatos e estéreis facciosismos, a reconciliação do pensamento cristão com uma das mais altas expressões do pensamento racionalista e laico.

KANT E A REVOLUÇÃO FRANCESA

Nos TEMPOS DE HOJE, quando a cega vontade de poder que dominou a história do mundo tem a seu serviço meios extraordinários para se impor, menos do que nunca a honra do douto pode ser separada de um renovado senso de responsabilidade, no duplo significado da palavra, para o qual ser responsável quer dizer, por um lado, levar em conta as consequências da própria ação, e, por outro, responder pelas próprias ações diante de nosso próximo. Em outras palavras: trata-se de evitar tanto a fuga na pura ética das boas intenções ("faça o que deve e que ocorra o que tiver de ocorrer") quanto o fechamento num esplêndido isolamento ("desprezo o som de tua harpa, que me impede de escutar a voz da justiça").

À medida que nossos conhecimentos se ampliaram (e continuam a se ampliar) com velocidade vertiginosa, a compreensão de quem somos e para onde vamos tornou-se cada vez mais difícil. Contudo, ao mesmo tempo, pela insólita magnitude das ameaças que pesam sobre nós, essa compreensão é cada vez mais necessária. Esse contraste entre a exigência incontornável de captar em sua globalidade o conjunto dos problemas que devem ser resolvidos para evitar catástrofes sem precedentes, por um lado, e, por outro, a crescente dificuldade de dar respostas sensatas a todas as questões que nos permitiriam alcançar aquela visão global, única a permitir um pacífico e feliz desenvolvimento da humanidade, esse contraste é um dos muitos paradoxos de nosso tempo, e, ao mesmo tempo, uma das razões das angústias em que se encontra o estudioso, ao qual é confiado, de modo eminente, o exercício da inteligência esclarecedora, bem como o empenho em não deixar irrealizada nenhuma tentativa para acolher o desafio posto à razão pelas paixões incontroladas e pelo mortal conflito dos interesses.

No final dos meus últimos discursos, acreditei poder expressar esse "mal-estar" do homem de razão (permitam-me não usar a palavra "intelectual", agora desgastada pelo longo uso nem sempre correto, que lhe atribuiu excessivas vezes a tarefa presunçosa e inexequível de encontrar o fio de Ariadne para sair do labirinto) referindo-me à ambiguidade da história.[1] A história foi sempre ambígua, apesar das aparências, já que deu sempre respostas diversas conforme quem a interrogava e as circunstâncias em que o fazia. Mas hoje, depois do esgotamento da ideia de progresso — o crepúsculo de um mito, como foi dito —, a ambiguidade é maior do que nunca. Duas interpretações opostas dominaram no século passado: a interpretação triunfal hegeliana, segundo a qual a história é a realização progressiva da ideia de liberdade (hegeliana mas, podemos tranquilamente acrescentar, também marxiana: a história como passagem do reino da necessidade ao reino da liberdade); e a interpretação nietzschiana, segundo a qual a humanidade se dirige para a era do niilismo. Pois bem: ninguém gostaria hoje, nem mesmo consideraria de alguma utilidade, de se aventurar a prever, ou mesmo de ter de apostar, em qual das duas está destinada a se verificar. O mundo dos homens dirige-se para a paz universal, como Kant havia previsto, ou para a guerra exterminadora, para a qual foi cunhada, em oposição a pacifismo, um dos ideais do século que acreditava no progresso, a palavra "exterminismo"? Dirige-se para o reino da liberdade, através de um movimento constante e cada vez mais amplo de emancipação (dos indivíduos, das classes, dos povos), ou para o reino do Grande Irmão, descrito por Orwell?

De modo mais geral: tem ainda algum sentido propor o problema do sentido da história? Propor o problema do sentido da história significa considerar que existe uma intencionalidade no movimento da história, entendida precisamente como direção consciente para um objetivo. E só é possível dar uma resposta a essa questão do objetivo da história buscando um projeto preestabelecido, a ser atribuído a um sujeito coletivo, seja ele a Providência, a Razão, a Natureza, o Espírito Universal. Mas será que hoje, no âmbito de um pensamento fragmentado como o que caracteriza a filosofia contemporânea, tão desconfiada diante das idéias gerais, tão temerosa (a meu ver, corretamente) de se comprometer com visões excessivamente gerais, alguém pode crer ainda num sujeito universal? Essa crença, por outro lado, não passaria de uma das várias formas possíveis de antropomorfização da história, ou seja, de atribuição de faculdades ou poderes próprios do homem a um sujeito (nesse caso, a Humanidade, a Razão Universal), diverso do homem singular, através de uma extrapolação, de tipo analógico, que não oferece nenhuma garantia de veracidade e que permitiria apenas uma reconstrução puramente conjetural (para usarmos uma expressão kantiana) do decurso histórico. Mas fazer uma história completamente conjetural, derivada inteiramente de indícios e não de fatos comprovados, equivaleria — como adverte o próprio Kant — a "traçar a trama de um romance" ou de "um simples jogo da imaginação". O que não exclui que se possam fazer conjeturas sobre o curso de uma história; contudo, é preciso que se tenha plena consciência de que, mediante conjeturas, pode-se preencher uma lacuna de nossa documentação entre uma causa longínqua e um efeito próximo, mas seria absolutamente ilusório (e, portanto, inútil) reconstruir assim toda a história global da humanidade.[2]

Diversa da história conjetural é, para Kant, a história profética, que tem talvez um fim mais ambicioso — o de descobrir a tendência de desenvolvimento da história humana, se essa é estacionária, ou se vai do mal ao pior, ou do bem ao melhor (e, para Kant, como se sabe, a resposta justa é a última) —, mas não tem a menor pretensão de verdade, ao contrário do que ocorre com a história conjetural. Diferentemente da história empírica, (que é a história dos historiadores), a história profética (que é a história dos filósofos) não procede por causas — de uma causa a seu efeito, numa cadeia ininterrupta, salvo no caso em que algumas lacunas são preenchidas através de conjeturas —, mas busca descobrir num evento extraordinário, não tanto a causa de um evento sucessivo, mas antes um indício, um signo (*signum rememorativum, demonstrativum, prognosticum*) de uma tendência da humanidade considerada em sua totalidade.[3] Somente a história profética (ou filosófica), não a história empírica (mesmo que enriquecida pela história conjetural), pode desafiar — ou mesmo resolver

— a ambiguidade do movimento histórico, dando uma resposta à questão de se a humanidade está ou não em constante progresso para o melhor.

O que a história profética pode fazer é pressagiar o que poderá ocorrer, não prevê-lo. A previsão é tarefa de uma história hipotética, de uma história que enuncia suas proposições na forma do "se isto, então aquilo", numa relação entre condições e consequências; mas ela não é capaz de estabelecer com certeza se irão ou não se verificar as condições das quais deveriam necessariamente derivar certas consequências. Ao contrário, o evento extraordinário, que é o ponto de partida da história profética, é algo que ocorreu efetivamente. O que torna problemático esse tipo de história é o caráter significativo ou não do evento pré-selecionado, que pode influir sobre a credibilidade da predição. A questão de saber se Kant teve ou não razão ao indicar o evento revelador da tendência da humanidade para o melhor, é uma questão que podemos deixar sem resposta. O que pode hoje, no período do bicentenário da Revolução — e do grande rumor que foi continuamente crescendo, até o aturdimento (e estamos apenas no princípio), em torno do evento ocorrido há duzentos anos —, suscitar o nosso interesse de pósteros é o fato de o grande filósofo da época ter captado na Revolução Francesa o evento extraordinário, o *signum prognosticum*, de onde extraiu o seu presságio sobre o futuro da humanidade.

As conhecidíssimas páginas de Kant sobre a Revolução Francesa encontram-se numa de suas últimas obras, publicada em 1798, quando os anos da tempestade que abalara o mundo, e durante os quais rolara a cabeça do rei (crime que Kant execrava), já estavam distantes. O escrito, intitulado "Se o gênero humano está em constante progresso para o melhor", está incluído na obra O *conflito das faculdades*, do qual constitui a segunda parte, dedicada ao conflito da faculdade filosófica, na qual Kant via representado o espírito crítico; apesar disso, porém, ele constatava estar essa faculdade dominada pela reação e servir de ninho para os complacentes inimigos da Revolução. Um autorizado comentador escreveu: "A fé de Kant no progresso indefinido da humanidade, na racionalidade imanente à história, no triunfo final da liberdade e da paz com justiça, (...) não foi abalada nem mesmo pelas desordens ocorridas na França, pelas contínuas guerras que tiveram lugar naquele tempo, pelo pessimismo difundido e alimentado pelos juristas e pelos homens de Estado. Pareceu-lhe que somente o filósofo (...) fosse capaz de entender as vozes ocultas da história, de medir o grau de desenvolvimento a que chegara a humanidade, de entrever o curso futuro dos eventos, de indicar as diretivas para as reformas civis e políticas."[4] O ensaio fora proibido precisamente porque nele se fazia a apologia da revolução. E foi publicado somente depois da morte de Frederico Guilherme II, ocorrida em 1797, quando foram anuladas algumas restrições à liberdade de imprensa.

Um dos seus parágrafos intitula-se "De um evento de nosso tempo que revela a tendência moral da humanidade". O evento é "a revolução de um povo rico espiritualmente", o qual — embora tenha acumulado misérias e crueldades capazes de induzir um homem bem-pensante a não tentar a experiência uma segunda vez — encontrou nos espíritos de todos os espectadores uma participação de aspirações que se aproximava do entusiasmo, definido este último como "participação no bem com paixão, que se refere sempre e apenas ao que é ideal, ao que é puramente moral" e que não pode ter outra causa senão "uma disposição moral da espécie humana".[5]

O ponto central da tese kantiana para o qual eu gostaria ele chamar a atenção é que tal disposição moral se manifesta na afirmação do direito — um direito natural — que tem um povo a não ser impedido por outras forças de se dar a Constituição civil que creia ser boa. Para Kant, essa Constituição só pode ser republicana, ou seja, uma Constituição cuja bondade consiste em ser ela a única capaz de evitar por princípio a guerra. Para Kant, a força e a moral idade da Revolução residem na afirmação desse direito do povo a se dar livremente uma Constituição em harmonia com os direitos naturais dos indivíduos singulares, de modo tal que aqueles que obedecem às leis devem também se reunir para legislar. O conceito mesmo de honra, próprio da antiga nobreza guerreira, esvai-se diante das armas dos que tinham em vista o direito do povo a que pertenciam.

Algumas das ideias aqui expressas tinham sido antecipadas (e expostas de modo mais amplo) em dois escritos anteriores, *Ideia de uma história universal do ponto de vista cosmopolita* e *Para a paz perpétua*. O primeiro, redigido em 1784 (alguns anos, portanto, antes da Revolução), não despertou interesse entre seus contemporâneos, embora esses tenham conhecido e comentado, como o fizeram Fichte e Hegel, o segundo; mais tarde, juntamente com todos os escritos kantianos de filosofia da história, foi malquisto no ambiente do historicismo, de Dilthey a Meinecke, que viram na história teleológica, na concepção finalista da história, uma herança da filosofia anti-historicista do Iluminismo. Só foi finalmente revalorizado no início de nosso século, por alguns socialistas de inspiração kantiana.[6] A crítica — por se deter principalmente no problema da legitimidade da filosofia da história, nas aporias próprias desta última em Kant, e na maior ou menor coerência dela com relação às outras obras do próprio Kant — terminou por dar menor importância ao tema central da obra, que fora ironizado por Hegel, mas que é hoje mais atual do que nunca, ou seja, o tema da tendência da história humana para uma ordem jurídica mundial. Esse tema, tão bem resumido no uso do termo-chave *Weltbürgertum* e no de "ordenamento cosmopolita", era de origem estoica, mas fora transferido por Kant de uma concepção finalista da história.

Kant sabia muito bem que a mola do progresso não é a calmaria, mas o conflito. Todavia, compreendera que existe um limite para além do qual o antagonismo se faz demasiadamente destrutivo, tornando-se necessário um autodisciplinamento do conflito, que possa chegar até a constituição de um ordenamento civil universal. Numa época de guerras incessantes entre Estados soberanos, ele observa lucidamente que "a liberdade selvagem" dos Estados já constituídos, "por causa do emprego de todas as forças da comunidade nos armamentos, das devastações que decorrem das guerras e, mais ainda, da necessidade de manter-se continuamente em armas, impede, por um lado, o pleno e progressivo desenvolvimento das disposições naturais, e, por outro, em função dos males que daí derivam, obrigará a nossa espécie a buscar uma lei de equilíbrio entre muitos Estados que, pela sua própria liberdade, são antagonistas, bem como a estabelecer um poder comum que dê força a tal lei, de modo a fazer surgir um ordenamento cosmopolita de segurança pública".[7]

Os críticos da filosofia da história kantiana viram ainda menos o fato de que essa ideia da "cosmópolis" — segundo a qual cada homem é potencialmente cidadão não só de um Estado particular, mas sim do mundo — seria desenvolvida no escrito *Para a paz perpétua* (1795). Um dos aspectos menos estudados desse escrito é a introdução, por parte de Kant, ao lado do direito público interno e do externo, de uma terceira espécie de direito, que ele chama de *ius cosmopoliticum*. Como se sabe, dos três artigos definitivos do tratado imaginário para uma paz perpétua, o primeiro (que afirma que a Constituição de todo Estado deve ser republicana) pertence ao direito público interno; o segundo (para o qual o direito internacional deve se fundar numa federação de Estados livres), pertence ao direito público externo. Mas Kant acrescenta um terceiro artigo, que diz o seguinte: "O direito cosmopolita deve ser limitado às condições de uma hospitalidade universal."[8]

Por que Kant julga dever acrescentar aos dois gêneros de direito público tradicionais, o interno e o externo, um terceiro gênero? Porque, além das relações entre o Estado e os seus cidadãos e daquelas entre o Estado e os outros Estados, ele considera que devam ser consideradas também as relações entre cada Estado particular e os cidadãos dos outros Estados, ou, inversamente, entre o cidadão de um Estado e um Estado que não é o seu com os outros Estados. Disso derivam duas máximas: no que se refere à primeira relação, o dever de hospitalidade, ou o direito (Kant sublinha que se trata de um direito e não apenas de um dever meramente filantrópico) de um estrangeiro que chega ao território de um outro Estado a não ser tratado com hostilidade; no que se refere à segunda relação, "o direito de visita que cabe a todos os homens, ou seja, de passar a fazer parte da sociedade universal, em virtude do direito comum à posse da superfície da Terra, sobre a qual, sendo ela esférica, os homens não podem se dispersar isolando-se ao infinito, mas devem finalmente se encontrar e coexistir". Desses dois direitos dos cidadãos do mundo derivam dois deveres dos Estados: do primeiro, o dever de permitir ao cidadão estrangeiro o ingresso no seu próprio território, do que resulta a condenação dos habitantes das costas dos Estados bárbaros, que se apoderam das naves que nelas aportam e escravizam os náufragos; do segundo, o dever do hóspede de não se aproveitar da hospitalidade para transformar a visita em conquista, do que resulta a condenação dos Estados comerciais europeus que, sob o pretexto de estabelecerem relações comerciais, introduzem tropas que oprimem os nativos. (Não será inútil recordar que Hegel, que ironizou as fantasias kantianas da paz perpétua, justificou a expansão colonial.)

Nessa relação de reciprocidade entre o direito de visita do cidadão estrangeiro e o dever de hospitalidade do Estado visitado, Kant tinha originariamente prefigurado o direito de todo homem a ser cidadão não só do seu próprio Estado, mas do mundo inteiro; além disso, havia representado toda a Terra como uma potencial cidade do mundo, precisamente como uma cosmópolis.[9] E é somente com esse tipo de relação — não entre indivíduos, não entre Estado e indivíduos no interior, não entre Estado e Estado, mas entre Estados e indivíduos dos outros Estados — que Kant concluía o sistema geral do direito e representava de modo integral o desenvolvimento histórico do direito, no qual o ordenamento jurídico universal, a cidade do mundo ou cosmópolis, representa a quarta e última fase do sistema jurídico geral, depois do estado de natureza (onde não há outro direito além do direito privado, o direito entre indivíduos), depois do estado civil (regulado pelo direito público interno), depois da ordem internacional (regulada pelo direito público externo). Concebido como a última fase de um processo, o direito cosmopolita não é, para Kant, "uma representação de mentes exaltadas", já que, num mundo onde "se chegou progressivamente, no que se refere à associação dos povos da Terra (...), a um tal nível que a violação do direito ocorrida num ponto da Terra é percebida em todos os outros pontos", o direito cosmopolita é "o necessário coroamento do código não escrito, tanto do direito público interno como do direito internacional, para a fundação de um direito público geral e, portanto, para a realização da paz perpétua".[10]

É fato hoje inquestionável que a Declaração Universal dos Direitos do Homem, de 10 de dezembro de 1948, colocou as premissas para transformar também os indivíduos singulares, e não mais apenas os Estados, em sujeitos jurídicos do direito internacional, tendo assim, por conseguinte, iniciado a passagem para uma nova fase do direito internacional, a que torna esse direito não apenas o direito de todas as gentes, mas o direito de todos os indivíduos. Essa nova fase do direito internacional não poderia ser chamada, em nome de Kant, de direito cosmopolita?

No escrito sobre a paz perpétua, Kant não fez nenhuma referência à Revolução Francesa. Somente no seu último escrito, de que falei no início, onde retoma mais uma vez o tema da Constituição civil fundada no direito de um povo a legislar (única Constituição que poderia dar vida a um sistema de Estados que eliminaria para sempre a guerra), foi que Kant reconheceu, no grande movimento da França, o evento que podia ser interpretado, numa visão profética da história, como o sinal premonitório de uma nova ordem mundial.

Entre as muitas celebrações desse evento, pode encontrar dignamente o seu lugar a interpretação que dele formulou o maior filósofo da época; interpretação que, de resto, é a única capaz de salvar o valor perene desse evento, para além de todas as controvérsias dos historiadores, os quais, olhando para as árvores isoladas, frequentemente deixam de ver a floresta.

Diante da ambiguidade da história, também eu creio que um dos poucos, talvez o único, sinal de um confiável movimento histórico para o melhor seja o crescente interesse dos eruditos e das próprias instâncias internacionais por um reconhecimento cada vez maior, e por uma garantia cada vez mais segura, dos direitos do homem.

Um sinal premonitório não é ainda uma prova. É apenas um motivo para que não permaneçamos espectadores passivos e para que não encorajemos, com nossa passividade, os que dizem que "o mundo vai ser sempre como foi até hoje"; estes últimos — e torno a repetir Kant — "contribuem para fazer com que sua previsão se realize",[11] ou seja, para que o mundo permaneça assim como sempre foi. Que não triunfem os inertes!

NOTAS

1. "La pace ha un futuro?", discurso pronunciado no Simpósio Internacional sobre "Il futuro della pace e la violenza del futuro" (Città di Lugano, 18-20 de novembro de 1987), publicado in *Il Terzo assente*, Turim, Sonda, 1989, pp. 188-194.

2. I. Kant, *Mutmasslicher Anfang der Menschengeschichte*, 1786 ("Congetture sull'origine della storia", in I. Kant, *Scritti politici e di filosofia dei diritto e della storia*, Turim, Utet, 1956, p. 196).

3. I. Kant, *Ob das menschliche Ceschlecht in bestcindigen Fortschreiten zum Besseren sei*, 1797 CSe il genere umano sia in costante progresso verso il meglio", in *Scritti politici*, cit., p. 218).

4. V. Mathieu, "Nota storica", premissa a *Scritti politici*, cit., p. 87.

5. I. Kant, *Scritti politici*, cit., p. 219.

6. Extraio essas notícias sobre a fortuna dos escritos kantianos de filosofia da história do ensaio de M. Mori, "Srudi sulla filosofia kantiana della storia", in *Rivista di filosofia*, LXX (1979), pp. 115-146.

7. I. Kant, *Idee zu einer allgemeinen Geschichte in weltbürgerlicher Absicht*, 1784 ("Idea di una storia universale dal punto di vista cosmopolitico", in *Scritti politici*, cir., p. 133); [ed. brasileira: *Ideia de uma história universal de um ponto de vista cosmopolita*, São Paulo, Brasiliense, 1986, pp. 9-24].
8. I. Kant, *Zum ewigen Frieden*, 1795 ("Per la pace perpetua", in *Scritti politici*, cir., p. 302); [ed. brasileira: *À paz perpétua*, Porto Alegre, L&PM Editores, 1989, pp. 25-57].
9. Minha atenção para o tema do direito cosmopolita em Kant, como prefiguração de uma nova fase do desenvolvimento jurídico do gênero humano, foi despertada por D. Archibugi, "La democrazia nei progetti di pace perpetua", in *Teoria politica*, VI (1990), n⁰ 1, p. 122 e ss.; e "Le utopie della pace perpetua", in *Lettera internazionale*, V, n⁰ 22, outono de 1989, pp. 58-59.
10. I. Kant, *Zum ewigen Frieden*, cit. (trad. italiana cit., p. 305).
11. I. Kant, *Worin besteht der Fortschritt zum Besseren im Menschengeschlechte?* ("In che cosa consiste il progresso del genere umano verso il meglio?", in *Scritti politici*, cit., p. 234). Sobre o tema da relação entre Kant e a Revolução Francesa, cf. o recente ensaio de C. Rosso, "Kant e la rivoluzione francese. Molte rivoluzioni in una", in *Alma Mater Studiorum, Rivista scientifica dell'Università di Bologna*, II (1989), 2, pp. 65-76. De parricular interesse é o livro de D. Losurdo, *Autocensura e compromesso nel pensiero politico di Kant*, Nápoles, Bibliopolis, 1984.

TERCEIRA PARTE

A RESISTÊNCIA À OPRESSÃO, HOJE

1. O alfa e o ômega da teoria política é o problema do poder: como o poder é adquirido, como é conservado e perdido, como é exercido, como é defendido e como é possível defender-se contra ele. Mas o mesmo problema pode ser considerado de dois pontos de vista diferentes, ou mesmo opostos: *ex parte principis* ou *ex parte populi*. Maquiavel *ou* Rousseau, para indicar dois símbolos. A teoria da razão de Estado *ou* a teoria dos direitos naturais e o constitucionalismo. A teoria do Estado-potência, de Ranke a Meinecke e ao primeiro Weber, *ou* a teoria da soberania popular. A teoria do inevitável domínio de uma restrita classe política, minoria organizada, *ou* a teoria da ditadura do proletariado, de Marx a Lenin. O primeiro ponto de vista é o de quem se posiciona como conselheiro do príncipe, presume ou finge ser o porta-voz dos interesses nacionais, fala em nome do Estado presente; o segundo ponto de vista é o de quem se erige em defensor do povo, ou da massa, seja ela concebida como uma nação oprimida ou como uma classe explorada, de quem fala em nome do anti-Estado ou do Estado que será. Toda a história do pensamento político pode ser distinguida conforme se tenha posto o acento, como os primeiros, no dever da *obediência,* ou, como os segundos, no direito à resistência (ou à revolução).

Essa premissa serve apenas para situar o nosso discurso: o ponto de vista no qual colocamos, quando abordamos o tema da resistência à opressão, não é o primeiro, mas o segundo.

Não há dúvida de que o velho problema da resistência à opressão voltou a se tornar atual graças à imprevista e geral explosão do movimento de "contestação". Mas ignoro se foi tentada uma análise das diferenças entre os dois fenômenos. Num recente artigo, Georges Lavau faz um exame muito interessante do fenômeno da contestação, buscando apontar seus traços distintivos, particularmente em face da oposição legal e da revolução.[1] Mas não toca no problema da diferença entre contestação e resistência. Penso, contudo, que a questão merece estudo, quando menos, porque tanto a contestação quanto a resistência pertencem às formas de oposição extralegal (com relação ao modo como é exercida) e deslegitimadora (com relação ao objetivo final).

Creio que, também nesse caso, como primeiro expediente para destacar a diferença entre os dois fenômenos, vale a referência ao seu respectivo contrário: o contrário da resistência é a obediência, o contrário da contestação é a aceitação. A teoria geral do direito deteve-se muitas vezes e com prazer (ultimamente, em Hart) na diferença entre a obediência a uma norma ou ao ordenamento em seu conjunto, que é uma atitude passiva (e pode ser também mecânica, puramente habitual, instintiva), e a aceitação de uma norma ou do ordenamento em seu conjunto, que é uma atitude ativa, que implica, se não um juízo de aprovação, pelo menos uma inclinação favorável a se servir da norma ou das normas para guiar a própria conduta e para condenar a conduta de quem não se conforma com ela ou elas. Enquanto contrária à obediência, a resistência compreende todo comportamento de ruptura contra a ordem constituída, que ponha em crise o sistema pelo simples fato de produzir-se, como ocorre num tumulto, num motim, numa rebelião, numa insurreição, até o caso limite da revolução; que ponha o sistema em crise, mas não necessariamente em questão.

Enquanto contrária à aceitação, a contestação se refere, mais do que a um comportamento de ruptura, a uma atitude de crítica, que põe em questão a ordem constituída sem necessariamente pô-la em crise. Lavau observa, corretamente, que a contestação "supera o âmbito do subsistema político para atingir não só sua ordem normativa, mas também *os modelos culturais gerais (o sistema cultural)* que asseguram a legitimidade profunda do subsistema político".[2] E, com efeito, se a resistência culmina essencialmente num ato prático, numa ação ainda que apenas demonstrativa (como a do negro que se senta à mesa de um restaurante reservado aos brancos), a contestação, por seu turno, expressa-se através de um discurso crítico, num protesto verbal, na enunciação de um *slogan*. (Não por acaso o lugar próprio em que se manifesta a atitude contestadora é a assembleia, ou seja, um lugar onde não se age, mas se fala.) Decerto, na prática, a distinção não é assim tão nítida: numa situação concreta, é difícil estabelecer onde termina a contestação e onde começa a resistência. O importante é que se podem verificar os dois casos-limite, o de uma resistência sem contestação (a ocupação de terras por camponeses famintos) e o de uma contestação que não se faz acompanhar por ato subversivo que possa ser chamado de resistência (a ocupação de salas de aula na universidade, que é certamente um ato de resistência, nem sempre caracterizou necessariamente a contestação do movimento estudantil). Enquanto a resistência, ainda que não necessariamente violenta, pode chegar até o uso da violência e, de qualquer modo, não é incompatível com o uso da violência, a violência do contestador, ao contrário, é sempre apenas ideológica.

Partindo do renovado interesse pelo problema da resistência — do qual, de resto, nasceu o atual simpósio —, pretendo nesta minha comunicação: a) destacar as razões históricas dessa revivescência (itens 2, 3 e 4); b) indicar alguns elementos distintivos entre o modo como se punha ontem e o modo como se põe hoje o problema da resistência (itens 5 e 6). Referindo-me ao título que dei à comunicação, trata-se de responder a duas questões: a) a resistência, hoje, por quê?; b) a resistência, hoje, como? Concluo a comunicação com algumas observações sobre os vários tipos de resistência (item 7).

2. Extinta a eficácia da literatura política suscitada pela Revolução Francesa, o problema do direito de resistência perdeu — ao longo do século XIX — grande parte do seu interesse. Podem-se indicar duas razões para esse declínio, uma ideológica, outra institucional.

Uma das características marcantes das ideologias políticas do século XIX, que deixou de merecer a devida atenção, foi a crença no fenecimento natural do Estado. Tendo chegado com Hegel à sua máxima expressão a ideia, cara aos grandes filósofos políticos da época moderna (a Hobbes, a Rousseau, a Kant), de que o Estado era a realização do domínio da razão na história, o "racional em si e para si", todas as grandes correntes políticas do século passado inverteram o caminho, passando a contrapor a sociedade ao Estado, descobrindo na sociedade (e não no Estado) as forças que se orientam no sentido da libertação e do progresso histórico, e vendo no Estado uma forma residual arcaica, em via de extinção, do poder do homem sobre o homem. Dessa desvalorização — que foi uma típica expressão da profunda transformação produzida na sociedade, e, por reflexo, na concepção geral da sociedade e do progresso histórico, pelo crescimento da sociedade industrial e pela ideia de que os homens deviam agora se deixar guiar mais pelas leis naturais da economia do que pelas leis artificiais da política —, são conhecidas essencialmente três versões: a liberal-liberista* à Spencer, segundo a qual o Estado, nascido e fortalecido nas sociedades militares, iria perder grande parte de suas funções à medida que fosse crescendo a sociedade industrial; a socialista marx-engelsiana, segundo a qual, depois do Estado burguês, haveria certamente uma ditadura, mas cuja finalidade era suprimir no futuro qualquer forma de Estado; a libertária, de Godwin a Proudhon e Bakunin, segundo a qual as instituições políticas, caracterizadas pelo exercício da força, ao contrário do que haviam suposto Hobbes e Hegel (os grandes teóricos do Estado moderno), não só não eram indispensáveis para salvar o homem da barbárie do estado de natureza ou da insensatez da sociedade civil, mas eram inúteis, ou melhor, danosas, podendo tranquilamente desaparecer sem deixar traço ou saudade.

A máxima concentração de poder ocorre quando os que detêm o monopólio do poder coercitivo, no qual consiste propriamente o poder político, detêm ao mesmo tempo o monopólio do poder econômico e do poder ideológico (através da aliança com a Igreja única elevada a Igreja de Estado, ou, modernamente, com o partido único; em outras palavras, ocorre quando o soberano tem, como na teoria também aqui paradigmática

---

* *Nota do Tradutor:* Em italiano, há termos diversos para caracterizar o defensor do liberalismo no terreno político (*liberale*) e o defensor de uma irrestrita liberdade de mercado (*liberista*).

de Hobbes, ao lado do *imperium* e do *dominium*, também a *potestas spiritualis*, que é, de resto, o poder de pretender obediência dos próprios súditos por força de sanções não só terrenas, mas também ultraterrenas.

A ilusão oitocentista sobre o fenecimento gradual do Estado derivava da concepção de que — através da Reforma e da revolução científica, primeiro, e através da revolução industrial, depois, ou seja, através de um processo de fragmentação da unidade religiosa e de secularização da cultura, por um lado e, por outro, através da formação de uma camada de empresários independentes (fossem ou não os dois fenômenos ligados entre si) — haviam se iniciado dois processos paralelos de desconcentração do poder, com a consequente desmonopolização do poder ideológico-religioso, que encontraria sua garantia jurídica na proclamação da liberdade religiosa e, em geral, da liberdade de pensamento, e com a não menos consequente desmonopolização do poder econômico, que encontraria sua expressão formal no reconhecimento da liberdade de iniciativa econômica. Teria restado ao Estado apenas o monopólio do poder coercitivo, a ser usado em defesa (mas só em última instância, como *extrema ratio)* do antagonismo das ideias e da concorrência dos interesses. A desforra da sociedade civil contra o Estado foi uma ideia comum, ainda que interpretada e orientada de diferentes modos, tanto aos liberais quanto aos libertários, tanto aos socialistas utópicos quanto aos socialistas científicos.

3. Do ponto de vista institucional, o Estado liberal e (posteriormente) democrático, que se instaurou progressivamente ao longo de todo o arco do século passado, foi caracterizado por um processo de acolhimento e regulamentação das várias exigências provenientes da burguesia em ascensão, no sentido de conter e delimitar o poder tradicional. Dado que tais exigências tinham sido feitas em nome ou sob a espécie do direito à resistência ou à revolução, o processo que deu lugar ao Estado liberal e democrático pode ser corretamente chamado de processo de "constitucionalização" do direito de resistência e de revolução. Os institutos através dos quais se obteve esse resultado podem ser diferenciados com base nos dois modos tradicionais mediante os quais se supunha que ocorresse a degeneração do poder: o abuso no exercício do poder (o *tyrannus quoad*

exercitium) e o déficit de legitimação (o *tyrannus absque titulo*). Como tive ocasião de esclarecer melhor em outro local, essa diferença pode se tornar ainda mais clara se recorrermos à distinção entre dois conceitos (que, habitualmente, não são devidamente distinguidos): o de legalidade e o de legitimidade.[3]

A constitucionalização dos remédios contra o abuso do poder ocorreu através de dois institutos típicos: o da separação dos poderes e o da subordinação de todo poder estatal (e, no limite, também do poder dos próprios órgãos legislativos) ao direito (o chamado "constitucionalismo"). Por separação dos poderes, entendo — em sentido lato — não apenas a separação vertical das principais funções do Estado entre os órgãos situados no vértice da administração estatal, mas também a separação horizontal entre órgãos centrais e órgãos periféricos nas várias formas de autogoverno, que vão da descentralização político-administrativa até o federalismo. O segundo processo foi o que deu lugar à figura — verdadeiramente dominante em todas as teorias políticas do século passado — do Estado de direito, ou seja, do Estado no qual todo poder é exercido no âmbito de regras jurídicas que delimitam sua competência e orientam (ainda que frequentemente com certa margem de discricionariedade) suas decisões. Ele corresponde àquele processo de transformação do poder tradicional, fundado em relações pessoais e patrimoniais, num poder legal e racional, essencialmente impessoal, processo que foi descrito com muita penetração por Max Weber. Penso que não se deu atenção ao fato de que a teorização mais completa desse tipo de Estado é a doutrina kelseniana do ordenamento jurídico por graus. Apesar de sua pretensão de ser válida para qualquer época ou lugar, a concepção dinâmica do ordenamento jurídico, tal como foi exposta por Kelsen e por sua escola, é o reflexo daquele processo de legalização dos poderes estatais, que Max Weber, enquanto historiador, descreveu como passagem do poder tradicional para o poder legal.

Também com relação às exigências que visavam a dar alguma garantia contra as várias formas de usurpação do poder legítimo — ou, como se diria hoje, contra a sua deslegitimação —, parece-me que a maioria dos remédios pode ser compreendida nos dois principais institutos que caracterizam a concepção democrática do Estado (os dois remédios anteriores, os relativos ao abuso de poder, são mais característicos da concepção liberal). O primeiro é a constitucionalização da oposição, que permite (isto é, torna lícita) a formação de um poder alternativo, ainda que nos limites das chamadas regras do jogo, ou seja, a formação de um verdadeiro contrapoder, que pode ser considerado, embora de modo um tanto ou quanto paradoxal, como uma forma de usurpação legalizada. O segundo é a investidura popular dos governantes e a verificação periódica dessa investidura por parte do povo, através da gradual ampliação do sufrágio, até o limite, não ulteriormente superável, do sufrágio universal masculino e feminino: o instituto do sufrágio universal pode ser considerado o meio através do qual ocorre a constitucionalização do poder do povo de derrubar os governantes, embora também aqui nos limites de regras preestabelecidas, um poder que estava anteriormente reservado apenas ao fato revolucionário (também aqui, trata-se de um fato que se torna direito ou, segundo o modelo jusnaturalista, de um direito natural que se torna direito positivo).

4. Nosso renovado interesse pelo problema da resistência depende do fato de que, tanto no plano ideológico quanto no institucional, ocorreu uma inversão de tendência com relação à concepção e à práxis política através das quais se foi formando o Estado liberal e democrático do século XIX.

Agora sabemos com certeza algumas coisas: a) o desenvolvimento da sociedade industrial não diminuiu as funções do Estado, como acreditavam os liberais que juravam sobre a validade absoluta das leis da evolução, mas aumentou-as desmesuradamente; b) nos países onde ocorreu a revolução socialista, a ideia do desaparecimento do Estado foi por enquanto posta de lado; c) as ideias libertárias continuam a alimentar pequenos grupos de utopistas sociais, não se transformando num real movimento político. O enorme interesse suscitado nestes últimos anos pela obra de Max Weber depende também do fato de que ele, como bom conservador e como realista desencantado (como costumam ser os conservadores com inspiração religiosa), viu o avanço ameaçador mas inelutável, que se dá conjuntamente com o desenvolvimento da sociedade industrial (tivesse essa sido promovida por uma camada empresarial ou por uma classe de funcionários do Estado coletivista), da era do domínio dos aparelhos burocráticos; ou seja, não o enfraquecimento, mas o fortalecimento do Estado.

Do ponto de vista institucional, a situação de nosso tempo caracterizase não só (como é natural) nos países de economia coletivista, mas também nos países capitalistas — por um processo inverso ao que designamos como desmonopolização do poder econômico e ideológico, ou seja, por um processo que se orienta tanto para a remonopolização do poder econômico, através da progressiva concentração das empresas e dos bancos, quanto para a remonopolização do poder ideológico, através da formação de grandes partidos de massa, chegando ao limite do partido único, que detém o direito, em medida maior do que o soberano absoluto de outrora (um verdadeiro "novo Príncipe"), de estabelecer o que é bom e o que é mau para a salvação dos próprios súditos, bem como através do controle que os detentores do poder econômico exercem, nos países capitalistas, sobre os meios de formação da opinião pública.

A ilusão jurídico-institucional do século passado consistia em crer que o sistema político fosse ou autossuficiente (e, portanto, gozasse de certa independência em face do sistema social global), ou fosse ele mesmo o sistema dominante (e, portanto, que bastasse buscar remédios aptos a controlar o sistema político para controlar, com isso, o sistema de poder da sociedade como um todo). Hoje, ao contrário, estamos cada vez mais conscientes de que o sistema político é um subsistema do sistema global, e de que o controle do primeiro não implica absolutamente o controle do segundo. Dos quatro remédios de que falamos no item anterior, o que parecia mais decisivo, o quarto (ou o controle a partir de baixo, o poder de todos, a democracia participativa, o Estado baseado no consenso, a realização no limite do ideal rousseauísta da liberdade como autonomia), é também aquele para o qual se orientam, com particular intensidade, as formas mais recentes e mais insistentes de contestação.

Quando comparada à democracia de inspiração rousseauísta, com efeito, a participação popular nos Estados democráticos reais está em crise por pelo menos três razões: a) a participação culmina, na melhor das hipóteses, na formação da vontade da maioria parlamentar; mas o parlamento, na sociedade industrial avançada, não é mais o centro do poder real, mas apenas, frequentemente, uma câmara de ressonância de decisões tomadas em outro lugar; b) mesmo que o parlamento ainda fosse o órgão do poder real, a participação popular limita-se a legitimar, a intervalos mais ou menos longos, uma classe política restrita que tende à própria autoconservação, e que é cada vez menos representativa; c) também no restrito âmbito de uma eleição *una tantum* sem responsabilidades políticas diretas, a participação é distorcida, ou manipulada, pela propaganda das poderosas organizações religiosas, partidárias, sindicais, etc. A participação democrática deveria ser eficiente, direta e livre: a participação popular, mesmo nas democracias mais evoluídas, não é nem eficiente, nem direta, nem livre. Da soma desses três déficits de participação popular nasce a razão mais grave de crise, ou seja, a apatia política, o fenômeno, tantas vezes observado e lamentado, da despolitização das massas nos Estados dominados pelos grandes aparelhos partidários. A democracia rousseauísta ou é participativa ou não é nada.

Não é que faltem propostas de remédios para reavivar a participação e torná-la mais eficiente. *Sub a*, a instituição de órgãos de decisão popular fora dos institutos clássicos do governo parlamentar (a chamada democracia dos conselhos); *sub b*, a democracia direta ou assembleísta (um dos temas mais difundidos pela contestação); *sub c*, o controle popular dos meios de informação e de propaganda, etc. Mas é nesse ponto que reemergem propostas mais radicais, que ultrapassam a linha da democracia representativa e repõem em circulação os temas tradicionais do direito à resistência e à revolução.

5. Quando o tipo de Estado que se propôs a absorver o direito à resistência mediante sua constitucionalização entra em crise, é natural que se recoloque o velho problema, bem como que voltem a ecoar, ainda que sob novas vestes, as velhas soluções, as quais, na época, iam desde a obediência passiva até o tiranicídio, enquanto agora vão da desobediência civil à guerrilha.

O retorno a velhos temas que pareciam esgotados não é nem uma reexumação, nem uma repetição. Os problemas nascem quando certas condições históricas os fazem nascer, e assumem em cada oportunidade aspectos diversos, adaptados às circunstâncias. Entre as velhas teorias sobre o direito de resistência e as novas, há diferenças que merecem ser destacadas, ainda que por enquanto apenas com algumas anotações, que deveriam ser aprofundadas:

a) o problema da resistência é visto hoje (mas também isso é conseqüência da sociedade de massas) como fenômeno coletivo e não individual, em relação tanto ao sujeito ativo quanto ao sujeito passivo do ato ou dos atos de resistência. Não quero dizer, com isso, que não fosse prevista nos velhos escritores também a resistência coletiva (Grócio dedica-lhe um capítulo, o quarto, do Livro I do seu célebre tratado); mas o caso extremo e mais problemático era sempre o assassinato do tirano. Agora, as coisas são bem diferentes: por um lado, conservou-se como fenômeno típico de resistência individual a objeção de consciência, mas ela é manifestamente um resíduo de atitudes religiosas que remontam, em grande parte, às seitas não conformistas. Por outro, nem mesmo os anarquistas promovem mais atentados contra os chefes de Estado: merece reflexão a constatação de que os atentados individuais são hoje praticados geralmente por forças reacionárias;

b) se é verdade que as situações nas quais nasce o direito de resistência não são diversas hoje das que eram imaginadas pelos velhos escritores dos séculos XVI e XVII — ou seja, *conquista, usurpação, exercício abusivo do poder* (na resistência armada italiana de 1943 a 1945, ocorreram todas três, a primeira contra os alemães, a segunda e a terceira contra os facistas da República de Satã), há uma grande diferença com relação ao tipo de *opressão* contra o qual se declara ser lícito resistir: religiosa, nos primeiros monarcômacos; política, em Locke; nacional e de classe ou econômica, nas lutas de libertação dos povos do Terceiro Mundo e nos vários movimentos revolucionários de inspiração comunista ou castrista, etc. O que hoje se tende a derrubar não é uma determinada forma de Estado (as formas degeneradas de Estado, segundo a tradicional classificação aristotélica), mas uma determinada forma de sociedade, da qual as instituições políticas são apenas um aspecto. Ninguém pensa hoje que se possa renovar o mundo abatendo um tirano. Seríamos tentados a dizer que ocorreu uma inversão radical da fórmula de Hobbes: para Hobbes, todos os Estados são bons (o Estado é bom pelo simples fato de ser Estado), enquanto hoje todos os Estados são maus (o Estado é mau, essencialmente, pelo simples fato de ser Estado);

c) mas a maior diferença reside, a meu ver, na motivação e nas consequentes argumentações ("derivações") com as quais o problema é enfrentado. Enquanto as velhas teorias discutiam sobre o caráter lícito ou ilícito da resistência em suas várias formas, ou seja, colocavam o problema em termos jurídicos, quem hoje discute sobre resistência ou revolução o faz em termos essencialmente políticos, ou seja, coloca o problema da sua oportunidade ou da sua eficácia; não se pergunta se é justa (e, portanto, se constitui um direito), mas se é adequada à finalidade. Tendo predominado a concepção positivista do direito, para a qual o direito se identifica com o conjunto de regras que tem sua sustentação na força monopolizada, o problema de um direito à resistência (expressão na qual "direito" só pode ter o significado de "direito natural") não tem mais nenhum sentido. Não se trata de ter o direito de abater o jugo colonial ou de classe; trata-se de ter a força para fazê-lo. O discurso não versa tanto sobre direitos e deveres, mas sobre as *técnicas* mais adequadas a empregar naquela oportunidade concreta: técnicas da guerrilha *versus* técnicas da não violência. Assim é que, ao lado da crise das velhas teorias da guerra justa, assistimos à crise das teorias (que eram ainda dominantes na época do Iluminismo) da revolução justa.

6. Quem quiser buscar uma comprovação do que foi dito deveria fazer uma análise — mais precisa do que aquela que pode ser feita nesta oportunidade — dos dois grandes movimentos de resistência que hoje dividem o mundo, o que se expressa nos partidos revolucionários (em suas diversas

acepções) e o que se expressa nos movimentos de desobediência civil. Para simplificar, e admitidas as articulações internas: leninismo e gandhismo. A discriminação entre um e outro é o uso da violência; e, portanto, do ponto de vista ideológico, a justificação ou não justificação da violência. Sob esse aspecto, a fenomenologia dos movimentos contemporâneos não difere da antiga: também nos velhos tratados sobre as várias formas de resistência, a diferença que dividia a resistência ativa da passiva era o uso da violência. Hoje, a diferença reside principalmente, como dissemos, no tipo de argumentação com o qual esse uso (ou esse não uso) é justificado: mais política, como dissemos, do que jurídica (ou ética).

A coisa é bastante óbvia para o partido revolucionário, cuja teorização extrai sua matriz de uma doutrina realista, no sentido maquiavélico da palavra, como é o caso da doutrina marxiana e, mais ainda, da leniniana (segundo a qual o fim justifica os meios). Uma outra diferença entre a teoria da violência revolucionária de hoje e a do passado (as teorias jusnaturalistas) está no fato de que, para as últimas, a violência estatal era um caso limite, que devia ser determinada em cada oportunidade concreta (como se dizia, conquista, usurpação, abuso do poder, etc.); para a primeira, ao contrário, o Estado enquanto tal (anarquismo), ou o Estado burguês enquanto tal, isto é, enquanto fundado na opressão de uma restrita classe de privilegiados sobre uma numerosa classe de explorados (comunismo), é violento. O Estado é "violência concentrada e organizada da sociedade", segundo a famosa frase de Marx, que é um dos temas condutores da teoria revolucionária que passa através de Lenin para chegar a Mao, à guerra popular, à guerrilha, etc. (Nova, com relação à teoria tradicional, é a justificação também daquele excesso de violência em que consiste o terror, de Robespierre a Mao. Deste último, podemos repetir uma tese igualmente famosa: "(...) foi necessário criar um breve reinado do terror em cada zona rural (...). Para reparar um delito, é necessário superar os limites.")

Menos óbvio, e portanto mais interessante, é o fato de que a própria teoria da desobediência civil — desde a obediência passiva de origem exclusivamente religiosa, passando por Thoreau, que continua a representar um caso individual (não pagar os impostos se estes servem para o prosseguimento de uma guerra injusta), por Tolstoi, até o método *satyagraha* de Gandhi — percorreu um longo caminho na estrada do realismo políti-co, ou seja, de sua justificação política. Antes de mais nada, o fato de que se trate agora de comportamento coletivo e não mais individual — ou seja, de um comportamento cuja violência é sempre mais fácil de justificar — implica uma revisão do tradicional contraste entre ética individual (na qual a violência é, na maioria dos casos, ilícita) e ética de grupo (na qual a violência é considerada lícita). Uma das características da ética gandhiana é precisamente a de não admitir nenhuma diferença entre o que é lícito ao indivíduo e o que é lícito ao grupo organizado. Em segundo lugar, com a teoria e a práxis gandhianas, foi introduzida no âmbito do que tradicional-mente tem sido chamado de resistência passiva uma ulterior distinção, entre *não violência negativa* e *não violência positiva*. Um dos preceitos funda-mentais da pregação gandhiana é o de que as campanhas não violentas devem ser sempre acompanhadas do chamado "trabalho construtivo", ou seja, de todo aquele conjunto de comportamentos que devem demonstrar ao adversário que não se tem a intenção apenas de abatê-lo, mas também de construir um modo melhor de convivência com o qual o próprio adver-sário deverá se beneficiar. Finalmente, a justificação que hoje se tende a dar da não violência (nova encarnação das doutrinas tradicionais da resis-tência passiva) não é mais religiosa ou ética, e sim política. Pelo menos em duas direções: a) ao se tomar consciência do fato de que o uso de certos meios prejudica a obtenção do fim, o emprego de meios não violentos se torna politicamente mais produtivo, pelo fato de que somente uma socie-dade que nasce da não violência será por sua vez não violenta, enquanto uma sociedade que nasce da violência não poderá dispensar a violência se quer se conservar; o que, em outras palavras, significa que a não violência serve melhor à obtenção do fim último (ao qual tende também o revolu-cionário que usa a violência), isto é, uma sociedade mais livre e mais justa, sem opressores ou oprimidos, do que a violência; b) diante das dimensões cada vez mais gigantescas da violência institucionalizada e organizada, e da sua enorme capacidade destruidora, a prática da não violência é talvez a única forma de pressão que sirva para, em última instância, modificar as relações de poder. Em suma: a não violência como única alternativa polí-tica (observe-se bem: política) à violência do sistema.[4]

7. Concluo com algumas observações (também essas apenas esboçadas) sobre a tipologia das várias formas que pode assumir a desobediência civil. É preciso, antes de mais nada, fazer uma distinção entre a não observância de uma lei proibitiva que consiste numa ação positiva (como o *sit-in* dos negros nos restaurantes ou nos âmbitos que lhes são proibidos, ou como a realização de uma passeata quando esta é proibida e apesar da proibição), por um lado, e, por outro, a não execução de uma lei imperativa que consiste numa omissão ou numa abstenção (exemplos típicos são o não-pagamento dos impostos ou a não prestação do serviço militar). Há, contudo, uma diferença entre não fazer o que é ordenado e fazer o contrário do que é ordenado: diante da intimação de esvaziar uma praça, por exemplo, sentar no chão. Pode-se fazer resistência passiva não só deixando de fazer o que se deve, como também fazendo mais, fazendo em excesso (como é o caso do obstrucionismo parlamentar).

As várias formas de obediência civil devem ainda ser diferenciadas das técnicas de pressão não violenta que se voltam contra interesses econômicos. Também essas, por seu turno, podem ser diferenciadas conforme consistem em abstenções, como a greve ou o boicote, ou em ações, como a ocupação de terras, de uma casa ou de uma fábrica, ou a greve ao contrário.

Umas e outras, de resto, devem ser distinguidas chamadas ações exemplares, como o jejum prolongado (a autoimolação é uma ação exemplar, mas não faz parte das técnicas da não violência, já que implica uma violência contra si mesmo).

Mesmo em suas diferenças, essas várias técnicas têm em comum a sua finalidade principal, que é mais a de paralisar, neutralizar, pôr em dificuldade o adversário do que esmagá-lo ou destruí-lo; que é mais a de tornar difícil ou mesmo impossível a obtenção da finalidade visada pelo outro do que buscar diretamente a finalidade de substituí-lo. Não ofendê-lo, mas torná-lo inofensivo. Não contrapor ao poder um outro poder, um contrapoder, mas tornar o poder impotente.

Finalmente, pergunto-me se não seria oportuno distinguir entre as várias formas de resistência passiva (que, repito, correspondem à resistência não violenta) e o *poder negativo,* se por poder negativo se entende o poder de veto, isto é, o poder para dizê-lo com Rousseau — daquele órgão ou daquela pessoa que, "não podendo fazer nada, pode impedir tudo".[5] A discussão desse problema assume particular interesse neste simpósio, em função dos estudos — estimulantes pela novidade da colocação — que lhe dedicou Pierangelo Catalano, que tende a incluir no poder negativo formas de resistência, como a greve, que, em minha opinião, não podem ser reduzidas *sic et simpliciter* ao poder de veto.[6] Compreendo que uma certa confusão pode derivar do fato de que tanto a greve quanto o poder de veto visam à mesma finalidade, ou seja, a de paralisar o exercício de um poder dominante. Mas, apesar disso, existem diferenças que merecem ser destacadas.

Para começar, se é verdade que tanto uma quanto as outras podem ser consideradas formas de exercício de poder impeditivo, deve-se reconhecer que uma coisa é impedir que uma lei, uma ordem, um comando, ou, de qualquer modo, uma decisão seja implementada (poder de veto), e outra é torná-la ineficaz, depois de já ter sido implementada, através do seu não cumprimento; além do mais, há formas de resistência passiva, como a greve e o boicote, que não consistem numa desobediência à lei. Por outro lado, o poder de veto manifesta-se geralmente numa declaração de vontade (numa proposição "performativa", como diria J.L. Austin), enquanto a resistência passiva consiste em comportamentos comissivos ou omissivos. O poder de veto é geralmente institucionalizado, ou seja, depende de uma norma secundária autorizativa (a não ser que suponhamos o caso extremo da invasão do parlamento pela massa, no momento em que aquele está para aprovar uma lei: mas será que nesse caso podemos dizer que a massa exerceu o poder de veto?); as várias formas de resistência passiva, ao contrário, nascem fora do quadro das instituições vigentes, embora algumas delas, num segundo momento, possam ser institucionalizadas. O poder de veto é habitualmente exercido no vértice (como no caso em que o chefe de Estado veta uma lei aprovada pelo parlamento, ou quando um dos membros do Conselho de Segurança da ONU veta alguma decisão); a resistência passiva é exercida na base. O poder de veto é, com frequência, o resíduo de um poder que resiste à morte; a resistência passiva pode ser o primeiro sinal de um poder novo. O poder de veto serve habitualmente à conservação do *status quo*; a resistência passiva visa geralmente à mudança. Em suma: parece-me que poder de veto e resistência passiva são, tanto estrutural quanto funcionalmente, duas coisas diversas. Por isso, teria dúvidas sobre a oportunidade de forçar a inclusão de ambas numa mesma categoria, sob a denominação comum de "poderes negativos".

NOTAS

1. G. Lavau, "La contestazione politica", in *Il Mulino*, XX, nº 214, março-abril de 1971, pp. 195-217.
2. *Ibid.*, p. 202.
3. N. Bobbio, "Sul principio di legittimità" (1964), in *Studi per una teoria generale dei diritto*, Turim, Giappichelli, 1970, pp. 79-93.
4. Devo minha iniciação à ética gandhiana da não-violência sobretudo a Giuliano Pontara, a começar pelo seu ensaio "Etica e conflitti di gruppo" (in *De homine*, nº 24-25, 1969, pp. 71-90) e terminado no recente livro *Antigone e Creonte, Etica e politica nell'era atomica*, Roma, Editori Riuniti, 1990.
5. *Contrato social*, IV, 5.
6. Refiro-me particularmente aos dois ensaios "Diritti di libertà e potere negativo" (in *Studi in memoria de Cado Esposito*, Pádua, Cedam, 1969) e *Tribunato e resistenza*, Turim, Paravia, 1971.

CONTRA A PENA DE MORTE

1. Se examinarmos o longo curso da história humana, mais que milenar, teremos de reconhecer — quer isso nos agrade ou não — que o debate sobre a abolição da pena de morte mal começou. Durante séculos, o problema de se era ou não lícito (ou justo) condenar um culpado à morte sequer foi colocado. Jamais se pôs em dúvida que, entre as penas a infligir a quem violou as leis da tribo, ou da cidade, ou do povo, ou do Estado, estivesse também a pena de morte, ou mesmo que a pena de morte fosse a rainha das penas, aquela que satisfazia ao mesmo tempo as necessidades de vingança, de justiça e de segurança do corpo coletivo diante de um dos seus membros que se havia corrompido. Para começar, tomemos um livro clássico, o primeiro grande livro sobre as leis e sobre a justiça de nossa civilização ocidental: as *Leis*, os *Nómoi*, de Platão. No Livro IX, Platão dedica algumas páginas ao problema das leis penais. Reconhece que "a pena deve ter a finalidade de tornar melhor"; mas aduz que, "se demonstrar que o delinquente é incurável, a morte será para ele o menor dos males".[1] Não cabe aqui mencionar todas as vezes em que se fala nesse livro sobre a pena de morte em relação a uma série muito ampla de delitos, desde os delitos contra as divindades e os cultos, até aqueles contra os genitores, contra o pai e a mãe, ou, em geral, contra os homicídios voluntários. Falando precisamente de homicidas voluntários, Platão diz em certo momento que eles devem "necessariamente pagar a pena natural", ou seja, a de "padecer o que fizeram" (870 e).[2] Chamo a atenção para o adjetivo "natural" e para o princípio do "padecer" o que se fez. Esse princípio,

que nasce da doutrina da reciprocidade — que é dos pitagóricos (mais antiga ainda, portanto, que a de Platão) e que será formulada pelos juristas medievais e repetida durante séculos com a famosa expressão segundo a qual o *malum passionis* deve corresponder ao *malum actionis* — atravessa toda a história do direito penal e chega até nós absolutamente inalterado. Como veremos mais adiante, é uma das justificações mais comuns para a pena de morte.

Citei esse célebre texto da Antiguidade apenas para apresentar um testemunho — o mais autorizado possível — de como a pena de morte foi considerada não só perfeitamente legítima, mas até mesmo "natural", des- de as origens de nossa civilização, bem como do fato de que aceitá-la como pena jamais constituiu um problema. Poderia citar muitos outros textos. A imposição da pena de morte constitui tão pouco um problema que até mesmo uma religião da não violência, do *noli resistere malo*, uma religião que, sobretudo nos primeiros séculos, levantava o problema da objeção de consciência ao serviço militar e à obrigação de portar armas, uma religião que tem por inspirador divino um condenado à morte, jamais se opôs substantivamente à prática da pena capital.

2. É preciso chegar ao Iluminismo, no coração do século XVIII, para encontrar *pela primeira vez* um sério e amplo debate sobre a licitude ou oportunidade da pena capital, o que não quer dizer que o problema não tivesse jamais sido levantado antes. A importância histórica — que nunca será suficientemente sublimada — do famoso livro de Beccaria (1764) reside precisamente nisto: trata-se da primeira obra que enfrenta seria- mente o problema e oferece alguns argumentos racionais para dar-lhe uma solução que contrasta com uma tradição secular.

É preciso dizer, desde já, que o ponto de partida usado por Beccaria em sua argumentação é a função exclusivamente intimidatória da pena. "A finalidade [da pena] não é senão impedir o réu de causar novos danos aos seus concidadãos e demover os demais de fazerem o mesmo."[3] Veremos em seguida a importância desse ponto de partida para o desenvolvimento do tema. Se esse é o ponto de partida, trata-se de saber qual é a força intimidatória da pena de morte com relação a outras penas. E esse é o tema que se põe ainda hoje e que foi várias vezes posto pela própria Amnesty International. A resposta de Beccaria deriva do princípio introduzido no parágrafo intitulado "Doçura das penas". O princípio é o seguinte: "Um dos maiores freios contra os delitos não é a crueldade das penas, mas a infalibilidade dessas, e, por conseguinte, a vigilância dos magistrados, e a severidade de um juiz inexorável, a qual, para ser útil à virtude, deve ser acompanhada de uma legislação doce."[4] Suavidade das penas. Não é necessário que as penas sejam cruéis para serem dissuasórias. Basta que sejam certas. O que constitui uma razão (aliás, a razão principal) para não se cometer o delito não é tanto a severidade da pena quanto a certeza de que se será de algum modo punido. Subsidiariamente, Beccaria introduz também um segundo princípio, além da certeza da pena: a intimidação nasce não da intensidade da pena, mas de sua extensão, como é o caso, por exemplo, da prisão perpétua. A pena de morte é muito intensa, ao passo que a prisão perpétua é muito extensa. Portanto, a perda perpétua total da própria liberdade tem mais força intimidatória do que a pena de morte.

Ambos os argumentos de Beccaria são utilitaristas, no sentido de que contestam a utilidade da pena de morte ("nem útil nem necessária", como se expressa Beccaria ao iniciar sua argumentação).[5] A esses argumentos, Beccaria aduz um outro, que provocou a maior perplexidade (e que, de fato, foi hoje em grande parte abandonado). Trata-se do chamado argumento contratualista, que deriva da teoria do contrato social ou da origem convencional da sociedade política. Esse argumento pode ser assim enunciado: se a sociedade política deriva de um acordo dos indivíduos que renunciam a viver em estado de natureza e criam leis para se proteger reciprocamente, é inconcebível que esses indivíduos tenham posto à disposição de seus semelhantes também o direito à vida.

Sabe-se que o livro de Beccaria teve estrepitoso sucesso. Basta pensar na acolhida que lhe deu Voltaire: grande parte da fama do livro de Beccaria se deve sobretudo ao fato de que foi acolhido favoravelmente por Voltaire. Beccaria era um ilustre desconhecido, ao passo que na pátria das luzes, que era a França, Voltaire era Voltaire. Sabe-se também que, por influência do debate sobre a pena de morte que teve lugar naqueles anos, foi emanada a primeira lei penal que aboliu a pena de morte: a lei toscana de 1786, que no § 51, depois de uma série de considerações (entre as quais emerge, mais uma vez, sobretudo a função intimidatória da pena, mas sem negligenciar a sua função também corretora: "a correção do réu, também ele filho da sociedade e do Estado"), declara "abolir para sempre a pena de morte contra qualquer réu, seja primário ou contumaz, e ainda que confesso e convicto de qualquer delito declarado capital pelas leis até aqui promulgadas, todas as quais ficam revogadas e abolidas no que a isso se refere".[6]

Talvez ainda mais clamoroso tenha sido o eco que obteve na Rússia de Catarina II, em cuja célebre *Instrução*, proposta já em 1765, ou seja, imediatamente após a publicação do livro de Beccaria, pode-se ler o seguinte: "A experiência de todos os séculos prova que a pena de morte jamais tornou uma nação melhor." Segue-se uma frase que parece extraída do livro de Beccaria: "Portanto, se demonstro que, no estado ordinário da sociedade, a morte de um cidadão não é nem útil nem necessária, terei feito vencer a causa da humanidade."[7]

3. Contudo, deve-se acrescentar que, apesar do sucesso literário do livro junto ao público culto, não só a pena de morte não foi abolida nos países civilizados (ou que se consideravam civilizados com relação à época e aos países considerados bárbaros, quando não mesmo selvagens), mas a causa da abolição tampouco estava destinada a predominar na filosofia penal da época. Poderíamos fazer muitas citações. Escolho três delas, entre os mais ilustres pensadores da época: Rousseau, no *Contrato social* (que saiu em 1762, dois anos antes do livro de Beccaria), o grande Kant e o ainda maior Hegel. No capítulo do *Contrato social* intitulado "Do direito de vida e de morte", Rousseau refutou antecipadamente o argumento contratualista. Não é verdade, disse ele, que o indivíduo, ao se acordar com os outros para constituir o Estado, reserve-se um direito à vida em qualquer caso: "É para não ser vítima de um assassino que alguém consente em morrer caso venha a ser assassino."[8] Portanto, a atribuição ao Estado do direito à própria vida serve não para destruí-la, mas para garanti-la contra o ataque dos outros.

Poucos anos depois da publicação de *Dos delitos e das penas*, um outro ilustre escritor político, Filangieri, em *Scienza della legislazione* (1783), a maior obra italiana de filosofia política da segunda metade do século XVIII, caracterizou como "sofisma" o argumento contratualista de Beccaria, afirmando que é verdade que, no estado de natureza, o homem tem direito à vida, sendo também verdade que não pode renunciar àquele direito, mas pode *perdê-lo* com seus delitos. Se pode perdê-lo no estado de natureza, não se vê por que não possa perdê-lo no estado civil, que é instituído precisamente com a finalidade não de criar um novo direito, mas de tornar seguro o exercício do antigo direito, o do ofendido de reagir com força à força, de rechaçar com a ofensa à vida do outro a ofensa contra a própria vida.

Os dois maiores filósofos da época, Kant e Hegel — um antes, outro depois da Revolução Francesa —, defendem uma rigorosa teoria retributiva da pena e chegam à conclusão de que a pena de morte é até mesmo um dever. Kant — partindo da concepção retributiva da pena, segundo a qual a função da pena não é prevenir os delitos, mas simplesmente fazer justiça, ou seja, fazer com que haja uma perfeita correspondência entre o crime e o castigo (trata-se da justiça como igualdade, daquela espécie de igualdade que os antigos chamavam de "igualdade corretiva") — afirma que o dever da pena de morte cabe ao Estado e é um imperativo categórico, não um imperativo hipotético, fundado na relação meio-fim. Cito diretamente o texto, selecionando a frase mais significativa: "Se ele matou, *deve morrer*. Não há nenhum sucedâneo, nenhuma comutação de pena que possa satisfazer a justiça. Não há nenhuma *comparação* possível entre uma vida, ainda que penosa, e a morte; e, por conseguinte, nenhuma outra compensação entre o delito e a punição, salvo a morte juridicamente infligida ao criminoso, mas despojada de toda maldade que poderia, na pessoa de quem a padece, revoltar a humanidade."[9]

Hegel vai além. Depois de ter refutado o argumento contratualista de Beccaria, negando que o Estado possa nascer de um contrato, afirma que o delinquente não só deve ser punido com uma pena correspondente ao crime cometido, mas tem o direito de ser punido com a morte, já que somente a punição o resgata e é somente através dela que ele é reconhecido como ser racional (aliás, ele é "honrado", diz Hegel). Num adendo, porém, ele tem a lealdade de reconhecer que a obra de Beccaria teve, pelo menos, o efeito de reduzir o número de condenações à morte.[10]

4. O infortúnio quis que, enquanto os maiores filósofos da época continuavam a defender a legitimidade da pena de morte, um dos maiores defensores de sua abolição tivesse sido, como se sabe, Robespierre, num famoso discurso à Assembleia Constituinte de maio de 1791; ou seja, Robespierre, o mesmo que iria passar à história, na época da Restauração (a época em que Hegel escreveu sua obra), como o maior responsável pelo terror revolucionário, pelo assassinato indiscriminado (de que ele próprio foi vítima, quase que como para demonstrar a inexorabilidade da lei segundo a qual a revolução devora os seus próprios filhos, a violência gera violência, etc.). Esse discurso de Robespierre deve ser recordado porque contém uma das condenações mais convincentes, do ponto de vista da argumentação, da pena de morte. Ele refuta, em primeiro lugar, o argumento da intimidação, afirmando não ser verdade que a pena de morte seja mais intimidadora do que as demais penas; e aduzia o exemplo quase ritual, já utilizado por Montesquieu, do Japão: na época, afirmava-se que, embora as penas aplicadas no Japão fossem atrozes, o Japão era um país de criminosos. Depois, além desse argumento, refuta também aquele, fundado na justiça. Finalmente, aduz o argumento — que Beccaria não recordara — da irreversibilidade dos erros judiciários. Todo o discurso se inspira no princípio de que a suavidade das penas (e aqui a derivação de Beccaria é evidente) é prova de civilização, enquanto a crueldade delas caracteriza os povos bárbaros (mais uma vez, o Japão). Não nos afastaremos muito da verdade se dissermos que o mais célebre e inteligente continuador (quase repetidor) de Beccaria foi — desgraçadamente — Robespierre.[11]

5. Apesar da persistência e da predominância das teorias antiabolicionistas, não se pode dizer que o debate sobre a pena de morte, levantado por Beccaria, tenha deixado de produzir efeitos. A contraposição entre abolicionistas e antiabolicionistas é demasiadamente simplista e não representa exatamente a realidade. O debate sobre a pena de morte não visou somente à sua abolição: num primeiro momento, dirigiu-se para a

limitação dessa pena a alguns crimes graves, especificamente determinados; depois, para a eliminação dos suplícios (ou crueldades inúteis) que, via de regra, a acompanhavam; e, num terceiro momento, para a supressão de sua execução pública. Quando se deplora que a pena de morte ainda exista na maioria dos Estados, esquece-se que o grande passo à frente realizado pelas legislações de quase todos os países, nos dois últimos séculos, constitui na diminuição dos crimes puníveis com a pena de morte. Na Inglaterra, no início do século XVIII, ainda eram mais de duzentos os casos, entre os quais até mesmo o de crimes hoje punidos com poucos anos de prisão. Mesmo nos ordenamentos nos quais a pena de morte sobreviveu (e ainda sobrevive), ela é aplicada, quase exclusivamente, no caso de homicídio premeditado. Ao lado da diminuição dos delitos capitais, inclui-se entre as medidas atenuadoras, a supressão da obrigação de aplicá-la nos casos previstos, que é substituída pelo poder discricionário do juiz ou dos jurados de aplicá-la ou não. No que se refere à crueldade da execução, basta a leitura daquele fascinante livro de Foucault que é *Vigiar e punir,** onde se descrevem — no capítulo intitulado "A ostentação dos suplícios" — alguns episódios aterradores de execuções capitais precedidas de longas e ferozes sevícias. Um autor inglês do século XVIII, citado por Foucault, escreve que a morte-suplício é a arte de conservar a vida no sofrimento, subdividindo-a em mil mortes e obtendo-se — antes que cesse a existência — as mais refinadas agonias. O suplício é, por assim dizer, a multiplicação da pena de morte: como se a pena de morte não bastasse, o suplício mata uma pessoa várias vezes. O suplício responde a duas exigências: deve ser infamante (seja pelas cicatrizes que deixa no corpo, seja pela ressonância de que é acompanhado) e clamoroso, ou seja, deve ser constatado por todos.

Esse elemento nos remete ao tema da publicidade e, portanto, à necessidade de que a execução fosse pública (publicidade que, deve-se observar, não desaparece com a supressão das execuções públicas, já que se estende ao desfile em meio à multidão dos deportados encadeados rumo

---

* *Nota do Tradutor:* Ed. brasileira: *Vigiar e punir*, Petrópolis, Vozes, 1987.

aos trabalhos forçados). Hoje, a maioria dos Estados que conservaram a pena de morte a executam com a discrição e a reserva com que se executa um doloroso dever. Muitos Estados não abolicionistas buscaram não apenas eliminar os suplícios, mas tornar a pena de morte o mais possível indolor (ou menos cruel). Naturalmente, isso não quer dizer que o conseguiram: basta ler relatórios sobre as três formas de execução mais comuns — a guilhotina francesa, o enforcamento inglês e a cadeira elétrica norte-americana — para compreender que não é inteiramente verdade que tenha sido eliminado também o suplício, já que a morte nem sempre é tão instantânea como se deixa crer, ou se busca fazer crer, por parte dos que defendem a pena capital. De qualquer modo, a execução não se realiza mais à vista do público, ainda que o eco de uma execução capital na imprensa — e não se deve esquecer que, num regime de liberdade de imprensa, tem amplo espaço e difusão a imprensa sensacionalista — substitua a antiga presença do público na praça, diante do patíbulo. Sobre a vergonha da publicidade como argumento contra a pena de morte, gostaria de me limitar a recordar as invectivas de Victor Hugo, que por toda a vida a combateu apaixonadamente, com toda a potência do seu estilo eloquente (ainda que hoje nos possa parecer grandiloquente). Recentemente, foi publicado na França um livro que recolhe os escritos de Victor Hugo sobre a pena de morte: uma fonte de citações. Da leitura dessas páginas, resulta que ele batalhou, da juventude à velhice, contra a pena de morte, em todas as ocasiões, inclusive como político, mas também através dos escritos, das poesias e dos romances. As invectivas quase sempre partem da visão ou da descrição de uma execução. Em Os miseráveis, ele escreveu: "O patíbulo, quando está lá, erguido para o céu, tem algo de alucinante. Alguém pode ser indiferente quanto à pena de morte e não se pronunciar, não dizer nem sim nem não; mas isso só enquanto não viu uma guilhotina. Quando vê uma, o abalo é violento: ele é obrigado a tomar partido a favor ou contra." Hugo recorda que, quando tinha dezesseis anos, viu uma ladra que um carrasco marcava com ferro em brasa: "Ainda conservo no ouvido, quarenta anos depois, e sempre conservarei na alma, o espantoso grito da mulher. Era uma ladra; mas, a partir daquele momento, tornou-se para mim uma mártir."[12]

Chamei a atenção para essa evolução no interior do instituto da pena de morte para mostrar que, embora essa pena não tenha sido abolida, a polêmica iluminista não deixou de ter efeitos. Gostaria ainda de acrescentar que, frequentemente, mesmo quando a pena de morte é pronunciada por um tribunal, nem sempre é executada: ou é suspensa, e depois comutada, ou o condenado é agraciado. Nos Estados Unidos, o caso de Gary Gilmore, que foi justiçado em janeiro de 1977, no estado de Utah, provocou grande comoção porque, desde 1967 (há dez anos), ninguém fora justiçado. Em 1972, uma famosa sentença da Suprema Corte estabeleceu que muitas das circunstâncias em que se aplicava a pena capital eram anticonstitucionais, com base na VIII^a Emenda, que proíbe impor penas cruéis e desproporcionais ("unusual"). Porém, em 1976, uma outra decisão mudou a interpretação, afirmando que a pena de morte nem sempre viola a Constituição, com o que se abriu caminho para uma nova execução, precisamente a de Gilmore. O fato de que uma condenação à morte tenha suscitado tantas discussões e reanimado as associações abolicionistas mostra que, mesmo nos países onde ainda existe a pena capital, há uma opinião pública vigilante e sensível, que obstaculiza sua aplicação.

6. Do que disse até aqui, resulta já bastante evidente que os argumentos pró e contra dependem quase sempre da concepção que os debatedores têm da função da pena. As concepções tradicionais são sobretudo duas: a *retributiva*, que repousa na regra da justiça como igualdade (já a vimos em Kant e em Hegel) ou correspondência entre iguais, segundo a máxima de que é justo que quem realizou uma má ação seja atingido pelo mesmo mal que causou a outros (a lei de talião, do olho-por-olho, de que é exemplo conhecidíssimo o inferno de Dante), e, portanto, de que é justo (assim o quer a justiça) que quem mata seja morto (não tem direito à vida quem não a respeita, perde o direito à vida quem a tirou de outro, etc.); e a *preventiva*, segundo a qual a função da pena é desencorajar, com a ameaça de um mal, as ações que um determinado ordenamento considera danosas. Com base nessa concepção da pena, é óbvio que a pena de morte só se justifica se se puder demonstrar que sua força de intimidação é grande e superior à de qualquer outra pena (incluindo a prisão perpétua). As duas

concepções da pena se contrapõem também como concepção *ética* e concepção *utilitarista*; elas se fundem em duas teorias diversas da ética, a primeira numa ética dos princípios ou da justiça, a segunda numa ética utilitarista (que predominou nos últimos séculos e predomina até hoje no mundo anglo-saxônico). Pode-se dizer que, em geral, os adeptos da pena de morte apelam para a primeira (como, por exemplo, Kant e Hegel), enquanto os adversários se valem da segunda (como, por exemplo, Beccaria).

Permitam-me expor um episódio histórico, frequentemente relembrado num debate como o nosso, que remonta nada menos do que a 428 a.C., retirado das *Histórias* de Tucídides.[13] Os atenienses têm de decidir sobre a sorte dos habitantes de Mitilene, que se haviam rebelado. Falam dois oradores: Cléon afirma que os rebeldes devem ser condenados à morte porque lhes deve ser imposta a lei de talião e a punição que merecem; além disso, ele aduz que os outros aliados saberão assim que quem se rebela é punido com a morte; Diódoto, ao contrário, afirma que a pena de morte não serve para nada, já que "é impossível (e dá provas de grande ingenuidade quem assim pensa) que a natureza humana, quando se empenha com paixão na realização de qualquer projeto, possa ter um freio na força das leis ou em qualquer outra ameaça, de modo que é preciso evitar ter excessiva confiança em que a pena de morte seja uma garantia para impedir o mal".[14] Continua sugerindo a observância de um critério de utilidade, segundo o qual — em vez de matar os habitantes de Mitilene — deve-se buscar transformá-los em aliados.

7. Na realidade, o debate complica-se um pouco mais porque as concepções da pena não são somente essas duas (embora essas duas sejam, de longe, as predominantes). Recordo, pelo menos, outras três: a pena como expiação, como emenda e como defesa social. Dessas, a primeira parece mais favorável à abolição do que à conservação da pena de morte: para expiar é preciso continuar a viver. Mas pode-se também afirmar que a verdadeira expiação é a morte, a morte entendida como purificação da culpa, como cancelamento da mácula: o sangue se lava com sangue. A rigor, essa concepção da pena é compatível tanto com a tese da manutenção quanto com a da abolição da pena de morte.

A segunda — a da emenda — é a única que exclui totalmente a pena de morte. Mesmo o mais perverso dos criminosos pode se redimir: se ele for morto, ser-lhe-á vedado o caminho do aperfeiçoamento moral, que não pode ser recusado a ninguém. Quando os iluministas disseram que a pena de morte deveria ser substituída pelos trabalhos forçados, justificaram frequentemente essa tese afirmando que o trabalho redime. No comentário ao livro de Beccaria, Voltaire escreveu o seguinte, referindo-se à política penal de Catarina II, favorável à abolição da pena de morte: "Os delitos não se multiplicaram por causa dessa humanidade e quase sempre ocorreu que os culpados, enviados à Sibéria, lá se tornaram pessoas de bem"; e, pouco após, acrescenta: "Se os homens forem obrigados a trabalhar, tornar-se-ão pessoas honestas."[15] (Caberia fazer um longo discurso sobre essa ideologia do trabalho, cuja extrema, macabra, demoníaca consequência se revelou nas palavras colocadas na entrada dos campos de concentração nazistas: "Arbeit macht frei", ou seja, "o trabalho liberta".)

A terceira concepção, a da defesa social, é também ambígua: geralmente, os defensores da pena como defesa social foram e são abolicionistas, mas o fazem por razões humanitárias (e também porque recusam o conceito de culpa que está na base da concepção redistributiva, a qual só encontra sua própria justificação se admitir a liberdade do querer). Todavia, a defesa social não exclui a pena de morte: poder-se-ia afirmar que o melhor modo para se defender dos criminosos é eliminá-los.

8. Embora sejam muitas as teorias da pena, as duas predominantes são as que chamei de ética e de utilitarista. De resto, trata-se de um contraste que vai além do contraste entre dois modos diversos de conceber a pena, já que remete a uma oposição mais profunda entre duas éticas (ou morais), entre dois critérios diversos de julgamento do bem e do mal: ou com base em princípios bons, acolhidos como absolutamente válidos, ou com base em bons resultados, entendendo-se por bons resultados os que levam à maior utilidade do maior número, como afirmavam os utilitaristas (Beccaria, Bentham, etc.). Uma coisa, com efeito, é dizer que não se deve fazer o mal porque existe uma norma que o proíbe (por exemplo, os dez mandamentos); outra é dizer que não se deve fazer o mal porque ele tem

consequências funestas para a convivência humana. Dois critérios diversos e que não coincidem, porque pode muito bem ocorrer que uma ação considerada má com base em princípios tenha consequências utilitaristicamente boas, e vice-versa.

A julgar pela disputa a favor ou contra a pena de morte, como vimos, dir-se-ia que os defensores da pena de morte seguem uma concepção ética da justiça, enquanto os abolicionistas são seguidores de uma concepção utilitarista. Reduzidos a seus termos mais simples, os dois raciocínios opostos poderiam ser resumidos nestas duas afirmações: para uns, "a pena de morte é justa"; para os outros, "a pena de morte não é útil". Justa, para os primeiros, independentemente de sua utilidade. Desse ponto de vista, o raciocínio kantiano é irrepreensível: considerar o condenado à morte como um espantalho significaria reduzir a pessoa a meio, ou, como se diria hoje, instrumentalizá-la. Não útil, para os segundos, independentemente de qualquer consideração de justiça. Em outras palavras: para os primeiros, a pena de morte poderia até não ser útil, mas é justa; para os segundos, poderia até ser justa, mas não é útil. Portanto, enquanto os que partem da teoria da retribuição veem a pena de morte como um mal necessário (e talvez até como um bem, como vimos no uso de Hegel, já que reconstitui a ordem violada), os que partem da teoria intimidatória julgam a pena de morte como um mal não necessário e, portanto, como algo que de modo algum pode ser considerado um bem.

9. Não há dúvida de que, a partir de Beccaria, o argumento fundamental dos abolicionistas foi o da força de intimidação. Mas a afirmação de que a pena de morte teria menos força intimidatória do que a pena a trabalhos forçados era, na época, uma afirmação fundada em opiniões pessoais, derivadas, por sua vez, de uma avaliação psicológica do estado de espírito do criminoso, não sufragada por nenhuma comprovação factual. Desde que foi aplicado ao estudo da criminalidade o método da investigação positiva, foram feitas pesquisas empíricas sobre o maior ou menor poder dissuasório das penas, comparando-se os dados da criminalidade em períodos e em lugares com ou sem pena de morte. Essas investigações, naturalmente, foram facilitadas nos Estados Unidos pelo fato de existirem

estados em que vigora a pena de morte e outros em que ela foi abolida. No Canadá, um *Moratorium act* de 1967, que suspendeu a pena de morte por cinco anos, permitiu estudar a incidência dessa pena sobre a criminalidade, comparando-se o presente com o passado. Um exame cuidadoso desses estudos mostra que, na realidade, nenhuma dessas pesquisas forneceu resultados inteiramente convincentes.[16] Basta pensar em todas as variáveis concomitantes que têm de ser levadas em conta, além da relação simples entre diminuição das penas e aumento ou diminuição dos delitos. Por exemplo: a certeza da pena, problema já colocado por Beccaria (o que dissuade mais, a gravidade da pena ou a certeza de que ela será aplicada?). Somente se a certeza permanecer estável nos dois momentos é que a comparação pode ser feita. É o caso do terrorismo na Itália: o que contribuiu mais para a derrota do terrorismo, o agravamento das penas ou o melhoramento dos meios para descobrir os terroristas?

Diante dos resultados até agora obtidos por essa análise (nem sempre probatórios), tem-se buscado refúgio nas pesquisas de opinião: as opiniões dos juízes, dos condenados à morte, do público. Mas é preciso começar dizendo: em matéria de bem e de mal, o princípio da maioria não vale; e Beccaria o sabia muito bem, tanto que escreveu o seguinte: "Se me opusessem o exemplo de quase todos os séculos e de quase todas as nações, que puniram alguns delitos com pena de morte, responderia que esse exemplo se anula em face da verdade, contra a qual não há prescrição; que a história dos homens nos dá a ideia de um imenso arquipélago de erros, entre os quais sobrenadam, poucas e confusas, e a grandes intervalos de distância, algumas verdades."[17] Em segundo lugar, as pesquisas de opinião provam pouco, já que estão sujeitas às mudanças de humor das pessoas, que reagem emotivamente diante dos fatos de que são espectadoras. É sabido que a atitude do público diante da pena de morte varia de acordo com a situação de menor ou maior tranquilidade social. Se não tivessem ocorrido o terrorismo e o aumento da criminalidade nestes últimos anos, é provável que o problema da pena de morte sequer tivesse sido levantado. A Itália foi um dos primeiros Estados a abolir a pena de morte (em 1889, no código penal Zanardelli): quando Croce escreveu a *Storia d'Italia*, em 1928, afirmou que a abolição da pena de morte tornara-se um dado dos costumes, e que a simples ideia da restauração da pena capital era incompatível com o sentimento nacional. Apesar disso, poucos anos depois, o fascismo a restaurou sem grandes abalos na opinião pública, com exceção do protesto estéril de alguns antifascistas. Entre esses, recordo o livro de 1932 escrito por Paolo Rossi, que depois se tornou ministro da República e também presidente da Corte Constitucional, *La pena di morte e la sua critica*, no qual o autor pronuncia uma nítida condenação da pena de morte contra o projeto de novo código penal então em elaboração, recorrendo principalmente ao argumento da emenda.

O lado débil do argumento que baseia a exigência de abolir a pena de morte na sua menor força de intimidação reside no fato de que, caso fosse possível demonstrar de modo irrefutável que a morte tem (pelo menos em determinadas situações) um poder de dissuasão maior do que o de outras penas, ela deveria ser mantida ou reestabelecida. Não se pode ocultar a gravidade da objeção. Por isso, penso que seria, não diria um erro, mas um grande limite fundar a tese da abolição apenas num argumento utilitarista.

É verdade que existem outros argumentos secundários, mas que, a meu ver, não são decisivos. Há o argumento da irreversibilidade da pena de morte e, portanto, da irreparabilidade do erro judiciário. Mas os antiabolicionistas podem sempre retorquir que a pena capital, precisamente por sua gravidade e irremediabilidade, deve ser aplicada somente em caso de certeza absoluta de culpa. Nesse caso, tratar-se-ia de introduzir uma nova limitação à aplicação. Mas, se a pena de morte é justa e dissuasória, não importa que seja pouco aplicada, mas sim que exista. Há, além disso, um argumento contrário de peso: o das recidivas. Num opúsculo recente sobre a pena de morte (1980), o último que tive oportunidade de ler, publicado na popular coleção francesa "Que sais-je?", o autor — Marcel Normand — defende ferrenhamente a pena de morte e insiste no argumento da recidiva: cita alguns casos (que reconheço impressionantes) de assassinos condenados à morte e depois agraciados, os quais, quando retomaram à liberdade, apesar dos muitos anos de prisão, voltaram a cometer homicídios. Surge a inquietadora questão: se a condenação à morte tivesse sido executada, uma ou mais vidas humanas teriam sido poupadas. E a conclusão: para poupar a vida de um delinquente, a sociedade sacrificou a vida de um inocente. O *Leitmotiv* do autor é o seguinte: enquanto os abolicionistas se põem do ângulo do criminoso, os antiabolicionistas, se situam no das vítimas. Quem tem mais razão?

10. Ainda mais embaraçosa é a pergunta que me formulei há pouco, a respeito da tese utilitarista: o limite da tese está numa pura e simples presunção, a de que a pena de morte não serve para fazer diminuir os crimes de sangue. Mas se conseguisse demonstrar que ela previne tais crimes? Então o abolicionista teria de recorrer a outra instância de caráter moral, a um princípio posto como absolutamente indiscutível (um autêntico postulado ético). E esse argumento só pode ser derivado do imperativo moral "não matarás", que deve ser acolhido como um princípio de valor absoluto. Mas como? Poder-se-ia retrucar: o indivíduo tem o direito de matar em legítima defesa, enquanto a coletividade não o tem? Responde-se: a coletividade não tem esse direito porque a legítima defesa nasce e se justifica somente como resposta imediata numa situação onde seja impossível agir de outro modo; a resposta da coletividade é mediatizada através de um processo, por vezes até mesmo longo, no qual se conflitam argumentos pró e contra. Em outras palavras, a condenação à morte depois de um processo não é mais um homicídio em legítima defesa, mas um homicídio legal, legalizado, perpetrado a sangue-frio, premeditado. Um homicídio que requer executores, ou seja, pessoas autorizadas a matar. Não é por acaso que o executor da pena de morte, embora autorizado a matar, tenha sido sempre considerado como um personagem infame: leia-se o livro de Charles Duff, *Manual do carrasco*, recentemente traduzido em italiano, onde o carrasco é apresentado de modo grotesco como o cão, o amigo fiel da sociedade. Entre outras coisas, aduz-se — para negar a eficácia intimidatória da pena de morte — o caso de um carrasco que se torna, por sua vez, assassino, e que deve ser justiçado.[18]

O Estado não pode colocar-se no mesmo plano do indivíduo singular. O indivíduo age por raiva, por paixão, por interesse, em defesa própria. O Estado responde de modo mediato, reflexivo, racional. Também ele tem o dever de se defender. Mas é muito mais forte do que o indivíduo singular e, por isso, não tem necessidade de tirar a vida desse indivíduo para se defender. O Estado tem o privilégio e o benefício do monopólio da força. Deve sentir toda a responsabilidade desse privilégio e desse benefício. Compreendo muito bem que é um raciocínio difícil, abstrato, que pode ser tachado de moralismo ingênuo, de pregação inútil. Mas busquemos dar uma razão para nossa repugnância frente à pena de morte. A razão é uma só: o mandamento de não matar.

Não vejo outra. Fora dessa razão última, todos os demais argumentos valem pouco ou nada; podem ser contraditados por argumentos que têm, mais ou menos, a mesma força persuasória. Dostoievski o disse magnificamente, quando pôs na boca do Príncipe Michkin as seguintes palavras: "Foi dito: 'Não matarás.' E, então, se alguém matou, por que se tem de matá-lo também? Matar quem matou é um castigo incomparavelmente maior do que o próprio crime. O assassinato legal é incomparavelmente mais horrendo do que o assassinato criminoso."

De resto, precisamente porque a razão última da condenação da pena de morte é tão elevada e árdua, a grande maioria dos Estados continua a praticá-la, e continuará a fazê-lo, apesar das declarações internacionais, dos apelos, das associações abolicionistas, da nobilíssima ação da Amnesty International. Apesar disso, acreditamos firmemente que o desaparecimento total da pena de morte do teatro da história estará destinado a representar um sinal indiscutível do progresso civil. Esse conceito foi muito bem expresso por John Stuart Mill (um ator que amo): "Toda a história do progresso humano foi uma série de transições através das quais costumes e instituições, umas após outras, foram deixando de ser consideradas necessárias à existência social e passaram para a categoria de injustiças universalmente condenadas."[19]

Estou convencido de que esse será também o destino da pena de morte. Se me perguntarem quando se cumprirá esse destino, direi que não sei. Sei apenas que o seu cumprimento será um sinal indiscutível do progresso moral.

NOTAS

1. Platão, *As leis*, 854 e.
2. *Ibid.*, 870 e.

3. C. Beccaria, *Dei delitti e delle pene*, que cito da edição organizada por E. Venturi, Turim, Einaudi, 1965, p. 31, que contém, além do célebre texto, documentos da sua extraordinária fortuna na Itália e na Europa durante o século XVIII.
4. *Ibid.*, p. 59.
5. *Ibid.*, p. 62.
6. Extraio a citação do texto da "Reforma da legislação criminal toscana de 30 de novembro de 1786", incluído na edição cit. de Venturi, p. 274.
7. Da sexta questão da "Instrução", contida em "Reforma da legislação", cit., p. 646. No prefácio a seu livro, Venturi fala de Catarina H como uma fiel "plagiária" de Beccaria (p. XXXV).
8. Essa passagem encontra-se no cap. 5 do Livro H do *Contrato*, intitulado "O direito de vida e de morte".
9. Essa passagem encontra-se na segunda parte da *Doutrina do direito*, dedicada ao "Direito público"; cf. I. Kant, *Scritti politici e di filosofia della storia e del diritto*, Turim, Utet, 1956, p. 522.
10. A referência a Beccaria encontra-se no § 100 de *Princípios de filosofia do direito*. O adendo ao § 100 diz: "(...) esse esforço de Beccaria, de fazer abolir a pena de morte, produziu efeitos vantajosos; se nem José H nem os franceses conseguiram abolir inteiramente a pena de morte, começou-se, porém, a reconhecer quais são os delitos puníveis ou não com essa pena" (*Lineamenti di filosofia del diritto*, ed. italiana, Bari, Laterza, 1954, p. 327).
11. Na conclusão do discurso, diz Robespierre: "É preciso crer que o povo doce, sensível e generoso que habita a França, e cujas virtudes serão todas desenvolvidas pelo regime de liberdade, tratará com humanidade os culpados; e é preciso convir que a experiência, a sabedoria, vos permitem consagrar os princípios nos quais baseio a moção que apresento para abolir a pena de morte." Retiro a citação de M.A. Cattaneo, *Libertà e virtù nel pensiero politico di Robespierre*, Milão, Istituto Editoriale Cisalpino, 1968.
12. *Écrits de Victor Hugo sur la peine de mort*, présentés par Raymond Jean, Paris, Actes/Sud, 1979.
13. Trata-se do episódio narrado no livro III, que é conhecido sob o nome de rebelião e punição em Mitilene, ocorrido em 428-427 a.C.
14. Essa passagem encontra-se nos §§ 45 e 46 do Livro III.
15. Do "Commentaire sur le Traité des délits et des peines" de Voltaire (1766), incluído também na ed. cit. de Venturi, p. 374.
16. C. H. S. Jayewardene, *The Penalty of Death*, Toronto, Lexington Books, 1977.
17. *Ibid.*, p. 68.
18. Charles Duff, *Il Manuale del Roia*, Milão, Adelphi, 1980 (a primeira edição inglesa foi publicada em 1928).
19. J. S. Mill, *Utilitarianism*, cap. V, p. 94.

O DEBATE ATUAL
SOBRE A PENA DE MORTE

1. Num mundo como o nosso, abalado por guerras civis e internacionais cada vez mais cruentas e destruidoras, pela difusão de atos terroristas cada vez mais cruéis e impiedosos, resignado a viver sob a ameaça do extermínio atômico, o debate sobre a pena de morte — cujos efeitos não são nem de longe comparáveis aos dos massacres cotidianamente perpetrados no mundo — pode aparecer como pouco mais do que um ocioso passatempo dos costumeiros sábios que não se dão conta de como vai o mundo.[1]

Refiro-me, decerto, à pena de morte judicial, à qual está dedicada, em particular, esta minha introdução. Sobre a pena de morte extrajudicial em todas as suas formas — desde as infligidas pelos esquadrões da morte, pelos serviços secretos, pela própria polícia sob o argumento da legítima defesa, por uma mão misteriosa (que deve permanecer misteriosa) na prisão onde o condenado paga uma pena não capital, até aquela indireta perpetrada nos campos de concentração ou de trabalho forçado (a diferença entre matar e deixar intencionalmente morrer não é moralmente relevante) —, não há o que discutir. Cabe apenas condená-la como uma infâmia, e, quando muito, estudá-la em todos os seus aspectos, buscando compreender-lhe as causas, indicando as circunstâncias que a favorecem e explicando sua difusão. Não há mais solene condenação da pena de morte extrajudicial do que a que brota das páginas de um livro que os integrantes de minha geração não esqueceram: as *Cartas dos condenados à morte da Resistência europeia*.[2]

O debate já hoje secular sobre a pena de morte refere-se à questão de saber se é moral e/ou juridicamente lícito, por parte do Estado, matar para punir, ainda que respeitando todas as garantias processuais próprias do Estado de direito; em outras palavras, de saber se o direito que tem o Estado de punir, o qual em geral não é contestado, vai até o direito de infligir uma condenação à morte, ainda que nas formas de um processo legal. Os problemas levantados pelas execuções extrajudiciais são completamente diversos. Ninguém espera que surja um novo Beccaria para denunciar a desumanidade de tais execuções, ou para propor com argumentos de caráter humanitário (a "doçura das penas") ou jurídico (os limites do contrato social), a sua abolição. São problemas que se inserem num capítulo diverso da filosofia moral e jurídica, no capítulo relativo à justificação da guerra, ou do exercício da violência por parte de indivíduos ou grupos em cujas relações vigora apenas um princípio regulador dos conflitos, o da autotutela. É evidente que, uma vez admitida em certos casos a licitude da guerra, ou seja, de um modo de resolver conflitos mediante o uso de armas mortais, disso decorre a licença, embora dentro de certos limites (que constituem o *ius belli*), de matar. Com relação à pena de morte extrajudicial, o problema ético e/ou jurídico a discutir não é saber se é lícito infligir a morte, mas se é lícito o recurso a penas extrajudiciais, quaisquer que sejam, no interior de um Estado constituído, e, eventualmente, dentro de que limites e em quais circunstâncias.

2. Considerando os muitos séculos decorridos desde o nascimento do pensamento filosófico ocidental, o debate sobre a pena de morte é relativamente recente. A obra de Beccaria, da qual nasceu a primeira grande discussão pró e contra a pena capital entre os eruditos, é de 1764; o primeiro Estado que a aboliu foi o grão-ducado de Toscana, com uma lei de 1786. Ao longo de todo o curso da história da filosofia, a *communis opinio* dos filósofos foi favorável à pena capital, a começar por Platão e indo muito além do livro de Beccaria: basta pensar em Kant, Hegel e Schopenhauer. Se tivéssemos de nos basear no argumento *ex auctoritate*, os abolicionistas seriam derrotados.

Deixo de considerar a influência, ambivalente, do cristianismo sobre a solução do problema, já que o tema é tratado especificamente em outra das comunicações; digo "ambivalente" porque, da própria visão religiosa do mundo (e, portanto, das relações de convivência), foram extraídos, conforme a época e as circunstâncias, argumentos favoráveis e contrários. Levando em consideração exclusivamente as grandes concepções filosóficas da sociedade e do Estado, pode-se afirmar que a concepção orgânica do Estado, segundo a qual (para retomar o princípio aristotélico) "o todo está acima das partes", dominante no mundo antigo e na era medieval, ofereceu um dos argumentos mais comuns para a justificação da pena de morte. Se o homem, como animal político, não pode viver fora de um corpo social, do qual constitui logicamente um membro, a vida (ou melhor, a sobrevivência) do corpo social em sua totalidade é um bem superior à vida ou à sobrevivência de uma de suas partes; em particular, a vida de um indivíduo deve ser sacrificada à vida do todo quando, estando aquele infectado, apresenta o risco de contagiar e de pôr em perigo a vida do todo. Foi argumento de autoridade, durante séculos, o seguinte texto de Santo Tomás: "Cada parte está ordenada ao todo como o imperfeito ao perfeito (...). Por causa disso, vemos que, se a extirpação de um membro é benéfica à saúde do corpo humano em seu todo (...), é louvável e salutar suprimi-lo. Ora, cada pessoa considerada isoladamente coloca-se em relação à comunidade como a parte em relação ao todo. Por conseguinte, se um homem constitui um perigo para a comunidade, (...) é louvável e salutar matá-lo para salvar o bem comum."[3] Para mostrar como é persistente esse modo de justificar a condenação à morte, limito-me a citar a argumentação que, em A Montanha Mágica de Thomas Mann, Naphta — o "revolucionário da conservação" — apresenta contra Setembrini, que acabara de concluir sua peroração contra a pena de morte: "Tão logo (...) entra em jogo algo suprapessoal, supraindividual — e esse é o único estado digno do homem e, portanto, em sentido mais elevado, o estado normal —, a vida singular deve não apenas ser sacrificada sem cerimônia ao pensamento mais alto, mas deve ser posta em risco espontaneamente pelo próprio indivíduo."

Não foi por acaso que as primeiras teorias abolicionistas, a começar pela de Beccaria, se desenvolveram no âmbito da concepção individualista da sociedade e do Estado, que inverteu completamente a relação entre o todo e as partes, tornando possível — a partir de Hobbes — a fundamentação contratualista do Estado. Na verdade, não se pode afirmar que a negação do direito do Estado de punir um culpado com a morte seja uma conclusão lógica (e, como tal, necessária) de toda teoria que faça o Estado derivar de um contrato social originário: a melhor prova disso é a existência de autores que são, ao mesmo tempo, contratualistas e defensores da pena de morte (como Rousseau, para dar o exemplo mais conhecido, ao qual se pode aduzir também o de nosso Filangieri). Mas, ao contrário da concepção orgânica — da qual os autores de modo geral, se valeram, para aprovar a pena de morte —, a concepção contratualista tornou a recusa dessa pena, se não necessária, pelo menos possível. No § 100 da *Filosofia do direito*, no qual defende a pena de morte, Hegel vale-se da crítica a Beccaria para aduzir um argumento a mais contra as teorias contratualistas, das quais é um adversário radical.

3. Embora relativamente recentes, as teorias abolicionistas tiveram um notável sucesso, se não com relação à abolição total (já que ainda são muito mais numerosos os Estados que mantêm a pena capital do que os que a aboliram), pelo menos com relação à abolição parcial, ou mesmo quase total. Não me parece supérfluo sublinhar, mais uma vez, o fato de que o objeto das discussões nos últimos anos é a abolição *final* da pena de morte, que é agora limitada — até mesmo nos Estados que a mantiveram — a um número cada vez mais restrito de crimes particularmente graves. Sobre a necessidade de limitar sua previsão legislativa, não há mais discordância: a pena de morte deixou há muito de ser, como o foi durante séculos, a pena por excelência, já que era a mais fácil de executar e, ao mesmo tempo, a de maior poder de intimidação (aliás, a única que tinha verdadeiramente esse poder). Dir-se-ia que a maioria dos legisladores, antes da grande batalha iluminista, seguiam a linha de Drácon, o qual, perguntado sobre os motivos de sua severidade, respondera que a pena de morte era justa para os pequenos ladrões e que, para os outros crimes mais

graves, ainda não encontrara, infelizmente, uma pena maior. A partir de Beccaria, o que se tornou objeto de discussão não foi só saber se a pena de morte é eticamente lícita, mas também se é realmente a maior das penas.

Para constatar o processo gradual de deslegitimação da pena de morte, devem-se ainda considerar três dados reais:

a) restringe-se cada vez mais o número dos crimes para os quais a pena de morte é obrigatória, ao mesmo tempo em que se amplia o de crimes nos quais a aplicação da pena de morte é deixada à decisão discricional dos juízes e dos jurados;
b) nem em todos os Estados nos quais a pena de morte é ainda admitida, ela é efetivamente aplicada, tanto que, em todos os relatórios sobre a pena de morte no mundo, costuma-se acrescentar, ao elenco dos Estados onde ela está abolida *de iure*, aqueles nos quais está abolida *de facto*;
c) mesmo onde a pena de morte não só está prevista, mas a sentença capital foi emanada, manifestou-se a tendência à sua suspensão *sine die*, bem como ao seu perdão em consequência do indulto.

Embora seja nítida, no longo período que vem do Iluminismo até hoje, a tendência à diminuição da pena de morte, com relação tanto ao número de Estados quanto à natureza dos crimes, é preciso aduzir, pelo menos, duas outras especificações para tornar mais completa essa visão de conjunto: primeiro, a gradual e contínua conquista dos abolicionistas deteve-se diante da última fortaleza, a da abolição total, a qual mantém uma ferrenha resistência ao desmantelamento, com a consequência de que o debate a favor ou contra a pena de morte não pode de modo algum ser considerado como concluído, nem a causa dos abolicionistas dada como vitoriosa; segundo, a própria tendência à abolição, se considerada não a longo prazo, mas em períodos breves, não se demonstra de modo algum nítida, parecendo avançar, ao contrário, em ziguezagues.

No que se refere à natureza do debate, vale a pena observar também que ele é muito mais intenso nos países onde não se deu ainda a abolição total e o problema se põe *de iure condendo*, ou onde a reforma foi aprovada recentemente. Num país como a Itália — que, após a queda do fascismo, retomou (ou melhor, tornou norma constitucional) a proibição da pena de morte —, as tradicionais doutrinas antiabolicionistas, pelo menos até agora, reemergiram menos do que nos Estados Unidos e na França. Falando de "doutrinas", refiro-me ao debate tal como se desenvolve entre filósofos, sociólogos, psicólogos, juristas, etc. Outra é a situação no que se refere ao chamado "sentimento popular", ao *common sense* dos escritores anglo-saxônicos. E, com efeito, uma constatação habitual de todos os que se ocuparam da pena de morte é que, entre o senso comum e a opinião dos doutos, existe geralmente uma grande defasagem. As teses abolicionistas começam a predominar entre os que se ocupam profissionalmente do problema, nas ligas ou associações em favor dos direitos do homem ou assemelhados, nas próprias Igrejas constituídas (ao contrário de uma tradição que já parecia consolidada), ao passo que, se formos julgar por muitas pesquisas de opinião — cuja credibilidade, de resto, pode despertar sérias dúvidas — o sentimento popular continua a ser hostil a tais teses, quando não chega mesmo a reclamar o retorno à pena de morte onde ela já foi há muito abolida. Já que falei da Itália, é impossível ignorar o fato de que, enquanto a república dos doutos não deu até agora sinal de ter sido solicitada a levantar o problema da difusão e da crudelização da violência criminal e política, a opinião do público — tal como se manifesta nas cartas aos jornais, nas conversas cotidianas, na resposta aos apelos provenientes de movimentos e partidos de extrema direita demonstrou-se sensível a essas solicitações. De resto, a existência dessa defasagem entre opinião douta e opinião popular é provada pelo fato de que um dos argumentos, ainda que débil, ao qual recorrem os antiabolicionistas para defender ou corroborar suas teses, nos países onde a discussão é viva, é o chamado argumento do *common sense*. Também o ministro Rocco recorreu a ele para justificar a retomada da pena de morte na Itália durante o fascismo. Mas o argumento é débil por diversas razões: a) a invocação popular da pena de morte ("é preciso encostá-los no muro") é indiscriminada, não fazendo nenhuma distinção entre crimes mais ou menos graves; b) o sentimento popular é volúvel, sendo facilmente influenciável pelas circunstâncias; c) as questões de princípio suportam mal uma resolução com base na regra da maioria.

Quanto à segunda observação, relativa à não linearidade da tendência abolicionista, a principal observação a fazer é que a legislação sobre a pena de morte sofre o efeito do estado de maior ou menor tranquilidade em que se encontra uma determinada sociedade e do (muitas vezes consequente) menor ou maior grau de autoritarismo do regime. Assim, enquanto a tendência constante no longo prazo é certamente no sentido da restrição do âmbito da pena capital, seja *ratione loci* ou *ratione materiae*, há casos em que, por um breve período, a pena de morte foi restabelecida em Estados que há muito a tinham abolido: é típico o caso da Itália durante o fascismo. A relação de dependência entre o debate sobre a pena de morte e o estado da ordem pública pode trazer uma comprovação à constatação de que na Itália, durante o império do Código Zanardelli (1889), que abolira tal pena, o problema do restabelecimento jamais foi seriamente levantado, numa situação de gradual contenção e regulamentação dos conflitos sociais; ao contrário, quando o restabelecimento ocorreu por obra de um regime autoritário como o fascismo, em consequência também do aguçamento e da radicalização da luta social no imediato primeiro pós-guerra, isso ocorreu com o pleno consentimento ou, pelo menos, com a indiferença do público. Se houve alguma resistência, essa foi exclusivamente, em meio ao conformismo geral, de caráter doutrinário (deve-se recordar, pelo menos, o livro de Paolo Rossi, publicado em 1932).

4. A particular intensidade do debate atual sobre a pena de morte depende não apenas do interesse sempre vivo pela solução legislativa do problema, mas também do fato de que ele se insere num dos debates em que mais intensamente se empenharam os filósofos morais contemporâneos (particularmente os anglo-saxônicos): o debate sobre o direito à vida. Para se ter uma ideia, ainda que só aproximativa, da amplitude e da relevância desse debate, pode-se considerar que ele compreende, além do tema do direito à vida em sentido estrito (ou seja, do direito de não ser morto), também o direito de nascer ou de ser deixado à luz, o direito de não ser deixado morrer e o direito de ser mantido em vida ou direito à sobrevivência. Já que não há direito de um indivíduo sem o correspondente dever de outro, e já que todo dever pressupõe uma norma imperati-

va, o debate sobre as quatro formas em que se explicita o direito à vida remete ao debate sobre o fundamento de validade e, eventualmente, sobre os limites do dever de não matar, de não abortar (ou de não provocar o aborto), de socorrer quem está em perigo de vida, de oferecer os meios mínimos de sustento a quem deles é carente. Traduzidos em termos normativos, esses quatro deveres pressupõem quatro imperativos, sendo os dois primeiros negativos (ou ordem de não fazer) e os dois outros, positivos (ou ordem de fazer).

Considerado do ponto de vista do direito à vida, o problema da pena de morte insere-se no debate geral sobre o direito à vida em sentido estrito e, por conseguinte, sobre o fundamento de validade e, eventualmente, sobre os limites da norma "não matarás". Para quem considera que o "não matarás" tem validade absoluta (e que, portanto, no sentido kantiano, é um imperativo categórico que não permite exceções), o problema da pena de morte já está resolvido: infligir a pena capital é algo ilícito em qualquer caso. Mas existem imperativos categóricos? O próprio Kant é defensor da pena de morte. Então, o "não matarás" não é um imperativo categórico? Felizmente, podemos prescindir de dar uma resposta à pergunta, já que — se o debate sobre a licitude da pena de morte, na realidade, não tende a se aplacar, continuando a alimentar sutis, cada vez mais sutis, controvérsias entre os filósofos morais — isso depende do fato de que nenhum dos contendores parte do pressuposto da validade absoluta do preceito "não matarás", nem, por conseguinte, da consideração do direito à vida como direito absoluto, que deve valer em todos os casos, sem exceção. O que caracteriza os chamados direitos fundamentais, entre os quais está certamente o direito à vida, é o fato de serem universais, ou seja, de valerem para todo homem, independentemente da raça, da nacionalidade, etc., mas não necessariamente de valerem sem exceções.[4] Com isso, não queremos afirmar que não existam direitos absolutos (penso que, na consciência contemporânea, esse é o caso, por exemplo, do direito de não ser torturado ou de não ser escravizado), mas simplesmente que o caráter absoluto do direito à vida não é habitualmente usado (e, de resto, seria difícil fazê-lo) como argumento em favor da abolição da pena de morte. Então, uma vez admitido que o mandamento "não matarás" admite exceções, o ponto controverso é saber se a pena de morte pode ser considerada como uma exceção. *Já* que é regra geral de toda controvérsia que quem defende uma exceção ao princípio geral deve justificá-la, cabe então aos defensores da pena de morte o ônus de aduzir argumentos tais que tornem aceitáveis a admissão, restando aos que a negam a tarefa de refutá-las. Do ponto de vista dos procedimentos, com efeito, o debate sobre a pena de morte desenvolveu-se em toda a sua história, e ainda se desenvolve atualmente, através da apresentação prioritária dos argumentos adotados para justificar esse caso de exceção à proibição de matar, e da sucessiva defesa, pelo menos no caso específico, da validade do preceito.

5. Tal como no caso da secular discussão sobre a justificação do recurso ao uso da força, que se resolve na busca de uma *iusta causa* para um comportamento normalmente considerado injusto — e do qual o exemplo historicamente mais interessante, e ainda hoje rico de ensinamentos, foi o da guerra justa —, os dois argumentos mais comuns (e também mais fáceis) adotados para justificar a pena de morte são o *estado de necessidade* e a *legítima defesa*. Trata-se, como todos sabem, de dois motivos de justificação de um delito (cujas consequências podem ser a não incriminação ou a não punibilidade), acolhidos pelo direito penal de todos os países. O que vale para o indivíduo, assim se argumenta, não tem por que não valer também para o Estado. Aliás, valeria ainda com maior razão para o Estado, com base na supremacia do Estado sobre o indivíduo, de onde nasceu e prosperou durante séculos a doutrina da razão de Estado, fundada no princípio de que, na condução do Estado, são admitidas *derrogações* às normas gerais que valem para a conduta dos privados. Naturalmente, essas duas causas de justificação de um ato gravíssimo como o homicídio praticado pelo Estado podem também ser vistas do ângulo do indivíduo, na medida em que este é titular do direito universal à vida, derivado da obrigação igualmente universal de não matar. Se se parte do pressuposto de que o direito à vida não é um direito absoluto (assim como não é absoluto o preceito de não matar), disso resulta que pode ser perdido (uma outra questão é saber se eu posso renunciar a ele, e se, além do direito de viver, deva admitir-se também o dever de viver). As circunstâncias nas

quais se pode perder o direito à vida são sobretudo duas: quando tal direito entra em conflito com um direito fundamental considerado como superior; e quando o titular do direito não reconhece e viola o igual direito dos outros, ou quando se choca com um *outro* direito ou com o direito do *outro*. Olhando-se bem, vê-se que estado de necessidade e legítima defesa podem ser considerados causas de justificação da pena de morte também do ponto de vista do direito (não absoluto) do indivíduo à vida: na justificação com base no estado de necessidade, o direito à vida do indivíduo entra em conflito com o direito à segurança do Estado; na justificação com base na legítima defesa, o indivíduo perde o direito à vida por ter posto em risco a vida de outros, dos quais se torna vingador o poder público.

Todavia, ambos os argumentos são débeis: mencionei-os porque, apesar de sua fragilidade, são frequentemente utilizados, ainda que hoje em dia mais por parte do *common sense* do que da doutrina. Sua fragilidade deriva do fato de que o Estado não se encontra diante do dilema de infligir a pena de morte ou de deixar sem punição um ato criminoso. A pena de morte — ou o assassinato legalizado — é uma das possíveis penas de que o Estado dispõe. Não se pode pôr em discussão o problema da licitude ou oportunidade da pena de morte sem levar em conta o fato de que não se trata do único remédio para o delito e que existem penas alternativas. Tanto o estado de necessidade quanto a legítima defesa operam como causas de justificação, no pressuposto de que o indivíduo em certas circunstâncias, precisamente nas circunstâncias em que não pode deixar de violar a lei (a necessidade não tem lei) sem que sua vida fique séria e gravemente ameaçada, não tem alternativas. O Estado — como detentor do monopólio da força e como conjunto de aparelhos que se encarregam, de várias maneiras, do exercício da força — não se encontra habitualmente em tais situações (nas quais pode encontrar-se o policial enquanto indivíduo, o qual, como qualquer outro cidadão, pode beneficiar-se da exceção da legítima defesa): o Estado dispõe de penas alternativas e, portanto, não é obrigado a matar para infligir a pena.

Quando se levam em conta essas sanções alternativas, entre as quais existem penas severas como a prisão perpétua — e não se pode deixar de levá-las em conta —, então a disputa sobre a pena de morte deve deslocar-se para um outro terreno, que é o da comparação entre essa pena e outras sanções possíveis. Já não se trata de discutir em torno das causas de justificação da violação do preceito "não matarás" isoladamente considerado e, portanto, em *sentido absoluto*, mas de travar a disputa na presença de determinadas alternativas funcionais à pena de morte e, portanto, *em relação* a elas; em outras palavras, o problema já não é apenas o da licitude ou da oportunidade da pena de morte como homicídio com justa causa, mas da licitude ou oportunidade do homicídio legal em concorrência e, portanto, em comparação com outras sanções. O defensor da pena de morte não se pode limitar a aduzir argumentos em favor da derrogação do preceito de não matar (como o estado de necessidade e a legítima defesa), derrogações que podem valer tanto com relação à ação do indivíduo quanto no caso de guerra, no qual o Estado não dispõe em face dos outros Estados de sanções eficazes como a da detenção; ele deve aduzir ainda argumentos para justificar o homicídio legal, *não obstante* a possibilidade que tem o Estado de recorrer a outros meios para punir o culpado (e para prevenir o delito). Quando Beccaria pronunciou a primeira clamorosa condenação da pena de morte, um dos argumentos apresentados, o que se destinava a ter maior sucesso, foi que a prisão perpétua tinha uma forma intimidatória maior do que a morte, e que, portanto, com relação a essa outra pena, a pena de morte não era "nem útil nem necessária".

6. Uma vez que o problema da pena de morte deixa de ser tratado no quadro do debate sobre as eventuais derrogações do preceito "não matarás", sendo trazido, ao contrário, para o campo estritamente penalístico da natureza e das funções das várias sanções, mediante as quais o Estado cumpre sua função punitiva e preventiva — ou seja, quando a pena de morte é considerada como sanção, e como uma sanção entre outras, e, enquanto tal, como meio para punir o culpado (*quia peccatur*) e para impedir que outros cometam no futuro crimes semelhantes (*ne peccetur*) —, então as teorias principais que se chocam e se combatem, mediante golpes de "boas razões", são sobretudo duas: a retributiva, segundo a qual a função essencial da pena é intercambiar o *malum actionis* com o *malum passionis*; e a preventiva, segundo a qual a função essencial da pena consiste em

desencorajar as ações que o ordenamento considera como nocivas, sendo, portanto, intimidatória e dissuasória.

A distinção entre as duas teorias é nítida, ainda que, no concreto, haja quem extraia argumentos tanto de uma quanto da outra para defender a própria tese. Geralmente, porém, há uma predominância de defensores da pena de morte entre os que sustentam a tese da pena como retribuição, enquanto os defensores da abolição se encontram, sobretudo, entre os que sustentam a tese da pena como prevenção. A distinção é nítida porque a diferença entre as duas teorias se baseia numa diversa formulação geral do problema. Diante do problema da pena de morte — como, de resto, diante de qualquer outra medida que o Estado deva tomar para cumprir suas tarefas —, podem-se propor duas diferentes questões: a) se é eticamente lícita; b) se é politicamente oportuna. As duas questões devem ser bem diferenciadas, já que podem levar a respostas diversas; uma medida eticamente justa pode ser politicamente inoportuna e vice-versa. O contraste secular entre ética e política tem sua fonte principal nessa divergência. Na realidade, como já se observou várias vezes, o contraste entre ética e política se resolve no contraste entre duas éticas (às quais Max Weber deu os nomes de ética da intenção e ética da responsabilidade), ou, se se prefere, entre dois diferentes critérios de julgamento da bondade ou da maldade das ações humanas: ou segundo a conformidade com princípios universais, que são pressupostos como mandamentos para a boa ação e como proibições da má ação, ou a partir do resultado obtido, o qual é habitualmente julgado segundo o princípio utilitarista da máxima felicidade para o maior número (disso resulta que o contraste entre as duas éticas é também representado como contraste entre a moral deontológica e a moral utilitarista). Ora, o problema que o retributivista se põe é o da licitude moral da pena de morte; e, ao fazer assim, ele se coloca do ponto de vista da ética que julga as ações com base em princípios preestabelecidos. Ao contrário, o problema que o preventivista (que me seja permitido esse neologismo) se coloca é o problema da oportunidade política da pena de morte; e, ao fazer isso, ele se situa no ponto de vista de uma ética que julga as ações com base no resultado.

Quis chamar a atenção para esse contraste na colocação geral do problema porque ele pode servir para explicar as razões pelas quais, nos debates sobre a pena de morte, o diálogo entre retributivistas e preventivistas aparece frequentemente como um diálogo de surdos. Perguntar se o culpado de um crime grave deva ser condenado à pena de morte porque esta é justa é pôr um problema de ética dos princípios ou de licitude moral; perguntar se a pena de morte deva ser infligida porque é mais intimidatória do que qualquer outra pena é pôr um problema de ética do resultado, ou de oportunidade política.

A melhor prova desse contraste sobre os pressupostos é um dos argumentos fundamentais utilizado por uns e por outros não para defender a própria tese, mas para refutar a do adversário. Kant, defensor da pena de morte por ser retributivista, recusa o argumento da intimidação como imoral, já que esse argumento viola a máxima que proíbe tratar a pessoa como meio. O utilitarista, convencido de que a pena de morte é inútil porque menos dissuasória do que outras penas, recusa o argumento da retribuição por considerá-la efeito de um obtuso e desumano rigorismo moral.

Resumindo: para os que põem o problema da pena de morte como problema de justiça, trata-se de demonstrar que a pena de morte é justa com base nos princípios da justiça retributiva (que é uma subespécie da justiça geral, tal como a comutativa ou aritmética), independentemente de qualquer referência a motivos de utilidade social (*fiat iustitia, pereat mundus*); para os que se põem o problema da pena de morte de um ponto de vista exclusivamente utilitarista, a pena de morte deve ser recusada porque não serve aos fins que devem ser próprios do Estado, organismo não ético, ou seja, os de desencorajar o delito, independentemente de qualquer razão de justiça abstrata. Dito de outro modo e sinteticamente: para os primeiros, a pena de morte poderia também ser útil, mas o que importa é que seja justa; para os segundos, poderia também ser justa, mas o que importa é que seja útil. Já que, para esses, ela não é útil, deve ser recusada como um mal não necessário, ao passo que, para aqueles, na medida em que satisfaz uma exigência de justiça, deve ser aprovada por ser eticamente boa, independentemente do fato de ser ou não útil.

7. A diversidade dos pressupostos filosóficos é certamente uma das razões do fato de que o debate jamais se tenha esgotado completamente,

mas permaneça sempre vivo, intenso, ferrenho, com as partes contrapostas jamais se dando por vencidas. Mas não é a única. É preciso levar em conta que um debate de filosofia moral não pertence ao campo da lógica demonstrativa, mas ao da lógica argumentativa ou da retórica (para usar a expressão de Perelman), e que, por conseguinte, os argumentos pró e contra jamais são dirimentes e, como tal, definitivos. E, com efeito, não há argumento adotado por uma das partes que não seja contraditado pela outra; não há uma "boa" razão em defesa de uma das teses que não seja contraditada por uma "boa" razão em defesa da tese oposta.

Observemos: a teoria retributiva, cuja força consiste no apelo ao princípio da justiça retributiva ou comutativa, segundo a qual uma das regras sobre as quais se apoia qualquer convivência humana possível é a correspondência entre o dar (ou o fazer) e o receber (uma aplicação do princípio geral da reciprocidade), tem seu ponto fraco na afirmação de que a única correspondência possível ao ato de infligir a morte é receber a morte. Quando Kant afirma que quem mata deve morrer (e trata-se de um dever não hipotético, mas categórico), comenta: "Não há nenhum sucedâneo, nenhuma comutação de pena, que possa satisfazer a justiça. Não há nenhuma comparação possível entre uma vida, ainda que penosa, e a morte; e, por conseguinte, nenhuma outra compensação entre o delito e a punição, salvo a morte."[5] Ele dá por suposto, então, que a morte é o pior dos males. Mas se não fosse? Decerto, quando Kant diz que não há comparação possível entre uma vida, ainda que penosa, e a morte, pretende refutar a tese de Beccaria e de todos os que o seguiram. Mas essa é uma afirmação peremptória, desprovida de qualquer comprovação.

A esse ponto, a teoria retributiva é obrigada a descer do céu dos princípios para a terra dos dados empíricos, assumindo o caminho perigoso e incerto do chamado argumento da "preferência" (já adotado por Feuerbach e continuamente retomado): posto diante da escolha entre a morte e a prisão perpétua, o que o condenado escolheria? É indubitável que esse argumento é um caminho obrigatório para o retributivista, cuja teoria resiste ou cai conforme consiga ou não demonstrar qual é a pena justa para cada crime (e, para o crime mais grave, que é o homicídio, a pena justa deve ser a pena mais grave); mas é igualmente indubitável que o argumento da preferência foi várias vezes (e, em minha opinião, com sucesso) refutado, seja porque um argumento como esse só pode ser apoiado num imenso número de respostas dos mais diferentes sujeitos, o que não é fácil de conseguir nem jamais foi seriamente tentado, seja porque os dois lados do dilema, ou a morte imediata ou a morte adiada após uma detenção provavelmente longa, não são emotivamente comparáveis, já que o primeiro é certo e exclui qualquer esperança, enquanto o segundo deixa lugar à esperança, ou à ilusão, de que a situação possa alterar-se no longo prazo. O fato de que o condenado declare preferir a detenção prolongada não é tanto uma prova do caráter mais aterrador da pena de morte, mas antes a expressão do estado de espírito do sujeito, do qual não se pode extrair nenhuma conclusão acerca da dúvida proposta.[6]

O ponto fraco da teoria preventivista, hoje dominante entre os abolicionistas, já que a licitude da pena de morte foi tradicionalmente defendida pelos retributivistas, consiste em jogar o jogo apostando tudo numa única carta, a da intimidação. O seu argumento principal é que a pena de morte não tem a força intimidatória que lhe é atribuída (arbitrariamente), e que, portanto, de um ponto de vista utilitarista, desaparece sua única razão de ser. A debilidade desse argumento reside no fato de que, até agora, não foi obtida nenhuma comprovação segura da força dissuasória das diversas penas, em particular da pena de morte em relação à da prisão prolongada, apesar das pesquisas de opinião e investigações empíricas realizadas, nos países onde a pena de morte foi abolida ou restaurada, entre o "antes" e o "depois". Também nesse campo, as ciências sociais permaneceram firmemente situadas na universalidade do "mais ou menos". Bem entendido, a culpa não é dos cientistas sociais, mas da quase infinita variedade dos entes (os seres humanos) que constituem o objeto de suas observações, da mutabilidade das condições em que os indivíduos agem, pelo que é difícil que a própria observação possa ser repetida *ceteris paribus*, bem como das muitas variáveis que têm de ser levadas em consideração, entre as quais, no caso específico, são importantíssimas a extraordinária variedade dos delitos e de suas motivações e a maior ou menor certeza de ser descoberto e condenado. Trata-se, de resto, do problema já posto por Beccaria: é mais dissuasória a gravidade da pena ou a certeza de sua aplicação? Somente se a certeza permanecer estável nos dois momentos do "antes" e do "depois" é que a comparação se torna possível. O problema foi repetidamente colocado quando do debate sobre o terrorismo e sobre o sequestro de pessoas na Itália: o que contribui mais para a derrota do terrorismo e para a diminuição dos sequestros, o agravamento das penas ou uma ação mais eficaz na luta contra a delinquência? Poderosas associações criminosas, como a máfia, obtêm um extraordinário efeito de obediência às suas leis com a ameaça da pena de morte (a única pena que conhecem), porque a probabilidade de escapar dela, para os que transgridem tais leis, é mínima.

É tão grande a dúvida sobre a força de intimidação da pena de morte em relação à pena de prisão prolongada que alguns abolicionistas foram obrigados a recuar para o chamado argumento da "aposta" (no sentido do *pari* pascaliano): na dúvida, tanto a manutenção quanto a abolição se baseiam numa aposta, no sentido de que os defensores apostam em sua eficácia, enquanto os adversários o fazem em sua ineficácia. Mas há uma diferença entre a aposta de uns e de outros: apostar na eficácia conduz a um resultado do qual não se pode mais recuar, se a dúvida for resolvida em sentido contrário, enquanto apostas na ineficácia, poupando uma vida, permitem a mudança de rumo quando a descoberta da verdade mostrar o erro da posição assumida. O argumento da aposta é sempre um argumento interlocutório, que vale enquanto permanecer a incerteza sobre a questão: o que é mais dissuasório, a pena de morte ou a prisão perpétua? Enquanto a plausibilidade da aposta pascaliana deriva do fato de que a dúvida sobre a existência do inferno e do paraíso é insolúvel, é uma dúvida radical, a aposta dos abolicionistas se justifica com base numa dúvida que pode vir a ser resolvida, e que, uma vez resolvida, em certo sentido assinalaria sua irremediável derrota. Tudo isso leva a concluir que os que querem implantar a tese da abolição sobre uma sólida base não podem se limitar a recorrer ao argumento da intimidação, já que — se se conseguisse demonstrar, de modo irrefutável, e nada exclui essa possibilidade, que a pena de morte tem um poder de intimidação maior do que o de outras penas, pelo menos em determinadas situações e para certos crimes — eles deveriam reconhecer ter perdido a sua batalha.[7]

8. A verdade é que uma tese, especialmente no campo moral e político, jamais é defendida com único argumento. Basta pensar no que ocorre numa sessão de um tribunal: ao lado do argumento principal, há o argumento incidental. O gênero literário no qual se inspiram ou do qual se aproximam (cada vez mais) os escritos de filosofia moral é do diálogo com coadjuvante: expõem-se as teses do adversário, a cada tese se faz corresponder uma objeção, preveem-se as contraobjeções, às quais se responde com novas objeções, e assim por diante.

É o caso na controvérsia sobre a pena de morte. Um relatório redigido com base em dois questionários — enviados pelas Nações Unidas, nos anos 60, aos governos, a organismos não governamentais, a personagens representativos — arrola quinze motivos adotados pelos Estados abolicionistas, o primeiro dos quais consiste precisamente em afirmar que "o valor da pena de morte como dissuasória não está provado ou é discutível", depois ratificado pela consideração de que a detenção é suficiente, finalmente "reforçado" pela observação de que, em alguns casos, a própria pena de morte é criminógena.[8] Não é o caso de expor aqui todos os motivos, tanto mais que alguns deles têm um caráter limitado ao país que os enunciou. Mas não existe nem um contra o qual os antiabolicionistas não tenham contraposto, ou não possam facilmente contrapor, um motivo contrário. Dessas contraposições, limito-me a tomar em consideração as duas que me parecem historicamente (e ainda hoje) mais importantes, a primeira das quais se situa no terreno filosófico, enquanto a segunda se põe num terreno mais estritamente jurídico.

As duas concepções mais gerais da pena sobre as quais me detive são a retributiva e a utilitarista. Ambas consideram a pena do ponto de vista das tarefas e dos interesses do Estado. Mas o problema da pena pode também ser considerado do ponto de vista do indivíduo que deverá sofrê-la. Desse ponto de vista, as concepções mais comuns são as da expiação e da emenda. Segundo a primeira, o fim da pena, em relação não ao que fez justiça mas ao que é julgado, é contribuir — através do sofrimento — para o resgate do mal realizado; segundo a outra, é ajudar o condenado a se corrigir e, através da correção, a restabelecer-se. Ora, dessas duas concepções, a primeira é perfeitamente compatível com a pena de morte, já que se pode afirmar que o mais grave dos delitos, o assassinato de um semelhante, só pode ser expiado com a morte, entendida a morte como purificação da culpa, como cancelamento da mácula (o sangue se lava com sangue, ou, como diz o poeta, "se cometi delito, a expiá-lo venho, diante de teus olhos, com o meu sangue"); a segunda, ao contrário, é absolutamente incompatível, pela óbvia razão de que condição necessária para se emendar é sobreviver. A correspondência entre essas duas concepções da pena *a parte subiecti*, por um lado, e as duas *a parte rei publicae*, por outro, é evidente. O argumento fundado sobre a função expiatória pode ser usado para reforçar a tese dos defensores da pena de morte, enquanto o argumento fundado na função emendadora pode ser usado para confirmar a tese dos abolicionistas. Mas ambos são reciprocamente irrefutáveis, já que se baseiam em pressupostos axiológicos que, quando não são fundados apenas emotivamente, enraízam-se em complexos sistemas de crenças dificilmente comparáveis entre si.

No terreno jurídico, o argumento mais forte dos abolicionistas é aquele que diz que a execução da pena de morte torna irremediável o erro judiciário. Não há tratado sobre a pena de morte que não cite casos exemplares da prova de inocência do suposto culpado, descoberta após a morte no patíbulo; nem jamais pareceu argumento aceitável o que diz que o custo social da morte de um inocente é inferior ao benefício que a sociedade retira da eliminação física de tantos terríveis criminosos: aliás, trata-se de um argumento diante do qual a consciência humana, de modo geral, recua horrorizada. Mesmo prescindindo da relativamente fácil resposta dos antiabolicionistas, segundo a qual a pena de morte deve ser infligida com as maiores cautelas e somente quando se tenha a certeza total do delito, com base na sábia máxima de que é "melhor que se salve um criminoso do que deixar morrer um inocente" (já que, se a pena de morte é eficaz corno intimidação, não importa que seja pouco aplicada, mas sim que exista), um argumento contra a abolição, não menos forte do que o do erro judiciário e oposto a ele, pode ser extraído dos casos — dos quais os antiabolicionistas dão numerosos exemplos — de assassinos contumazes, isto é, de perigosos criminosos que, uma vez de volta à liberdade, por cessação da pena, anistia ou evasão, cometeram outros homicídios.[9] Não há dúvida de que o caso do contumaz levanta uma inquietante questão: "Se tivesse sido condenado à morte, não se teria poupado a vida de um inocente?" Se é aceitável a máxima de que "é melhor que se salve um criminoso do que deixar morrer um inocente", o que dizer desta outra: "Não importa que um inocente morra, contanto que um criminoso se salve?" A questão é embaraçosa mesmo quando a vítima do contumaz não é juridicamente um inocente, como ocorre nos casos de vingança por um agravo real sofrido, e, portanto, a vítima é juridicamente condenável. Não há quem não veja quanto essa questão pode efetivamente se colocar diante da dramática frequência com que, em nossas prisões, criminosos comuns ou terroristas — os quais, onde vigora a pena de morte, teriam sido provavelmente justiçados — continuam a matar.

Para concluir, ao lado desse vaivém de argumentos pró e contra, a disputa sobre a pena de morte conhece também argumentos reversíveis ou de dois gumes, argumentos que prestam a ser utilizados por uma e por outra parte. Um desses, bastante curioso, refere-se à "dureza" da pena de morte: para os abolicionistas, a pena capital deve ser abolida por razões humanitárias, precisamente pela sua dureza; ao contrário, um filósofo como John Stuart Mill, que não pode certamente ser acusado de conservador, pronunciou no Parlamento inglês um discurso favorável à manutenção da pena capital nos casos mais graves, afirmando que a abolição estaria destinada a produzir "an enervation, an effeminacy in the general mind of the country", ou seja, a desencorajar o desprezo pela morte, com o qual uma sociedade deve contar como uma virtude social necessária.[10] Mas o exemplo mais interessante de reversibilidade refere-se ao diferente uso do mesmo preceito, "não matarás", Os defensores da pena de morte recorrem frequentemente ao argumento de que a condenação capital do homicida é um solene atestado (o mais solene que se possa dar) do mandamento de "não matarás", no sentido de que a vida do outro deve ser respeitada se se quer que a própria o seja; para o abolicionista, ao contrário, uma violação inaceitável da proibição de matar é precisamente a pena capital. Esse conceito não pode ser melhor expresso do que com as palavras que, no início do seu romance, quase como que para apresentar seu personagem, Dostoievski põe na boca do príncipe Mishkin: "Matar quem matou é um castigo incomparavelmente maior do que o próprio crime. O assassinato legal é incomparavelmente mais horrendo do que o assassinato criminoso." Por um lado, a proibição de matar é adotada para justificar a pena de morte; por outro, para condená-la.

9. O debate sobre a pena de morte, do qual procurei fornecer uma breve síntese, destina-se a prosseguir. Não se deve crer que a vitória definitiva (digo *definitiva*) de quem se opõe a ela esteja próxima. Uma das poucas lições certas e constantes que podemos retirar da história é que a violência chama a violência, não só de fato, mas também — o que é ainda mais grave — com todo o seu séquito de justificações éticas, jurídicas, sociológicas, que a precedem ou a acompanham. Não há violência, ainda que a mais terrível, que não tenha sido justificada como resposta, como única resposta possível, à violência alheia: a violência do rebelde como resposta à violência do Estado, a do Estado como resposta à do rebelde, numa cadeia sem fim, como é sem fim a cadeia das vinganças familiares e privadas.

No decurso desta comunicação, referi-me essencialmente à violência do delinquente comum. Mas não se deve esquecer que, no teatro da história, o papel maior é ocupado pela violência política, ao qual pertence aquele fenômeno de violência coletiva, a guerra, diante da qual falar de "abolicionismo", como legitimamente se pode fazer a propósito da pena de morte, pode parecer uma imperdoável ingenuidade. Não se pode prescindir da violência política, porque dela retiram alimento e continuam a renascer a exigência da pena de morte e o exercício de fato da violência homicida também pelo Estado, ainda que, geralmente, sob todas aquelas formas extrajudiciais a que me referi no início. Somente durante o crescimento do Estado liberal e de direito, no século passado, é que se manifestou a tendência a considerar a motivação política do ato violento contra as instituições de um Estado (particularmente de um Estado despótico e, enquanto tal, nem liberal nem de direito) com indulgência; ao contrário, durante séculos, o delito político — sob a espécie de delito de lesa-majestade — foi julgado com a maior severidade. Hoje, diante da explosão do terrorismo político, vai-se manifestando uma tendência contrária também nos Estados liberais e de direito, cuja expressão mais evidente é a emanação de leis excepcionais.

Não há por que ter excessivas ilusões. Mas tampouco se deve negligenciar o caminho já percorrido: um enorme caminho, do qual nem sempre estamos plenamente conscientes. Desde as origens das sociedades humanas até um tempo tão próximo de nós que podemos chamá-lo de "ontem", a marca do poder foi o direito de vida ou de morte. Elias Canetti, nas páginas em que expõe suas agudíssimas reflexões sobre a sobrevivência como manifestação de potência (minha sobrevivência depende da tua morte, "mors tua vita mea"), comenta: "Ninguém pode aproximar--se do poderoso; quem lhe leva uma mensagem (...) é revistado para que não porte armas. A morte é sistematicamente mantida longe do poderoso: ele pode e deve infligi-la. Pode infligi-la tão frequentemente quanto o quiser. A condenação capital que ele pronuncia é sempre executada. É a marca do seu poder, o qual só permanece absoluto enquanto seu direito de infligir a morte continua incontestado." E, na última página: "A morte como ameaça é a moeda do poder." Os exemplos que Canetti oferece, em abundância, da extensão e da frequência do exercício desse poder, nas mais diversas regiões e em todos os tempos, são aterrorizantes. Sobre um rei africano: "Devia-se obedecer incondicionalmente a todas as suas ordens. Qualquer inobservância era punida com a morte. A ordem manifesta-se assim, em sua forma mais pura e antiga, como a sentença de morte do leão contra todos os animais mais fracos, que estão incessantemente sob sua ameaça."[11]

Da constatação de que violência chama violência numa cadeia sem fim, retiro o argumento mais forte contra a pena de morte, talvez o único pelo qual valha a pena lutar: a salvação da humanidade, hoje mais do que nunca, depende da interrupção dessa cadeia. Se ela não se romper, poderia não estar longe o dia de uma catástrofe sem precedentes (alguém fala, não sem fundamento, de uma catástrofe final). E então é preciso começar. A abolição da pena de morte é apenas um pequeno começo. Mas é grande o abalo que ela produz na prática e na própria concepção do poder de Estado, figurado tradicionalmente como o poder "irresistível".

NOTAS

1. A literatura sobre a pena de morte é imensa, mas freqüentemente repetitiva. Limito-me aqui a recordar, mesmo porque os vejo pouco citados, os dois volumes, (que contêm, em conjunto, cerca de mil páginas): *Pena de morte*, atas do "Colóquio Internacional do Centenário da Abolição da Pena de Morte em Portugal", publicado pela Faculdade de Direito da Universidade de Coimbra (sem data, mas o colóquio teve lugar em 1967). Além de resenhas sobre a situação da pena de morte em vários países, os dois volumes contêm análises de argumentos favoráveis e contrários, apresentados por alguns dos maiores juristas e filósofos do direito contemporâneo. Fundamental, naturalmente, é o relatório de Amnesty International, *Pena di morte*, s. l., 1980.

2. Uma das coletâneas mais completas foi publicada em 1954 pelo editor Einaudi, organizada por P. Malvezzi e G. Pirelli, com um prefácio de Thomas Mann.

3. Santo Tomás, *Summa theologica*, II^a II^{ae}, c. 64, art. 2. O mesmo em L. Taparelli, *Saggio teoretico de diritto naturale*, 1848, § 840.

4. Sobre isso, gostaria de chamar a atenção para o livro de J. S. Fishkin, *Tyranny and Legitimacy. A Critique of Political Theories*, Baltimore e Londres, The John Hopkins Press, 1979, no qual é defendida e argumentada de vários modos a tese segundo a qual um princípio de governo, aplicado sem exceções, termina por legitimar o que o autor define como "tirania".

5. I. Kant, *Metafisica dei costumi*, trad. italiana, Turim, Utet, 1956, p. 522. Sobre o direito penal em Kant, remeto à recente e importante monografia de M.A. Cattaneo, *Dignità e pena nefla filosofia di Kant*, Milão, Giuffrè, 1981.

6. Sem contar que há casos em que o condenado preferiu a execução da condenação à morte. Teve um certo eco o recente caso de Frank J. Coppola, ex-policial condenado à morte por ter matado uma mulher durante um assalto, o qual, embora tenha protestado até o fim sua inocência, recusou qualquer tentativa de adiamento da execução, afirmando seu firme propósito de morrer "para salvaguardar a própria dignidade e poupar sua família de novas angústias e dores".

7. Os argumentos da "preferência" e da "aposta" me foram sugeridos pelo artigo de D. A. Conway, "Capital Punishment. Some Considerations in Dialogue Form", in *Philosophy and Public Affairs*, 3 (1974), nº 4, pp. 431-443.

8. *Capital Punishment*, Nova Iorque, 1962, pp. 30-31.

9. Particularmente clamoroso é o caso de Louis Abbott, o escriror prisioneiro, o qual, depois de ter obtido a anistia e voltar à liberdade, cometeu um outro gravíssimo crime de sangue.

10. Extraio a citação de *Punishment: Selected Readings*, ed. por J. Feinberg e H. Gross, Encino (Cal.), 1975, p. 123.

11. E. Canetti, *Massa e potere*, trad. italiana, Milão, Adelphi, 1981. Os trechos citados estão nas pp. 279-280, 571 e 515, respectivamente.

AS RAZÕES DA TOLERÂNCIA

1. Inicio com uma consideração sobre o próprio conceito de tolerância e sobre o diferente uso que dele se pode fazer em diferentes contextos. Essa premissa é necessária porque a tolerância cujas "razões" pretendo analisar corresponde a apenas um dos seus significados, ainda que seja o historicamente predominante. Quando se fala de tolerância nesse seu significado histórico predominante, o que se tem em mente é o problema da convivência de crenças (primeiro religiosas, depois também políticas) diversas. Hoje, o conceito de tolerância é generalizado para o problema da convivência das minorias étnicas, linguísticas, raciais, para os que são chamados geralmente de "diferentes", como, por exemplo, os homossexuais, os loucos ou os deficientes. Os problemas a que se referem esses dois modos de entender, de praticar e de justificar a tolerância não são os mesmos. Uma coisa é o problema da tolerância de crenças e opiniões diversas, que implica um discurso sobre a verdade e a compatibilidade teórica ou prática de verdades até mesmo contrapostas; outra é o problema da tolerância em face de quem é diverso por motivos físicos ou sociais, um problema que põe em primeiro plano o tema do preconceito e da consequente discriminação. As razões que se podem aduzir (e que foram efetivamente aduzidas, nos séculos em que fervia o debate religioso) em defesa da tolerância no primeiro sentido não são as mesmas que se aduzem para defender a tolerância no segundo. Do mesmo modo, são diferentes as razões das duas formas de intolerância. A primeira deriva da convicção de possuir a verdade; a segunda deriva de um preconceito, entendido como uma opi-

nião ou conjunto de opiniões que são acolhidas de modo acrítico passivo pela tradição, pelo costume ou por uma autoridade cujos ditames são aceitos sem discussão. Decerto, também a convicção de possuir a verdade pode ser falsa e assumir a forma de um preconceito. Mas é um preconceito que se combate de modo inteiramente diverso: não se podem pôr no mesmo plano os argumentos utilizados para convencer o fiel de uma Igreja ou o seguidor de um partido a admitir a presença de outras confissões e de outros partidos, por um lado, e, por outro, os argumentos que se devem aduzir para convencer um branco a conviver pacificamente com um negro, um turinês com um sulista, a não discriminar social e legalmente um homossexual, etc. A questão fundamental que foi posta sempre pelos defensores da tolerância religiosa ou política é deste teor: como são compatíveis, teórica e praticamente, duas verdades opostas? A questão que deve pôr a si mesmo o defensor da tolerância em face dos diferentes é outra: como é possível demonstrar que o mal-estar diante de uma minoria ou diante do irregular, do anormal, mais precisamente do "diferente", deriva de preconceitos inveterados, de formas irracionais, puramente emotivas, de julgar os homens e os eventos? A melhor prova dessa diferença está no fato de que, no segundo caso, a expressão habitual com que se designa o que deve ser combatido, mesmo nos documentos oficiais internacionais, não é a intolerância, mas a discriminação, seja esta racial, sexual, étnica, etc.

O motivo pelo qual me ocupo das razões da tolerância no primeiro sentido é que o problema histórico da tolerância, tal como foi posto na Europa durante o período das guerras de religião, e sucessivamente pelos movimentos de heréticos e depois pelos filósofos, como Locke e Voltaire, o problema tratado nas histórias da tolerância (como a mais famosa, a de Joseph Lecler, em dois volumes, 1954), é o problema relativo exclusivamente à possibilidade de convivência de confissões religiosas diversas, problema nascido na época em que ocorre a ruptura do universo religioso cristão.

2. Da acusação que o tolerante faz ao intolerante, isto é, de ser um fanático, o intolerante se defende acusando-o de, por sua vez, ser um cético ou, pelo menos, um indiferente, alguém que não tem convicções fortes e que considera não existir nenhuma verdade pela qual valha a pena lutar.

É bem conhecida a controvérsia que se acendeu no princípio do século entre Luigi Luzzatti, autor de um livro em que exaltava a tolerância (*La libertà di coscienza e di scienza*, 1909) como princípio inspirador do Estado liberal, por um lado, e, por outro, Benedetto Croce, o qual, depois de ter afirmado que a tolerância é "fórmula prática e contingente e não princípio universal, não podendo ser empregada como critério para julgar a história, a qual, no caso, tem critérios que lhe são intrínsecos", replicou que, entre os tolerantes, "nem sempre estiveram os espíritos mais nobres e heroicos. Com frequência, estiveram entre eles os retóricos e os indiferentes. Os espíritos vigorosos matavam e morriam". E concluía: "Assim é a história e ninguém pode mudá-la." A acusação de Croce é muito precisa: os tolerantes podem ser, além de "retóricos" (mas aqui a expressão é genérica e, provavelmente, dirigida contra o seu adversário do momento), também "indiferentes". A quem lhe fez notar que, dizendo isso, demonstrava ser intolerante, Croce respondeu seraficamente que ele era tão pouco intolerante que, no âmbito da história, era tolerante até mesmo com os intolerantes.[1]

Em suma, para o intolerante ou para quem se coloca acima da antítese tolerância-intolerância, julgando-a historicamente e não de modo prático-político, o tolerante seria frequentemente tolerante não por boas razões, mas por más razões. Não seria tolerante porque estivesse seriamente empenhado em defender o direito de cada um a professar a própria verdade, no caso em que tenha uma, mas porque não dá a menor importância à verdade.

Mas, ao lado das más razões, existem também boas razões. Expondo-as, gostaria de evitar a tentação de inverter a acusação e afirmar que não se pode ser intolerante sem ser fanático. Considero que a *antítese* indiferença-fanatismo não remete exatamente à *antítese* tolerância-intolerância, que é essencialmente prática.

3. Começo pela razão mais vil, meramente prática ou de prudência política, e que, não obstante, foi a que terminou por fazer admitir, no terreno da prática política, o respeito pelas diversas crenças religiosas, inclusive por parte dos que, em princípio, deveriam ser intolerantes (porque convencidos de possuir a verdade e por considerarem errados todos os que

pensam diferentemente): a tolerância como mal menor, ou como mal necessário. Entendida desse modo, a tolerância não implica a renúncia à própria convicção firme, mas implica pura e simplesmente a opinião (a ser eventualmente revista em cada oportunidade concreta, de acordo com as circunstâncias e as situações) de que a verdade tem tudo a ganhar quando suporta o erro alheio, já que a perseguição, como a experiência histórica o demonstrou com frequência, em vez de esmagá-lo, reforça-o. A intolerância não obtém os resultados a que se propõe. Mesmo nesse nível elementar, capta-se a diferença entre o tolerante e o cético: o cético é aquele para quem não importa que a fé triunfe; o tolerante por razões práticas dá muita importância ao triunfo de uma verdade, a sua, mas considera que, através da tolerância, o seu fim, que é combater o erro ou impedir que ele cause danos, é melhor alcançado do que mediante a intolerância.

Essa razão, na medida em que é essencial prática, assume diversos aspectos conforme a diferente natureza das correlações de forças, entre mim ou minha doutrina, ou minha escola, detentora da verdade, e os outros, imersos no erro. Se sou o mais forte, aceitar o erro alheio pode ser um ato de astúcia: a perseguição causa escândalo, o escândalo faz crescer a mancha, a qual, ao contrário, deve ser mantida o mais possível oculta. O erro poderia propagar-se mais na perseguição do que numa benévola, indulgente e permissiva tolerância (permissiva, mas sempre atenta). Se sou o mais fraco, suportar o erro alheio é um estado de necessidade: se me rebelasse, seria esmagado e perderia qualquer esperança de que minha pequena semente pudesse germinar no futuro. Se somos iguais, entra em jogo o princípio da reciprocidade, sobre o qual se fundam todas as transações, todos os compromissos, todos os acordos, que estão na base de qualquer convivência pacífica (toda convivência se baseia ou sobre o compromisso ou sobre a imposição): a tolerância, nesse caso, é o efeito de uma troca, de um *modus vivendi*, de um *do ut des*, sob a égide do "se tu me toleras, eu te tolero". É bastante evidente que, se me atribuo o direito de perseguir os outros, atribuo a eles o direito de me perseguirem. Hoje é você, amanhã sou eu. Em todos esses casos, a tolerância é, evidentemente, conscientemente, utilitaristicamente, o resultado de um cálculo e, como tal, nada tem a ver com o problema da verdade.

4. Subindo um pouco mais na escala das boas razões, passamos da razão da mera prudência política para a escolha de um autêntico método universal, ou que deveria valer universalmente, de convivência civil: a tolerância pode significar a escolha do método da persuasão em vez do método da força ou da coerção. Por trás da tolerância entendida desse modo, não há mais apenas o ato de suportar passiva e resignadamente o erro, mas já há uma atitude ativa de confiança na razão ou na razoabilidade do outro, uma concepção do homem como capaz de seguir não só os próprios interesses, mas também de considerar seu próprio interesse à luz do interesse dos outros, bem como a recusa consciente da violência como único meio para obter o triunfo das próprias ideias.

Enquanto a tolerância como mero ato de suportar o mal e o erro é doutrina teológica, a tolerância como algo que implica o método da persuasão foi um dos grandes temas dos sábios mais iluminados, que contribuíram para fazer triunfar na Europa o princípio de tolerância, ao término das sangrentas guerras de religião. Na ilha da Utopia, pratica-se a tolerância religiosa; e Utopo explica as suas razões do seguinte modo: "Seria temerário e tolo (*imolem et ineptum*) pretender, através de violências e ameaças, que aquilo que tu crês verdadeiro apareça como tal para todos. Além do mais, sobretudo se só uma religião fosse verdadeira e todas as outras falsas, (Utopo) prevê que, no futuro, contanto que se proceda de modo racional e moderado, a verdade virá finalmente à luz, impondo-se por seus próprios méritos. Se, ao contrário, as contendas se dessem entre armas e brigas, dado que precisamente os piores são os mais obstinados, a melhor e mais santa das religiões estaria destinada a ser esmagada na luta, em meio às mais vãs superstições, como trigo em meio ao joio."[2] O maior teórico da tolerância, John Locke, escreveu:

Seria de desejar que um dia se permitisse à verdade defender-se por si só. Muito pouca ajuda lhe conferiu o poder dos grandes, que nem sempre a conhecem e nem sempre lhe são favoráveis (...) A verdade não precisa da violência para ser ouvida pelo espírito dos homens; e não se pode ensiná-la pela boca da lei. São os erros que reinam graças à ajuda externa, tomada emprestada de outros meios. Mas a verdade, se não é captada pelo intelecto com sua luz, não poderá triunfar com a força externa.[3]

Quis citar extensamente essas duas passagens, embora sejam bastante conhecidas, porque a ideia nelas expressa, generalizada da esfera religiosa à esfera política, representa um dos motivos inspirados do governo democrático e um dos traços diferenciadores do regime democrático em relação a qualquer forma de despotismo. Uma das definições possíveis de democracia é a que põe em particular evidência a substituição das técnicas da força pelas técnicas da persuasão como meio de resolver conflitos. Não é aqui o local para nos estendermos sobre as características do discurso persuasivo, ou sobre a "nouvelle rhéthorique". Mas sabe-se bem quanto a escola da nova retórica contribuiu para ilustrar a relação entre argumentação retórica, no discurso, e método democrático, na prática.

5. Podemos agora dar outro passo à frente. Para além das razões de método, pode-se aduzir em favor da tolerância uma razão moral: o respeito à pessoa alheia. Também nesse caso, a tolerância não se baseia na renúncia à própria verdade, ou na indiferença frente a qualquer forma de verdade. Creio firmemente em minha verdade, mas penso que devo obedecer a um princípio moral absoluto: o respeito à pessoa alheia. Aparentemente, trata-se de um caso de conflito entre razão teórica e razão prática, entre aquilo em que devo crer e aquilo que devo fazer. Na realidade, trata-se de um conflito entre dois princípios morais: a moral da coerência, que me induzi a pôr minha verdade acima de tudo, e a moral do respeito ou da benevolência em face do outro.

Assim como o método da persuasão é estreitamente ligado à forma de governo democrático, também o reconhecimento do direito de todo homem a crer de acordo com sua consciência é estreitamente ligado à afirmação dos direitos de liberdade, antes de mais nada ao direito à liberdade religiosa e, depois, à liberdade de opinião, aos chamados direitos naturais ou invioláveis, que servem como fundamento ao Estado liberal. De resto, ainda que nem sempre historicamente, pelo menos na teoria o Estado liberal e o Estado democrático são interdependentes, já que o segundo é o prolongamento necessário do primeiro; nos casos em que lograram se impor, eles ou se mantêm juntos ou caem juntos.

Se o outro deve chegar à verdade, deve fazê-lo por convicção íntima e não por imposição. Desse ponto de vista, a tolerância não é apenas um mal menor, não é apenas a adoção de um método de convivência preferível a outro, mas é a única resposta possível à imperiosa afirmação de que a liberdade interior é um bem demasiadamente elevado para que não seja reconhecido, ou melhor, exigido. A tolerância, aqui, não é desejada porque socialmente útil ou politicamente eficaz, mas sim por ser um dever ético. Também nesse caso o tolerante não é cético, porque crê em sua verdade. Tampouco é indiferente, porque inspira sua própria ação num dever absoluto, como é o caso do dever de respeitar a liberdade do outro.

6. Ao lado dessas três doutrinas, que consideram a tolerância do ponto de vista da razão prática, há outras que a consideram do ponto de vista teórico, ou do ponto de vista da própria natureza da verdade. São as doutrinas segundo as quais a verdade só pode ser alcançada através do confronto, ou mesmo da síntese de verdades parciais. Segundo tais doutrinas, a verdade não é uma. A verdade tem muitas faces. Vivemos não num universo, mas num multiverso. Num multiverso, a tolerância não é apenas um método de convivência, não é apenas um dever moral, mas uma necessidade inerente à própria natureza da verdade.

São pelo menos três as posições filosóficas representativas dessa exigência: o sincretismo, de que foi expressão, na época das grandes controvérsias teológicas, o humanismo cristão, e hoje, numa época de grandes conflitos ideológicos, as várias tentativas de conjugar cristianismo e marxismo; o ecletismo, ou filosofia do "justo meio", que teve o seu breve momento de celebridade como filosofia da restauração, e, portanto, também numa perspectiva irênica, após período de choque violento entre revolução e reação, revivendo hoje nas várias propostas de "terceira via", entre liberalismo e socialismo, entre mundo ocidental e mundo oriental, entre capitalismo e coletivismo; e o historicismo relativista, segundo o qual, para retomar a famosa afirmação de Max Weber, numa era de politeísmo de valores, o único templo aberto deveria ser o Panteão, um templo no qual cada um pode adorar seu próprio deus.

7. As boas razões da tolerância não nos devem fazer esquecer que também a intolerância pode ter suas boas razões. Todos nós já nos vimos, cotidianamente, explodir em exclamações do tipo "é intolerável que...", "como podemos tolerar que...?", "tudo bem quanto à tolerância, mas ela tem limites", etc.

Nesse ponto, cabe esclarecer que o próprio termo "tolerância" tem dois significados, um positivo e outro negativo; e que, portanto, também tem dois significados, respectivamente negativo e positivo, o termo oposto. Em sentido positivo, tolerância se opõe a intolerância em sentido negativo; e, vice-versa, ao sentido negativo de tolerância se contrapõe o sentido positivo de intolerância. Intolerância em sentido positivo é sinônimo de severidade, rigor, firmeza, qualidades todas que se incluem no âmbito das virtudes; tolerância em sentido negativo, ao contrário, é sinônimo de indulgência culposa, de condescendência com o mal, com o erro, por falta de princípios, por amor da vida tranquila ou por cegueira diante dos valores. É evidente que, quando fazemos o elogio da tolerância, reconhecendo nela um dos princípios fundamentais da vida livre e pacífica, pretendemos falar da tolerância em sentido positivo. Mas não devemos jamais esquecer que os defensores da intolerância se valem do sentido negativo para denegri-la: se Deus não existe, então tudo é permitido. De resto, foi precisamente essa a razão pela qual Locke não admitia que se tolerassem os ateus, os quais, segundo uma doutrina comum naquela época, não tinham nenhuma razão para cumprir uma promessa ou observar um juramento, e, portanto, seriam sempre cidadãos em que não se podia confiar. Textualmente: "Para um ateu, nem a palavra dada, nem os pactos, nem os juramentos, que são os liames da sociedade humana, podem ser estáveis ou sagrados: eliminado Deus, ainda que só no pensamento, todas essas coisas caem por terra."[4]

Tolerância em sentido positivo se opõe a intolerância (religiosa, política, racial), ou seja, à indevida exclusão do diferente. Tolerância em sentido negativo se opõe a firmeza nos princípios, ou seja, à justa ou devida exclusão de tudo o que pode causar dano ao indivíduo ou à sociedade. Se as sociedades despóticas de todos os tempos e de nosso tempo sofrem de falta de tolerância em sentido positivo, as nossas sociedades democráticas e permissivas sofrem de excesso de tolerância em sentido negativo, de tolerância no sentido de deixar as coisas como estão, de não interferir, de não se escandalizar nem se indignar com mais nada. (Nestes dias, recebi um questionário onde se pede apoio à exigência do "direito à pornografia".)

Mas nem mesmo a tolerância positiva é absoluta. A tolerância absoluta é uma pura abstração. A tolerância histórica, real, concreta, é sempre relativa. Com isso, não quero dizer que a diferença entre tolerância e intolerância esteja destinada a desaparecer. Mas é um fato que, entre conceitos extremos, um dos quais é o contrário do outro, existe um contínuo, uma zona cinzenta, o "nem isto nem aquilo", cuja maior ou menor amplitude é variável; e é sobre essa variável que se pode avaliar qual sociedade é mais ou menos tolerante, mais ou menos intolerante.

8. Não é fácil estabelecer os limites desse contínuo, para além dos quais uma sociedade tolerante se transforma numa sociedade intolerante. Excluo a solução proposta por Marcuse em seu conhecido ensaio sobre a tolerância repressiva, que considera repressiva a tolerância tal como exercida nos Estados Unidos, onde as ideias da esquerda radical não são admitidas, enquanto são admitidas e favorecidas as da direita reacionária. A expressão "tolerância repressiva" é uma autêntica contradição em termos. A tolerância positiva consiste na remoção de formas tradicionais de repressão; a tolerância negativa chega mesmo à exaltação de uma sociedade antirrepressiva, maximamente permissiva. Marcuse pode permitir-se essa expressão contraditória porque distingue as ideias em boas (as progressistas) e más (as reacionárias), afirmando que boa tolerância é a que tolera apenas as ideias boas. Assim, em vez de distinguir entre tolerância e intolerância, distingue a tolerância em face de certas ideias da tolerância em face de outras, chamando uma de boa e outra de má. Partindo dessa distinção, afirma que uma sociedade tolerante, na qual a tolerância readquira o sentido originário de uma prática liberadora e não repressiva, como ocorre na sociedade burguesa quando de seu surgimento, deveria inverter completamente a rota: tolerar apenas as ideias progressistas e rechaçar as reacionárias.

A negação da tolerância em face de movimentos reacionários *antes* que possam tornar-se ativos; a intolerância até em face do pensamento, das opiniões, das palavras, e, finalmente, a intolerância na direção oposta, ou seja, em face dos conservadores que se proclamam tais, em face da direita política. Essas ideias podem ser antidemocráticas, mas correspondem ao desenvolvimento atual da sociedade democrática, que destruiu as bases para a tolerância universal.[5]

Uma posição desse tipo é inaceitável. Quem distingue entre as boas e as más ideias? A tolerância só é tal se forem toleradas também as más ideias. Contrapor uma tolerância repressiva, que é recusada, a uma tolerância emancipadora, que é exaltada, quer dizer passar de uma forma de intolerância para outra.

9. Não é que a tolerância seja ou deva ser ilimitada. Nenhuma forma de tolerância é tão ampla que compreenda todas as ideias possíveis. A tolerância é sempre tolerância em face de alguma coisa e exclusão de outra coisa. O que não convence na teoria marcusiana é o critério de exclusão, já que se trata, sob certo aspecto, de um critério excessivamente vago, e, sob outro, excessivamente restritivo. Vago porque a avaliação do que é progressista e do que é reacionário é relativa a situações históricas mutáveis; restritivo porque, se a tolerância é dirigida somente para o reconhecimento de certas doutrinas e não de outras, sua função é completamente desnaturada. O núcleo da ideia de tolerância é o reconhecimento do igual direito a conviver, que é reconhecido a doutrinas opostas, bem como o reconhecimento, por parte de quem se considera depositário da verdade, do direito ao erro, pelo menos do direito ao erro de boa-fé. A exigência da tolerância nasce no momento em que se toma consciência da irredutibilidade das opiniões e da necessidade de encontrar um *modus vivendi* (uma regra puramente formal, uma regra do jogo), que permita que todas as opiniões se expressem. Ou a tolerância, ou a perseguição: *tertium non datur*. Se a tolerância que Marcuse condena e chama de repressiva é persecutória, não se vê por que não seja persecutória, pelas mesmas razões, a tolerância que ele aprova. Seria o mesmo que dizer que a tolerân-

cia, nascida num certo contexto histórico, deveria ser agora considerada como uma ideia que já cumpriu seu destino, e que, numa situação de conflito antagônico entre concepções do mundo opostas, irredutíveis, incompatíveis, ela perdeu toda a razão de ser.

10. Uma coisa é afirmar que a tolerância jamais é ilimitada (somente a tolerância negativa é ilimitada; mas, por isso mesmo, termina por desacreditar a própria ideia de tolerância); outra é considerar que, se ela deve ter limites, os critérios para fixá-los não devem ser os propostos por Marcuse.

O único critério razoável é o que deriva da ideia mesma de tolerância, e pode ser formulado assim: a tolerância deve ser estendida a todos, salvo àqueles que negam o princípio de tolerância, ou, mais brevemente, todos devem ser tolerados, salvo os intolerantes. Essa era a razão pela qual Locke considerava que o princípio da tolerância não deveria ser estendido aos católicos, sendo também a que justifica hoje, na esfera da política, a negação do direito de cidadania aos comunistas e aos fascistas. Trata-se, de resto, do mesmo princípio pelo qual sé afirma que a regra da maioria não vale para as minorias opressoras, ou seja, para aqueles que, se se tornassem maioria, suprimiriam o princípio da maioria.

Naturalmente, também esse critério de distinção — que, abstratamente, parece claríssimo — não é de fácil realização na prática, como parece à primeira vista, e não pode ser aceito sem reservas.

A razão pela qual não é tão claro como parece quando enunciado reside no fato de que há várias gradações de intolerância e são vários os âmbitos onde a intolerância pode manifestar-se. Não pode ser aceito sem reservas por uma razão de modo algum negligenciável: quem crê na bondade da tolerância o faz não apenas porque constata a irredutibilidade das crenças e opiniões — com a consequente necessidade de não empobrecer, mediante proibições, a variedade de manifestações do pensamento humano —, mas também porque crê na sua fecundidade, e considera que o único modo de fazer com que o intolerante aceite a tolerância não é a perseguição, mas o reconhecimento de seu direito de expressar-se. Responder ao intolerante com a intolerância pode ser formalmente irreprochável, mas é certamente algo eticamente pobre e talvez também politicamente inoportuno. Não estamos afirmando que o intolerante, acolhido no recinto da liberdade, compreenda necessariamente o valor ético do respeito às ideias alheias. Mas é certo que o intolerante perseguido e excluído jamais se tornará um liberal. Pode valer a pena pôr em risco a liberdade fazendo com que ela beneficie também o seu inimigo, se a única alternativa possível for restringi-la até o ponto de fazê-la sufocar, ou, pelo menos, de não lhe permitir dar todos os seus frutos. É melhor uma liberdade sempre em perigo, mas expansiva, do que uma liberdade protegida, mas incapaz de se desenvolver. Somente uma liberdade em perigo é capaz de se renovar. Uma liberdade incapaz de se renovar transforma-se, mais cedo ou mais tarde, numa nova escravidão.

A escolha entre as duas atitudes é uma escolha última; e, como toda escolha última, não é facilmente defensável com argumentos racionais. De resto, há situações históricas que podem favorecer ora uma das opções, ora outra. Ninguém pensaria hoje em renovar a proibição dos católicos, como queria Locke, porque as guerras religiosas terminaram, pelo menos na Europa, e não é previsível o seu retorno. Ao contrário, em muitos países europeus, há uma proibição do partido comunista, porque a divisão entre países democráticos e países submetidos a regimes de ditadura guiados pelo movimento comunista internacional ainda está presente e operante no mundo e na sociedade européia, dividida entre um Ocidente capitalista e democrático e um Oriente socialista e não democrático.

Devemos nos contentar em dizer que a escolha de uma ou de outra solução permite distinguir entre uma concepção restritiva da tolerância, que é própria do liberalismo conservador, e uma concepção extensiva, que é própria do liberalismo radical ou progressista, ou que outro nome se lhe queira dar.

Aduzo dois exemplos iluminadores. O conservador Gaetano Mosca rechaçava como ingênua e infundada a doutrina segundo a qual a violência nada poderia contra a verdade e a liberdade, observando que a história, infelizmente, dera mais razão aos intolerantes do que aos tolerantes; rechaçava também a afirmação de que a verdade termina sempre por triunfar contra a perseguição e de que a liberdade é fim em si mesma, como a lança de Aquiles, que curava as feridas que ela mesma produzia.

Dizia que essa doutrina dos liberais avançados faria os pósteros rirem às nossas costas.[6] Luigi Einaudi, ao contrário, numa famosa passagem, que já citei em outros lugares, escrita em 1945, no momento em que nosso país se preparava para restaurar as instituições da liberdade, afirmou: "Os que creem na ideia da liberdade (...) afirmam que um partido tem direito de participar plenamente na vida política, mesmo quando for declaradamente liberticida. Para sobreviverem, os homens livres não devem renegar suas próprias razões de vida, renegar a própria liberdade de que se professam defensores."[7]

Como sempre, a lição da história é ambígua (e, por isso, é difícil aceitar a tese de que a história é mestra da vida). Na história de nosso país, se pensarmos no advento do fascismo, ficamos tentados a dar razão a Mosca; se pensarmos, ao contrário, no processo de gradual democratização do partido comunista (e no fascismo residual, permanentemente minoritário), ficamos tentados a dar razão a Einaudi.

11. Onde a história destes últimos séculos não parece ambígua é quando mostra a interdependência entre a teoria e a prática da tolerância, por um lado, e o espírito laico, por outro, entendido este como a formação daquela mentalidade que confia a sorte do *regnum hominis* mais às razões da razão que une todos os homens do que aos impulsos da fé. Esse espírito deu origem, por um lado, aos Estados não confessionais, ou neutros em matéria religiosa, e ao mesmo tempo liberais, ou neutros em matéria política; e, por outro, à chamada sociedade aberta, na qual a superação dos contrastes de fé, de crenças, de doutrinas, de opiniões, deve-se ao império da áurea regra segundo a qual minha liberdade se estende até o ponto em que não invada a liberdade dos outros, ou, para usar as palavras de Kant, "a liberdade do arbítrio de um pode subsistir com a liberdade de todos os outros segundo uma lei universal" (que é a lei da razão).

NOTAS

1. A primeira citação é extraída de *Cultura e vitamorale*, Báti, Laterza, 2ª ed., 1926, p. 100; a segunda, de *Pagine sparse*, Nápoles, Ricciardi, 1943, vol. I, p. 247. Para a história dessa controvérsia e, em getal, do debate a favor e contra a tolerância nos primeiros anos do século,

cf. o bem documentado livro de V. Mura, *Cattolici e liberali nell'età giolittiana. Il dibattito sulla tolleranza*, Bari, De Donato, 1976.

2. T. Moro, *Utopia*, ed. por L. Firpo, Nápoles, Guida, p. 287 [ed. brasileira: *Utopia*, São Paulo, Abril Cultural, col. "Os pensadores", vol. X, 1972, pp. 159-314].

3. J. Locke, "Prima lettera sulla tolleranza", in *Scritti sulla tolleranza*, ed. por D. Marconi, Turim, Utet, 1977, vol. I, p. 165.

4. *Ibid.*, p. 172.

5. H. Marcuse, "La tolleranza repressiva", in *Critica della tolleranza*, Turim, Einaudi, 1965, p. 100 [ed. brasileira: "Tolerância repressiva", in Vários autores, *Crítica da tolerância pura*, Rio de Janeiro, Zahar Editores, 1970, pp. 87-126].

6. G. Mosca, *Efementi di scienza pofitica*, Bari, Laterza, 1923, vol. I, p. 381.

7. L. Einaudi, "Maior et sanior pars", il *Il buongoverno*, Bari, Laterza, 1954, p. 106.

QUARTA PARTE

OS DIREITOS DO HOMEM HOJE

EM UM DOS MEUS ESCRITOS SOBRE OS DIREITOS DO HOMEM, eu havia exumado a ideia da história profética de Kant para indicar, com relação à importância que os direitos do homem assumiram no debate atual, um *sinal dos tempos*.[1] Ao contrário da história dos historiadores, que, através de depoimentos e conjecturas, tenta conhecer o passado e, através de hipóteses no formato "se, então", faz cautelosas previsões sobre o futuro, quase sempre erradas, a história profética não prevê, mas prenuncia o futuro extraindo dos acontecimentos do tempo o evento singular, único, extraordinário, que é interpretado como um sinal particularmente demonstrativo de uma tendência da humanidade para um fim, seja ele desejado ou combatido. Eu dizia, portanto, que o debate atual cada vez mais difuso sobre os direitos do homem — a ponto de ser colocado na ordem do dia das mais respeitadas assembleias internacionais — podia ser interpretado como um "sinal premonitório", talvez o único, de uma tendência da humanidade, para retomar a expressão kantiana, "para melhor".

Quando escrevi essas palavras, não conhecia o texto do primeiro documento da Pontifícia Comissão "Justitia et Pax", com o título *A Igreja e os Direitos do Homem*, que começa assim: "O dinamismo da fé impele continuamente o povo de Deus à leitura atenta e eficaz dos *sinais dos tempos*. Na era contemporânea, entre os vários sinais dos tempos, não pode passar para o segundo plano a crescente atenção que em todas as partes do mundo se dá aos direitos do homem, seja devido à consciência cada vez mais sensível e profunda que se forma nos indivíduos e na comunidade em torno a tais direitos ou à contínua e dolorosa multiplicação das violações desses direitos".[2]

O sinal dos tempos não é o "espírito do tempo" de Hegel, que se entrelaça de várias maneiras com o "espírito do povo", convergindo, tanto um quanto o outro, para formar o "espírito do mundo". O espírito do tempo serve para interpretar o presente. O sinal dos tempos serve, por sua vez, para lançar um olhar, temerário, indiscreto, incerto, mas confiante, para o futuro.

Os sinais dos tempos não são apenas faustos. Há também muitos infaustos. Aliás, nunca se multiplicaram tanto os profetas de desventuras como hoje em dia: a morte atômica, a segunda morte, como foi chamada, a destruição progressiva e irrefreável das próprias condições de vida nesta terra, o niilismo moral ou a "inversão de todos os valores". O século que agora chega ao fim já começou com a ideia do declínio, da decadência, ou, para usar uma metáfora célebre, do crepúsculo. Mas sempre se vai difundindo, sobretudo por sugestão de teorias físicas apenas ouvidas, o uso de uma palavra muito forte: catástrofe. Catástrofe atômica, catástrofe ecológica, catástrofe moral. Havíamos nos contentado até ontem com a metáfora kantiana do homem como madeira torta. Em um dos ensaios mais fascinantes do rigorosíssimo crítico da razão, *Ideia de uma História Universal de um Ponto de Vista Cosmopolita*, Kant perguntou a si mesmo como, de uma madeira torta como a que constitui o homem, podia sair algo inteiramente reto. Mas o próprio Kant acreditava na lenta aproximação ao ideal da retificação através de "conceitos justos", "grande experiência" e, sobretudo "boa vontade".[3] Da divisão da sociedade, razão pela qual a humanidade continua a ir em direção ao pior, e que ele chamava de terrorista, Kant dizia que "recair no pior não pode ser um estado constantemente duradouro na espécie humana porque, em um determinado grau de regressão, ela destruiria a si mesma".[4] Mas é exatamente a imagem dessa corrida para a autodestruição que aflora nas visões catastróficas de hoje. Segundo um dos mais impávidos e melancólicos defensores da concepção terrorista da história, o homem é um "animal errado",[5] não culpado, atenção, porque essa é uma velha história que conhecemos bem, culpado, porém redimível e, talvez, sem que ele mesmo saiba, já redimido, mas errado. É possível retificar uma madeira torta. Porém, parece que o erro do qual fala esse amaríssimo intérprete do nosso tempo é incorrigível.

Todavia, jamais se propagou tão rapidamente quanto hoje em dia no mundo, sobretudo depois da Segunda Guerra Mundial — que foi, essa sim, uma catástrofe — a ideia, que eu não sei dizer se é ambiciosa ou sublime ou apenas consoladora ou ingenuamente confiante, dos direitos do homem, que, por si só, nos convida a apagar a imagem da madeira torta ou do animal errado, e a representar esse ser contraditório e ambíguo que é o homem não mais apenas do ponto de vista da sua miséria, mas também do ponto de vista da sua grandeza em potencial.

A princípio, a enorme importância do tema dos direitos do homem depende do fato de ele estar extremamente ligado aos dois problemas fundamentais do nosso tempo, a democracia e a paz. O reconhecimento e a proteção dos direitos do homem são a base das constituições democráticas, e, ao mesmo tempo, a paz é o pressuposto necessário para a proteção efetiva dos direitos do homem em cada Estado e no sistema internacional. Vale sempre o velho ditado — e recentemente tivemos uma nova experiência — que diz *inter arma silent leges*. Hoje, estamos cada vez mais convencidos de que o ideal da paz perpétua só pode ser perseguido através de uma democratização progressiva do sistema internacional e que essa democratização não pode estar separada da gradual e cada vez mais efetiva proteção dos direitos do homem acima de cada um dos Estados. Direitos do homem, democracia e paz são três momentos necessários do mesmo movimento histórico: sem direitos do homem reconhecidos e efetivamente protegidos não existe democracia, sem democracia não existem as condições mínimas para a solução pacífica dos conflitos que surgem entre os indivíduos, entre grupos e entre as grandes coletividades tradicionalmente indóceis e tendencialmente autocráticas que são os Estados, apesar de serem democráticas com os próprios cidadãos.

Não será inútil lembrar que a Declaração Universal dos Direitos do Homem começa afirmando que "o reconhecimento da dignidade inerente a todos os membros da família humana e dos seus direitos iguais e inalienáveis constitui o fundamento da liberdade, da justiça e da *paz* no mundo", e que, a essas palavras, se associa diretamente a Carta da ONU, na qual, à declaração de que é necessário "salvar as gerações futuras do flagelo da guerra", segue-se logo depois a reafirmação da fé nos direitos fundamentais do homem.

Leio em uma obra recente, *Ética y derechos humanos*: "Não há dúvidas de que os direitos do homem são uma das maiores invenções da nossa civilização".[6] Se a palavra "invenção" pode parecer forte demais, digamos "inovação" e entendamos "inovação" no sentido em que Hegel dizia que o ditado bíblico "nada de novo sob o sol" não vale para o sol do Espírito, pois o seu curso nunca é uma repetição de si mesmo, mas é a mutável manifestação que o Espírito dá de si mesmo em formas sempre diferentes, é essencialmente progresso.[7]

É verdade que a ideia da universalidade da natureza humana é antiga, apesar de ter surgido na história do Ocidente com o cristianismo. Mas a transformação dessa ideia filosófica da universalidade da natureza humana em instituição política (e nesse sentido podemos falar de "invenção"), ou seja, em um modo diferente e de certa maneira revolucionário de regular as relações entre governantes e governados, acontece somente na Idade Moderna através do jusnaturalismo, e encontra a sua primeira expressão politicamente relevante nas declarações de direitos do fim do século XVIII. Chamem-na de invenção ou inovação, mas quando lemos, não mais em um texto filosófico, como o segundo ensaio sobre o governo civil de Locke, mas em um documento político como a Declaração dos Direitos da Virgínia (1778): "Todos os homens são por natureza igualmente livres e possuem alguns direitos inatos dos quais, ao entrar no estado de sociedade, não podem, por nenhuma convenção, privar nem despojar a sua posteridade", temos de admitir que nasceu naquele momento uma nova, e quero dizer aqui literalmente sem precedentes, forma de regime político, que não é mais apenas o governo das leis contraposto ao dos homens, já louvado por Aristóteles, mas o governo que é ao mesmo tempo dos homens e das leis, dos homens que fazem as leis, e das leis que encontram um limite em direitos preexistentes dos indivíduos que as próprias leis não podem ultrapassar, em uma palavra, o Estado liberal moderno que se desdobra sem solução de continuidade, e por desenvolvimento interno, no Estado democrático.

A inovação que me induziu em outras ocasiões a falar, com linguagem kantiana de uma verdadeira revolução coperniciana no modo de compreender a relação política, é dupla. Afirmar que o homem possui direitos preexistentes à instituição do Estado, ou seja, de um poder ao qual é atribuída a tarefa de tomar decisões coletivas, que, uma vez tomadas, devem ser obedecidas por todos aqueles que constituem aquela coletividade, significa virar de cabeça para baixo a concepção tradicional da política a partir de pelo menos dois pontos de vista diferentes: em primeiro lugar, contrapondo o homem, os homens, os indivíduos considerados singularmente, à sociedade, à cidade, em especial àquela cidade plenamente organizada que é a *res publica* ou o Estado, em uma palavra, à totalidade que por uma antiga tradição foi considerada superior às suas partes; em segundo lugar, considerando o direito, e não o dever, como antecedente na relação moral e na relação jurídica, ao contrário do que havia acontecido em uma antiga tradição através de obras clássicas, que vão de *Dos Deveres* de Cícero a *Deveres do Homem* de Mazzini, passando por *De officio hominis et civis* de Pufendorf.

Em relação à primeira inversão, quando consideramos a relação política não mais do ponto de vista do governante, mas do governado, não mais de cima para baixo, mas de baixo para cima, onde o "baixo" não é mais o povo como entidade coletiva, mas são os homens, os cidadãos que se agregam com outros homens, com outros cidadãos, para formar uma vontade geral, decorre que é abandonada definitivamente a concepção organicista que, todavia, fora dominante durante séculos, deixando traços indeléveis na nossa linguagem política, na qual ainda se fala de "corpo político" e de "órgãos" do Estado. Com relação à segunda inversão, a primazia do direito não implica de forma alguma a eliminação do dever, pois direito e dever são dois termos correlatos e não se pode afirmar um direito sem afirmar ao mesmo tempo o dever do outro de respeitá-lo. Mas qualquer um que tenha uma certa familiaridade com a história do pensamento político aprendeu que o estudo da política sempre foi direcionado para dar maior destaque aos deveres do que aos direitos do cidadão — basta pensar no tema fundamental da chamada obrigação política —, aos direitos e poderes do soberano do que aos do cidadão, em outras palavras, a atribuir a posição de sujeito ativo na relação mais ao soberano do que aos súditos.

Por mais que eu julgue necessário ter muita cautela ao ver reviravoltas, saltos qualitativos, revoluções epocais a cada estação, não hesito em afirmar que a proclamação dos direitos do homem dividiu em dois o curso histórico da humanidade no que diz respeito à concepção da relação política. E é um sinal dos tempos, para retomar a expressão inicial, o fato de que, para tornar cada vez mais evidente e irreversível essa reviravolta, convirjam até se encontrarem, sem se contradizerem, as três grandes correntes do pensamento político moderno: o liberalismo, o socialismo e o cristianismo social. Elas convergem apesar de cada uma delas conservar a própria identidade na preferência atribuída a certos direitos mais do que a outros, originando assim um sistema complexo, cada vez mais complexo, de direitos fundamentais cuja integração prática é muitas vezes dificultada justamente pela sua fonte de inspiração doutrinária diversa e pelas diferentes finalidades que cada uma delas se propõe a atingir, mas que, ainda assim, representa uma meta a ser conquistada na auspiciada unidade do gênero humano.

Cronologicamente, são anteriores os direitos de liberdades defendidos pelo pensamento liberal, no qual a liberdade é entendida em sentido negativo, como liberdade dos modernos contraposta tanto à liberdade dos antigos quanto à liberdade dos escritores medievais, para os quais a república livre significava independente de um poder superior ao do reino ou do império, ou então popular, no sentido de uma república governada pelos próprios cidadãos ou por uma parte deles, e não por um príncipe imposto ou legitimado através de uma lei acessória.

Os direitos sociais sob forma de instituição da instrução pública e de medidas a favor do trabalho para os "pobres válidos que não puderam consegui-lo", fazem a sua primeira aparição no título I da Constituição Francesa de 1791 e são reafirmados solenemente nos artigos 21 e 22 da Declaração dos Direitos de junho de 1793. O direito ao trabalho se tornou um dos temas do debate acalorado, apesar de estéril, na Assembleia Constituinte francesa de 1848, deixando, todavia, um fraco vestígio no artigo VIII do Preâmbulo. Em sua dimensão mais ampla, os direitos sociais entraram na história do constitucionalismo moderno com a Constituição de Weimar. A mais fundamentada razão da sua aparente contradição, mas real complementaridade, com relação aos direitos de liberdade é a que vê nesses direitos uma integração dos direitos de liberdade, no sentido de que eles são a própria condição do seu exercício efetivo. Os direitos de liber-

dade só podem ser assegurados garantindo-se a cada um o mínimo de bem-
-estar econômico que permite uma vida digna.

Quanto ao cristianismo social, no documento já citado da Pontifícia
Comissão "Justitia et Pax", reconhece-se honestamente que "nem sempre"
ao longo dos séculos a afirmação dos direitos fundamentais do homem foi
"constante" e que, especialmente nos últimos dois séculos, houve "dificuldades", "reservas" e, às vezes, "reações" por parte dos católicos à difusão
das declarações dos direitos do homem, proclamadas pelo liberalismo e
pelo laicismo. São feitas referências especialmente aos "comportamentos
de precaução, negativos e por vezes hostis, de condenação" de Pio VI, Pio
VII e de Gregório XVI.[8] Mas, ao mesmo tempo, percebe-se que uma mudança de rumo iniciou-se com Leão XIII, em especial com a encíclica
"Rerum novarum", de 1891, na qual, entre os direitos de liberdade da
tradição liberal, afirma-se com força o direito de associação, com atenção
especial para as associações dos operários — um direito que é a base daquele pluralismo dos grupos sobre o qual repousa e do qual se nutre a
democracia dos modernos em contraposição à democracia dos antigos (que
chega até Rousseau) —, e, entre os direitos sociais da tradição socialista,
dá-se destaque especial ao direito ao trabalho, que para ser protegido em
seus vários aspectos — o direito a um salário justo, o direito ao devido
descanso, à proteção das mulheres e das crianças — invoca a contribuição
do Estado. Através de vários documentos, encíclicas e mensagens natali-
nas célebres, como os de 1942 e 1944, de Pio XII, a Constituição Pastoral
Gaudium et spes do Concílio Vaticano II, o famoso discurso de Paulo VI
dirigido ao Secretário Geral da ONU, cem anos mais tarde chega-se ao
documento recentíssimo, datado de primeiro de maio deste ano [1991], a
encíclica *Centesimus annus*, que reafirma solenemente a importância que
a Igreja atribui ao reconhecimento dos direitos do homem, tanto que,
como já foi observado, o parágrafo 47 contém uma iluminadora "carta dos
direitos humanos", precedida das seguintes palavras: "É necessário que os
povos que estão reformando os seus ordenamentos deem à democracia
um fundamento autêntico e sólido mediante o reconhecimento explícito
dos direitos humanos". O primeiro desses direitos é o direito à vida, ao
qual se seguem o direito a crescer em uma família unida, o direito a ama-

durecer a própria inteligência e a própria liberdade na busca e no conhecimento da verdade, o direito a participar do trabalho, o direito a formar livremente uma família; e, por último, mas fonte de todos os direitos precedentes, o direito à liberdade religiosa.

Não há quem não veja que a lista desses direitos é bem diferente da lista dos direitos enumerados nas cartas da Revolução Francesa. O direito à vida que aparece aqui como o primeiro direito a ser protegido, lá, nas cartas francesas, nunca aparece. Nas cartas americanas aparece sob forma quase sempre de "direito ao gozo e à defesa da vida", ao lado dos direitos de liberdade. Para não ofuscar a auspiciada convergência para um fim comum da proteção universal dos direitos do homem, essa diferença geralmente é pouco destacada. Mas a diferença existe e tem sem dúvida um caráter filosófico. De um lado, prima a proteção do direito de liberdade nas suas diversas manifestações, de outro, tem primazia a proteção do direito à vida, desde o momento em que a vida tem início, contra o aborto, até o momento em que a vida chega ao fim, contra a eutanásia. Na tradição jusnaturalista, o direito à vida era reconhecido na forma rudimentar enunciada por Hobbes, do direito a não ser morto na guerra de todos contra todos do estado de natureza e, portanto, como direito, em última instância, à paz. Na Declaração de 89, podemos quando muito encontrar uma referência à proteção da vida nos artigos 7, 8 e 9, que contêm os princípios fundamentais do *habeas corpus*.

Hoje, o direito à vida assume uma importância bem diferente, ainda mais se começarmos a tomar consciência de que ele está se estendendo cada vez mais, como resulta dos mais recentes documentos internacionais e da Igreja, à qualidade da vida. Todavia, não devemos nos esquecer de que a conjunção entre o direito à vida e o direito à liberdade já havia acontecido na Declaração Universal dos Direitos do Homem, cujo artigo 3 diz: "Cada indivíduo tem direito à vida, à liberdade e à segurança", e também na Convenção Europeia dos Direitos do Homem, cujo artigo I reconhece o direito à vida, mesmo se o objetivo principal do artigo se limita à defesa do indivíduo contra o homicídio internacional, ou seja, à proteção da vida na sua plenitude, não nos casos-limite da vida que está para começar ou da vida que está para terminar.

Os direitos do homem, apesar de terem sido considerados naturais desde o início, não foram dados de uma vez por todas. Basta pensar nas vicissitudes da extensão dos direitos políticos. Durante séculos não se considerou de forma alguma natural que as mulheres votassem. Agora, podemos também dizer que não foram dados todos de uma vez e nem conjuntamente. Todavia, não há dúvida de que as várias tradições estão se aproximando e formando juntas um único grande desenho da defesa do homem, que compreende os três bens supremos da vida, da liberdade e da segurança social.

Defesa do quê? A resposta que nos provém da observação da história é muito simples e clara: do Poder, de toda forma de Poder. A relação política por excelência é uma relação entre poder e liberdade. Há uma estreita correlação entre um e outro. Quanto mais se estende o poder de um dos dois sujeitos da relação, mais diminui a liberdade do outro, e vice-versa.

Pois bem, o que distingue o momento atual em relação às épocas precedentes e reforça a demanda por novos direitos é a forma de poder que prevalece sobre todos os outros. A luta pelos direitos teve como primeiro adversário o poder religioso; depois, o poder político; e, por fim, o poder econômico. Hoje, as ameaças à vida, à liberdade e à segurança podem vir do poder sempre maior que as conquistas da ciência e das aplicações dela derivadas dão a quem está em condição de usá-las. Entramos na era que é chamada de pós-moderna e é caracterizada pelo enorme progresso, vertiginoso e irreversível, da transformação tecnológica e, consequentemente, também tecnocrática do mundo. Desde o dia em que Bacon disse que a ciência é poder, o homem percorreu um longo caminho! O crescimento do saber só fez aumentar a possibilidade do homem de dominar a natureza e os outros homens.

Os direitos da nova geração, como foram chamados, que vieram depois daqueles em que se encontraram as três correntes de ideias do nosso tempo, nascem todos dos perigos à vida, à liberdade e à segurança, provenientes do aumento do progresso tecnológico. Bastam estes três exemplos centrais no debate atual: o direito de viver em um ambiente não poluído, do qual surgiram os movimentos ecológicos que abalaram a vida política tanto dentro dos próprios Estados quanto no sistema internacional; o direito à privacidade, que é colocado em sério risco pela possibilidade que os poderes públicos têm de memorizar todos os dados relativos à vida de uma pessoa e, com isso, controlar os seus comportamentos sem que ela perceba; o direito, o último da série, que está levantando debates nas organizações internacionais, e a respeito do qual provavelmente acontecerão os conflitos mais ferrenhos entre duas visões opostas da natureza do homem: o direito à integridade do próprio patrimônio genético, que vai bem mais além do que o direito à integridade física, já afirmado nos artigos 2 e 3 da Convenção Europeia dos Direitos do Homem.

No discurso *Le fondement théologique des droits de l'homme* [O fundamento teológico dos direitos do homem], pronunciado em novembro de 1988, o bispo de Roltenburg-Stuttgart, Walter Kasper, escreveu uma frase que pode constituir a conclusão do meu discurso: "Os direitos do homem constituem no dia de hoje um novo *ethos* mundial".[9] Naturalmente, é necessário não esquecer que um *ethos* representa o mundo do dever ser. O mundo real nos oferece, infelizmente, um espetáculo muito diferente. À visionária consciência a respeito da centralidade de uma política tendente a uma formulação, assim como a uma proteção, cada vez melhor dos direitos do homem, corresponde a sua sistemática violação em quase todos os países do mundo, nas relações entre um país e outro, entre uma raça e outra, entre poderosos e fracos, entre ricos e pobres, entre maiorias e minorias, entre violentos e conformados. O *ethos* dos direitos do homem resplandece nas declarações solenes que permanecem quase sempre, e quase em toda parte, letra morta. O desejo de potência dominou e continua a dominar o curso da história. A única razão para a esperança é que a história conhece os tempos longos e os tempos breves. A história dos direitos do homem, é melhor não se iludir, é a dos tempos longos. Afinal, sempre aconteceu que, enquanto os profetas das desventuras anunciam a desgraça que está prestes a acontecer e convidam à vigilância, os profetas dos tempos felizes olham para longe.

Um ilustre historiador contemporâneo comparou a sensação do encurtamento dos tempos, que se difunde nas eras das grandes revoltas, reais ou apenas temidas, citando uma frase da visão da Sibila Tiburtina: "E os anos se reduzirão em meses e os meses em semanas e as semanas em dias e os dias em horas",[10] com a sensação da aceleração dos tempos que, por sua vez, pertence à geração nascida na era tecnológica, para a qual a passagem de uma fase à outra do progresso técnico, que antigamente demorava séculos, depois décadas, agora demora poucos anos. Os dois fenômenos são alternativos, mas a intencionalidade é a mesma: quando se quer chegar mais rapidamente à meta, os meios são dois: ou encurtar a estrada ou aumentar o passo.

O tempo vivido não é o tempo real: algumas vezes pode ser mais rápido; algumas vezes, mais lento. As transformações do mundo que vivenciamos nos últimos anos, seja por causa da precipitação da crise de um sistema de poder que parecia muito sólido e, aliás, ambicionava representar o futuro do planeta, seja por causa da rapidez dos progressos técnicos, suscitam em nós o dúplice estado de espírito do encurtamento e da aceleração dos tempos. Sentimo-nos por vezes à beira do abismo e a catástrofe impende. Nós nos salvaremos? Como nos salvaremos? Quem nos salvará? Estranhamente, essa sensação de estar acossados pelos acontecimentos em relação ao futuro contrasta com a sensação oposta do alongamento e refreamento do tempo passado, em relação ao qual a origem do homem remonta cada vez mais para trás. Quanto mais a nossa memória afunda em um passado remoto que continua a se alongar, mais a nossa imaginação se inflama com a ideia de uma corrida sempre mais rápida em direção ao fim. É um pouco o estado de espírito do velho, que conheço bem: para ele, o passado é tudo; o futuro, nada. Teríamos pouco motivo para ficar alegres se não fosse pelo fato de um grande ideal como o dos direitos do homem subverter completamente o sentido do tempo, pois se projeta nos tempos longos, como todo ideal, cujo advento não pode ser objeto de uma previsão, como eu dizia no início, mas apenas de um presságio.

Hoje podemos apenas apostar em uma visão da história para a qual é possível dizer que a racionalidade não mora mais aqui — como está distante o tempo em que Hegel ensinava aos seus discípulos em Berlim que a razão governa o mundo! Que a história conduza ao reino dos direitos do homem e não ao reino do Grande Irmão, pode ser somente o objeto de um compromisso.

É verdade que apostar é uma coisa e vencer é outra. Mas também é verdade que quem aposta o faz porque tem confiança na vitória. É claro, não basta a confiança para vencer. Mas se não se tem a menor confiança, a partida está perdida antes de começar. Depois, se me perguntassem o que é necessário para se ter confiança, eu voltaria às palavras de Kant citadas no início: conceitos justos, uma grande experiência e, sobretudo, muita boa vontade.

NOTAS

1. No discurso Kant e a Revolução Francesa, que pronunciei por ocasião da *laurea ad honorem* que me foi conferida pela Universidade de Bolonha, agora neste mesmo volume.
2. *A Igreja e os direitos do homem*, Documento de trabalho n. 1, Cidade do Vaticano, Roma, 1975, p. 1. A frase citada encontra-se no início da *Apresentação*, assinada pelo cardeal Maurice Roy, presidente da Pontifícia Comissão "Justitia et Pax".
3. Que cito de E. Kant, *Scritti politici e di filosofia della storia del diritto*, Utet, Turim, 1956, p. 130.
4. I. Kant, *Se il genere umano sai in costante progresso verso il meglio*, in *Scritti politici* cit., p. 215.
5. Refiro-me ao moralista de origem romena, mas de língua francesa, do qual foram traduzidas pela editora Adelphi de Milão, *Squartamento* e *La tentazione di esistere*, muitas vezes reeditados: E. M. Cioran.
6. C. S. Nino, *Etica y derechos humanos*, Paidos Studio, Buenos Aires, 1984, p. 13.
7. Assim nas *Lições de filosofia da história*, no parágrafo *O processo do espírito no mundo*.
8. Opúsculo cit., p. 12. Um número de "Concilium", Revista Internacional de Teologia, XXVI, n. 2. 1990, é inteiramente dedicado ao tema dos direitos humanos. Em um artigo de Leonard Swidler, *Direitos humanos: um panorama histórico*, lemos: "Apesar de ter sido somente na era moderna que se desenvolveu a nossa ideia de direitos humanos, ela tem as suas raízes nos dois pilares da civilização ocidental: a religião judaico-cristã e a cultura greco-romana" (p. 31). No artigo de Knut Walf, *Evangelho, direito canônico e direitos humanos*, admite-se que "as igrejas cristãs como um todo tiveram dificuldade em reconhecer os direitos do homem até a metade do século XX" (p. 58).
9. In *Les droits de l'homme et l'Eglise*, publicado pelo Conseil Pontifical "Justice et Paix", Cidade do Vaticano, 1990, p. 49.
10. Reinhart Koselleck, *Accelerazione e secolarizzazione*, Istituto Suor Orsola Benincasa, Nápoles, 1989, p. 9.